公安学研究丛书

新时代公安教育发展与改革研究

杨红 著

WUHAN UNIVERSITY PRESS
武汉大学出版社

图书在版编目(CIP)数据

新时代公安教育发展与改革研究/杨红著．—武汉：武汉大学出版社,2023.8
公安学研究丛书
ISBN 978-7-307-23806-0

Ⅰ.新… Ⅱ.杨… Ⅲ.公安工作—教育工作—研究—中国
Ⅳ.D631.15

中国国家版本馆 CIP 数据核字(2023)第 096713 号

责任编辑:田红恩　　责任校对:汪欣怡　　版式设计:马　佳

出版发行：**武汉大学出版社**　(430072　武昌　珞珈山)
(电子邮箱：cbs22@whu.edu.cn　网址：www.wdp.com.cn)
印刷：武汉邮科印务有限公司
开本:720×1000　1/16　印张:12.5　字数:252 千字　插页:2
版次:2023 年 8 月第 1 版　2023 年 8 月第 1 次印刷
ISBN 978-7-307-23806-0　定价:68.00 元

作者简介

杨红

女，汉族，湖北警官学院副教授，本科毕业于中国人民公安大学治安管理专业，后取得华中师范大学法学硕士学位，曾在新西兰坎特伯雷大学访学，在地方公安机关的治安管理大队、派出所挂职锻炼。主要承担治安学、涉外警务专业的专业课教学及相关专业课程建设和教科研工作，获省、部级教师教学比赛奖和湖北省教学成果奖。研究领域主要涉及公安教育、治安管理、移民与出入境管理、社会治理等方面。近年来主持多项省级教研课题和校级教科研课题，参与省部级教科研项目十余项，发表论文十余篇。

前　言

当今世界正经历百年未有之大变局，我国发展处于重要战略机遇期，2017 年 10 月 18 日，中国共产党第十九次全国代表大会郑重宣示中国特色社会主义进入了新时代，标志着我国进入决胜全面建成小康社会，开启全面建设社会主义现代化国家新征程。2020 年世界百年变局和世纪疫情交织叠加，面对逆全球化、单边主义、保护主义思潮暗流涌动等严峻挑战，2020 年 10 月，党的十九届五中全会通过的《中共中央关于制定国民经济和社会发展第十四个五年规划和二〇三五年远景目标的建议》提出，要加快构建以国内大循环为主体、国内国际双循环相互促进的新发展格局。党的十九大以来，以习近平同志为核心的党中央统筹国内国际两个大局、发展安全两件大事，高度重视公安工作和公安队伍建设。2020 年 8 月 26 日，中国人民警察历史上一个具有里程碑意义的日子——中共中央总书记、国家主席、中央军委主席习近平向中国人民警察队伍授旗并致训词，为新时代公安队伍建设指明前进方向。从 2021 年开始将每年 1 月 10 日设立为“中国人民警察节”，在国家层面为人民警察队伍设立了专门节日。这些体现了对公安队伍的充分肯定，极大鼓舞了公安队伍的士气。五年来公安工作取得历史性成就、发生历史性变革。伴随着公安改革持续深化，公安队伍建设的重要性也日趋明显。

2022 年 10 月，中国共产党第二十次全国代表大会召开，习近平总书记在《高举中国特色社会主义伟大旗帜　为全面建设社会主义现代化国家而团结奋斗》报告中明确新时代新征程要以中国式现代化全面推进中华民族伟大复兴。二十大报告强调国家安全是民族复兴的根基，社会稳定是国家强盛的前提，要求必须坚定不移贯彻总体国家安全观，健全国家安全体系、增强维护国家安全能力、提高公共安全治理水平、完善社会治理体系，确保国家安全和社会稳定；要求建设更高水平的平安中国，以新安全格局保障新发展格局。二十大报告同时还指出，教育是国之大计、党之大计；坚持教育优先发展、科技自立自强、人才引领驱动，加快建设教育强国、科技强国、人才强国，坚持为党育人、为国育才，全面提高人才自主培养质量；要求深入实施人才强国战略，培养造就大批德才兼备的高素质人才，是国家和民族长远发展大计。如何将党的二十大精神与习近平总书记关于公安工作、教育工作的一系列重要论述精神紧密结合起来，一以贯之引领公安教育事业高质量发展是迫切需要思考和研究的问题。

笔者从事公安教育工作二十多年，一直在教学一线工作，并先后承担了治安学专业和涉外警务专业建设、课程建设的相关工作，对公安教育怀有深厚的感情，也积累了对公安教育的一些思考。学习党的二十大报告后，深刻认识到公安教育迎来了更好的发展新时代，有了新的发展要求，必须贯彻二十大报告精神履行好公安教育新时代的使命任务。本书将公安教育置于公安工作之中，梳理公安工作的成就、公安教育发展历程与成绩，根据当前我国公安院校的建设现状总结当前我国公安教育的主要特点，结合多年在一线教学的经验分析当前公安教育存在的发展瓶颈，在新时代的时代背景下从国家安全、高等教育、公安工作三个不同的角度分析公安教育面临的机遇与挑战，探索新时代公安教育改革的方向。推进公安教育现代化是时代的要求，公安院校履行立德树人、忠诚育警根本任务，为以中国式现代化全面推进中华民族伟大复兴作出公安教育的贡献。公安教育的改革需要通过协同联动、交叉融合的创新，从办学理念和科学规划、教师队伍、课程建设、教材建设和优化教学管理与评价等方面全面提升公安教育的治理能力，进行全方位的人才培养模式改革。公安教育现代化，一方面要注意不能离开公安工作谈教育，另一方面还必须充分认识到数字时代对公安工作和教育工作的影响和冲击。因此新时代的公安教育发展需要突出实战化和数字化两个重点，本书将实战化和数字化的要求贯穿在改革创新的措施建议之中。本书为2022年湖北省高等学校省级教学研究项目（编号：2022390）、湖北省高校人文社科重点研究基地社会治安治理研究中心2022年度项目（编号：2022B12）、湖北警官学院公安工作专项课题的阶段性成果。

新时代新征程中，人民群众对社会安全感和公平正义提出更高的标准要求，公安机关肩负捍卫政治安全、维护社会安定、保障人民安宁、护航经济发展的重大使命，面临的维护国家政治安全和社会稳定的任务繁重复杂。为了构建新安全格局保障新发展格局、以高水平安全保障高质量发展，更好为全面建设社会主义现代化国家、全面推进中华民族伟大复兴保驾护航，公安机关需要积极适应社会发展新形势，准确把握新时代职责定位，全面提升公安队伍的整体素质和战斗力。加强公安队伍建设的源头和基础是公安教育，新时代公安工作要取得根本性、长久性的成就与变革，必须依托正规化、职业化、专业化的警察队伍、高素质的警务人才来保障。公安教育是党和国家教育事业的重要组成部分，在公安工作中处于基础性、先导性、全局性地位。公安院校是人民警察的摇篮，肩负着培养党和人民忠诚卫士的重大使命。教育强则人才强，在习近平新时代中国特色社会主义思想指引下，公安机关应全面贯彻新发展理念，持续深化公安改革，促进公安高等教育的改革和创新，推进公安教育现代化，通过优秀公安人才不断助推公安工作高质量发展，确保忠实履行捍卫政治安全、维护社会安定、保障人民安宁的新时代使命任务。

公安教育现代化涉及范围广泛，笔者水平有限，时间紧张，书中难免出现疏漏，希望读者提出宝贵意见为谢。本书的写作得到父母的大力支持，还有张胜前教授、陈晓辉教授、苏竞老师的帮助和支持，在此表示深深谢意。同时，也感谢武汉大学出版社田红恩老师的辛勤付出。

目　录

第一章　我国公安工作与公安教育的发展与成就

第一节　新时代我国公安工作取得的成就

公安工作对国家安全而言至关重要，中华人民共和国成立初期公安部的成立显示出党和中央领导人对公安工作的重视。党的十八大以来，以习近平同志为核心的党中央高度重视公安工作。习近平总书记出席全国公安工作会议并发表重要讲话，亲自为中国人民警察队伍授旗并致重要训词，多次深入公安基层单位视察指导，亲切会见慰问公安民警，就新时代公安工作作出一系列重要论述，引领新时代公安工作取得了历史性成就、发生了历史性变革。

一、公安部的成立

中华人民共和国公安部前身经历了中央军委公安部和中央人民政府公安部两个阶段，最早的中央军委公安部成立于1949年7月，部长是罗瑞卿。中华人民共和国成立后，根据1949年9月27日中国人民政治协商会议第一届全体会议通过的《中华人民共和国中央人民政府组织法》第十八条的规定，中共中央拟建立中央人民政府公安部。1949年10月19日，中央人民政府委员会第三次会议发布命令，中央军委公安部即行撤销，改名为中央人民政府公安部，统一了人民公安机关的领导。同年11月1日，中央人民政府公安部正式开始办公，并启用印信。公安部内设机构设置为六个业务局和一个办公厅，另外设有公安干部学校。1954年9月，第一届全国人民代表大会第一次会议在北京召开，会议通过了《中华人民共和国宪法》和《中华人民共和国国务院组织法》，成立中华人民共和国国务院。根据国务院《关于设立、调整中央和地方国家机关及有关事项的通知》，中央人民政府公安部即告结束，按照《国务院组织法》的规定，将原中央人民政府公安部改为中华人民共和国公安部，接替相关工作，成为国务院的组成部门①。

---

① 新中国公安部成立的前前后后，http：//www.mgjcs.cn/jswz/gywm/2020-03-20/419.html，2022年10月20日。

公安部成立后明确了公安机关的职责任务以及组织机构。1949年10月，罗瑞卿部长在北京主持召开了全国公安高级干部会议，即第一次全国公安会议。会议分析了国内外敌情的严重情况，确定公安机关的总任务是："学会和敌人作隐蔽斗争，特别是同国际特务作斗争，镇压国内外敌人的一切捣乱和破坏，建立革命秩序，保卫国防，保卫建设，巩固人民民主专政。"在此次会议上，研究并经中央批准，统一设置全国各级公安部门的组织机构：大区称公安部，设部长、副部长，下设政治保卫处、经济保卫处、治安行政处、人事处、财务处和办公室、公安干部学校，共五处一室、一校；中央直辖市称公安局；省称公安厅，下面对应设置处、室和公安干部学校等机构。①

由此可见，新中国成立初期中央人民政府公安部成立之时，就设置了公安干部学校。而且，在直辖市、各大区都同步设立了公安干部学校，初步建立了我国公安教育体系。在新中国成立初期，鉴于当时公安机关民警的现实情况，为了解决当时民警人数不足、专业素质不高的问题，我国公安教育以培训为主，主要采取短期培训的形式培养新入职的公安民警。1953年以后，公安教育训练工作进一步加强，公安部制定了全面轮训在职人民警察的规划，通过新建和扩建公安院校，规范和加强公安院校师资队伍、教材教参、教学设施等方面的建设，培训了大批人民警察队伍，提高了广大公安民警特别是一线业务骨干的政治素质和业务素质。

二、新时代我国公安工作的成就

在改革开放时期，为适应改革和建设的需要，公安工作重点与中华人民共和国成立初期不同，转到保卫经济建设上来，人民警察体制和机构设置相应进行重大变革。首先，坚便民措施，进行户籍制度改革，以及交通管理、出入境边防检查和消防管理等行政管理方面的改革。第二，开展公安队伍专业化、规范化、正规化建设。公安队伍建设是公安工作顺利进行的保障，改革开放以来公安机关秉承政治建警、依法治警、从严治警的方针，加强和改进公安队伍建设、建立高素质的公安队伍坚持党对公安工作的领导，形成了"统一领导、分级管理、条块结合、以块为主"的公安领导体制，公安机关在革命化、正规化、现代化道路上取得长足进步和发展。第三，建立人民警察巡逻制度、110快速反应机制、城乡社区警务战略、信息主导警务战略、实施派出所和刑侦工作改革；围绕民生密切问题，推出一系列探索。

在队伍专业化建设方面，把强化教育训练、加强专业化建设摆上队伍建设的重要日程。改革开放以来，面对新形势、新任务提出的新要求，通过系列内部规范文

① 新中国公安部成立的前前后后，http：//www.mgjcs.cn/jswz/gywm/2020-03-20/419.html，2022年10月20日。

件加强队伍教育训练。1995年，公安部颁布实施《公安机关人民警察培训暂行规定》要求民警上岗、授衔、晋升警衔和晋升职务必须经过培训。2001年颁布实施的《公安机关人民警察训练条令》，把教育训练与民警的使用、晋升挂钩，实现了教育训练的制度化。2003年开始，全国公安机关普遍推行民警上岗和首任必训、职务和警衔晋升必训、基层和一线民警每年实战必训“三个必训”制度，并组织开展了全警大练兵和抓基层、打基础、苦练基本功活动，进一步健全了人民警察教育训练机制，为积极构建具有公安特色的大教育、大培训工作体系奠定了基础。

正规化建设是公安队伍建设的重点内容。1983年召开的全国公安改革工作会议，首次提出了加强公安队伍正规化建设的要求。2003年11月召开的第二十次全国公安会议，进一步明确了“四统一五规范”的正规化建设要求。在20多年的正规化建设进程中，《人民警察法》《人民警察警衔条例》《公安机关组织管理条例》《公安机关人民警察内务条令》《关于规范公安机关人民警察职务序列的意见》等一系列法律法规和制度规范陆续颁布实施，人民警察录用、辞退、培训、考核、任用、晋升、奖惩、抚恤以及警种岗位工作规范等一系列配套的具体制度和办法不断完善。

党的十八大以来，党中央高度重视公安工作，习近平总书记出席全国公安工作会议并发表重要讲话，亲自为中国人民警察队伍授旗并致重要训词，多次深入公安基层单位视察指导，亲切会见慰问公安民警，就新时代公安工作作出一系列重要论述，引领新时代公安工作取得了历史性成就、发生了历史性变革。全国公安机关坚持以习近平新时代中国特色社会主义思想为指导，牢牢把握对党忠诚、服务人民、执法公正、纪律严明总要求，坚持统筹发展和安全，以政治建设为统领，以全面深化公安改革为动力，忠实履行捍卫政治安全、维护社会安定、保障人民安宁的新时代使命任务，为续写经济快速发展和社会长期稳定“两大奇迹”新篇章作出了重要贡献。人民群众安全感由2012年的87.55%上升至2021年的98.62%，我国已成为世界上最有安全感的国家之一。①

1. 明确公安工作总要求，健全警察标识体系

第一，明确公安工作总要求。党的十八大以来，在习近平总书记就公安工作发表的系列重要讲话中，关于新时代公安工作的阐述极具清晰性和深刻性、极具系统性和科学性、极具现实性和目的性，极具理论性和可操作性，形成了指引新时代公安工作的系统方案，为新时代公安工作指明了前进方向，提供了根本遵循。

2017年5月19日，习近平总书记亲切会见全国公安系统英雄模范立功集体表彰大会代表，提出对党忠诚、服务人民、执法公正、纪律严明总要求。2019年5

① 王小洪：《新时代公安工作的历史性成就和变革》，载《学习时报》2022年9月16日，第001版。

月7日，习近平总书记在全国公安工作会议上发表重要讲话，提出着力锻造一支有铁一般的理想信念、铁一般的责任担当、铁一般的过硬本领、铁一般的纪律作风的公安铁军，还提出要坚持“政治建警、改革强警、科技兴警、从严治警”，服务公安现代化和公安队伍革命化、正规化、专业化、职业化建设，为新时代公安工作以及公安高等教育的创新与发展指明了未来前进方向、提供了工作和发展的根本遵循。2020年8月26日，中国人民警察发展史上一个具有里程碑意义的日子——习近平总书记向中国人民警察队伍授旗并致训词，对人民警察队伍提出了“对党忠诚、服务人民、执法公正、纪律严明”的明确要求。

第二，健全警察标识体系。确定中国人民警察警歌、设立中国人民警察节、确立中国人民警察警旗、修订人民警察誓词，不断健全人民警察标识体系、荣誉制度，增强民警职业归属感、荣誉感，推进人民警察队伍革命化、正规化、专业化、职业化建设。

确定中国人民警察警歌。2017年6月，公安部确定并公布《中国人民警察警歌》。警歌的确定和发布是为了认真学习贯彻习近平总书记在会见全国公安系统英雄模范立功集体表彰大会代表时的重要讲话精神，切实把“对党忠诚、服务人民、执法公正、纪律严明”总要求在全警高高树立起来、坚决落实下去，真正做到内化于心、外践于行。

设立人民警察节。2020年7月，《国务院关于同意设立中国人民警察节的批复》发布，同意自2021年起，将每年1月10日设立为中国人民警察节。中国人民警察节是在国家层面专门为人民警察队伍设立的节日，是对人民警察队伍为党和人民利益英勇奋斗的充分肯定。

国务院关于同意设立
“中国人民警察节”的批复

国函〔2020〕98号

公安部：

你部关于申请设立“中国人民警察节”的请示收悉。同意自2021年起，将每年1月10日设立为“中国人民警察节”。具体工作由你部商有关部门组织实施。

国务院

2020年7月11日

（此件公开发布）

图1-1　国务院同意设立“中国人民警察节”的批复

确立中国人民警察警旗。2020 年 8 月 26 日，中国人民警察警旗授旗仪式在中国北京人民大会堂举行，中共中央批准的中国人民警察警旗式样正式公布，习近平总书记向中国人民警察队伍授旗并致训词。中国人民警察警旗是人民警察队伍的重要标志，是人民警察荣誉、责任和使命的象征。确立中国人民警察警旗，是进一步健全完善人民警察荣誉制度和标志体系的重要举措，对于深入推进人民警察队伍革命化、正规化、专业化、职业化建设，激励人民警察忠实履行党和人民赋予的新时代使命任务具有重要意义。

2020 年 10 月 13 日，最高人民法院、最高人民检察院、公安部、国家安全部、司法部五部门以“公通字〔2020〕13 号”文联合签署《人民警察警旗管理规定（试行）》。中国人民警察警旗色彩以国旗红为主色调，体现党对人民警察队伍的绝对领导、全面领导，彰显人民警察队伍绝对忠诚、绝对纯洁、绝对可靠的政治本色；警察蓝是人民警察色彩体系的基本色，凸显人民警察的职业特征，代表人民警察对平安的守护。中国人民警察警旗通用规格共分为四种：（1）长 240 厘米、宽 160 厘米；（2）长 192 厘米、宽 128 厘米；（3）长 144 厘米、宽 96 厘米；（4）长 96 厘米、宽 64 厘米。

修订人民警察誓词。2021 年 11 月 18 日，公安部党委印发修订后的《公安机关人民警察誓词》。修订后的《誓词》将《公安机关人民警察入警誓词》修改为《公安机关人民警察誓词》，既可用于组织新录用民警的入警宣誓，也能用于执行重大任务、参加重要活动等集体宣誓，使用范围更广泛、职业特征更突出。《誓词》加入“坚决拥护中国共产党的绝对领导”的内容，更加旗帜鲜明地表达公安民警的政治立场、政治态度。《誓词》还写入了“捍卫政治安全、维护社会安定、保障人民安宁”的新时代使命任务，进一步教育引导广大公安民警牢记初心使命，明确奋斗目标。《公安机关人民警察誓词》是加强公安队伍政治建设和锻造忠诚警魂的重要载体，誓词全文为：“我是中国人民警察，我宣誓：坚决拥护中国共产党的绝对领导，矢志献身崇高的人民公安事业，对党忠诚、服务人民、执法公正、纪律严明，为捍卫政治安全、维护社会安定、保障人民安宁而英勇奋斗！”

2. 强化政治建设、筑牢政治安全防线

牢牢把握公安姓党的根本政治属性，坚持从政治上建设和掌握公安机关，坚决把党的绝对领导落实到公安工作各方面全过程。紧密结合全党集中性学习教育，把学习贯彻习近平新时代中国特色社会主义思想作为首要政治任务，把学习贯彻习近平法治思想特别是习近平总书记关于新时代公安工作的重要论述作为重中之重，发挥各级公安机关党委（党组）理论学习中心组的示范引领作用。制定出台《公安部党委关于坚决维护党中央集中统一领导的规定》《公安部党委关于加强公安机关党的政治建设的实施意见》等文件，持续强化忠诚教育、严明政治纪律。贯彻落实党中央决策部署督促检查、问责问效等制度机制，强化政治巡视巡察。

始终把防范政治安全风险置于首位，统筹境内境外、网上网下，深入开展反渗透反颠覆反恐怖反分裂斗争，有力维护国家政权安全、制度安全、意识形态安全。聚焦防范“颜色革命”，保持高度敏感敏锐，严厉打击境内外敌对势力各类渗透颠覆捣乱破坏活动，防患于未然。在反恐防恐方面，推动制定《中华人民共和国反恐怖主义法》等法律法规，完善反恐怖防范标准体系，开展严打暴恐活动、网络暴恐音视频等专项行动，加强反恐国际合作，2019 年到 2022 年连续五年多全国未发生暴恐案事件。在确保重点地区安全方面，以系列重大活动安保维稳工作为牵引，持续排查化解突出风险隐患，创新完善社会面管控整治机制措施。坚定支持香港纪律部队、澳门纪律部队等依法履行职责，保障基本法、香港国安法等法律有效实施，助力香港、澳门保持和谐稳定，护航“一国两制”行稳致远。在维护网络安全方面，牢记“没有网络安全就没有国家安全”，近十年持续开展“净网”等专项行动，深入打击治理网络谣言和有害信息，严防严打网络渗透攻击窃密活动，健全并落实网络安全等级保护、关键信息基础设施安全保护等制度措施，全力营造安全清朗网络空间。

3. 全面深化公安改革，提升人民安全感

2013 年 11 月，党的十八届三中全会通过《中共中央关于全面深化改革若干重大问题的决定》。2014 年，被视为全面深化改革“元年”，公安部应势而动，当年 5 月，公安部全面深化改革领导小组第二次会议召开，“全面深化公安改革”被提上日程。2015 年 2 月，中央审议通过《关于全面深化公安改革若干重大问题的框架意见》及相关改革方案，全面深化公安改革起航，7 个方面主要任务、110 余项改革举措，几乎涵盖公安工作和公安队伍建设的各个层面、各个领域。向中心聚焦、向深处发力。2018 年 7 月召开的全面深化公安改革推进会提出，努力构建符合新时代要求、适应国家治理体系和治理能力现代化的现代警务管理体制。公安机关积极创新打防管控措施，构建立体化社会治安防控体系，推进警务运行机制改革、行政管理服务创新和智慧警务建设。一方面，科技兴警聚焦实战应用，全面实施公安大数据战略，基本形成全国公安大数据智能化应用新生态，极大提升了警务运行效能和核心战斗力。另一方面，深化公安政务服务创新，持续“放管服”释放惠民红利，各种重磅改革举措推动公安改革进入系统性重塑、整体性变革的新阶段。

首先，做好打防治。基于人民群众对平安品质的更高期待，全国公安机关严格落实打防管控建各项措施，有效提升社会治安掌控力。第一，打，坚持依法严打方针。针对人民群众深恶痛绝的突出违法犯罪，组织开展系列专项行动，有效遏制多发高发态势，2021 年八类主要刑事犯罪案件立案数比 2012 年下降 64.4%，我国长期处于全球命案发案率最低国家行列；在扫黑除恶专项斗争中，充分发挥主力军作用，打掉涉黑组织 3644 个、恶势力犯罪集团 1.1 万个，破获刑事案件 24.6 万起，扫黑除恶专项斗争成为党的十九大以来最得人心的大事之一；着力破解打击治理电信网络诈骗违法犯罪难题，创新完善专题研究、专门队伍、专案攻坚、专业技术和抓好内部合力、促成外部合力的“四专两合力”理念及配套机制措施，共破获电信网络诈骗案件 122.7 万起，发案数自 2021 年 6 月起同比保持连续下降；集中打击治理跨境赌博违法犯罪活动，彻底摧毁一批跨境网络赌博平台，有效遏制境外吸赌招赌势头。第二，防，织密“防”的网络。创新完善立体化信息化社会治安防控体系，健全快速反应等警务机制，强化重点区域、部位、时段巡防巡控，全国建成 2.1 万个街面警务站，日均投入约 50 万警力开展巡逻，2021 年全国“两抢”案件、盗窃案件立案数比 2012 年分别下降 96.1%、62.6%；加强道路交通和铁路、民航、港航安全管理，常态化开展隐患排查整治，公共安全形势保持总体稳定。第三，治，强化“治”的合力。坚持共建共治共享，创新公安机关参与基层社会治理机制，完善群防群治机制，强化力量统筹、部门协同，涌现出“朝阳群众”“沈阳义勇”“杭州义警”“厦门百姓”等一大批品牌，铸就新时代专群结合的社会治安治理协同模式。

其次，创新行政管理。为人民服务是公安机关的根本宗旨，也是公安机关的优良传统。全国公安机关深入践行以人民为中心的发展思想，推进行政管理服务创新。围绕服务高质量发展，加强顶层设计，因时因势连续推出系列便民利企政策措施开展 110 余项改革举措，尽心竭力解决人民群众的“急难愁盼”。户籍制度改革走进民生，全面实施开具户籍类证明和 5 个户口迁移事项“跨省通办”，提前完成 1 亿人进城落户目标，全国户籍人口城镇化率由 2013 年的 35.93%提高到 2021 年的 46.7%；全国户口和公民身分证件号码准确性、唯一性的目标基本实现，1500 万无户口人员办理了户口登记；全国范围内实施开具户籍类证明和 5 类户口迁移业务“跨省通办”。交通管理与服务的改革方面，从 2014 年推出 18 项车检改革新政，到 2018 年全面施行机动车全国“通检”，再到 2021 年推行机动车驾驶证电子化等 12 项便民措施，公安交管改革蹄疾步稳，截至 2021 年，全国交管窗口服务惠及 9 亿余人次，减少办事成本 700 余亿元。驾驶证“全国通考”、机动车“全国通检”等 78 项交管便利措施全面落地。① 国家移民管理局自 2018 年 4 月成立四年以来，厚植“以百姓心为心”的为民情怀，出台系列便民利民举措，推进出入境证件便利化应用工作。2018 年 5 月 1 日起，全面实施公民办理出入境证件“只跑一次”制度，2019 年 4 月 1 日起，内地居民出入境证件申领实行“全国通办”，累计为非户籍地人员签发出入境证件 2800 余万本次，共节省费用约 536 亿元。2020 年 10 月 10 日起，港澳居民来往内地通行证在内地换发补发新政实施，彻底终结 40

① 《丹心一片话爱民，新时代全国公安工作成就系列综述之三》，https：//www.mps.gov.cn/n2255079/n8310277/n8486202/n8486248/c8486894/content.html，2022 年 5 月 10 日访问。

余年来申请人需往返奔波港澳办证的历史；2022 年第一季度，国家移民管理机构 12367 服务平台提供热线服务 30 余万通，群众满意率达 98%。公安机关 12 项涉企经营许可全部纳入“证照分离”改革、公安部“互联网+政务服务”平台 2.0 建设完成，越来越多的公安政务服务可全程网办，努力实现让人民群众“零跑腿”。[①] 公安机关用一项项有力度有温度的改革举措，让人民在日益美好的生活中触摸到时代发展的累累果实，让群众心中收获满满的获得感、幸福感、安全感。

再次，防范各类风险。综合施策，科技兴警，积极防范可能影响社会稳定的各类风险隐患。公安机关与各有关部门密切协作配合，加强预测预警预防，努力做到风险隐患发现在早、处置在小。第一，深化矛盾纠纷排查化解工作成效显著。坚持和发展新时代“枫桥经验”，开展创建“枫桥式公安派出所”“百万警进千万家”等活动，推动落实属地管理责任、源头治理措施、多元化解机制，有效防范矛盾累积发酵；持续开展公安信访突出问题攻坚化解，着力解决群众合理合法诉求。第二，稳妥应对重点领域风险。紧盯经济、民生等重点领域，协同行政主管、行业监管等部门，细化完善监测预警、研判评估、稳控处置等措施；积极参与互联网金融风险专项整治，严厉打击非法集资等犯罪，全力追赃挽损，严防风险外溢传导。第三，扎实做好重大安保工作。坚持“人民至上、安全第一”理念、“万无一失、一失万无”标准和“细致、精致、极致”作风，创新完善重大活动安保模式，圆满完成一系列重要会议、重大活动安保任务，实现了安全效果和政治效果、社会效果的有机统一。第四，全力抓好疫情防控。严格落实“外防输入、内防反弹”总策略和“动态清零”总方针，完善与卫健、交通、海关等部门联动机制，动态调整出入境管理政策措施，强化陆路水路口岸管控，积极配合做好人员管控、秩序维护等工作，助力打赢打好疫情防控人民战争。第五，积极推进智慧警务建设。坚持科技兴警，聚焦实战应用，全面实施公安大数据战略，基本形成全国公安大数据智能化应用新生态，极大提升了警务运行效能和核心战斗力。

4. 创新强警系统重塑，推进公安管理体制改革和职业化建设

落实党中央全面深化改革部署要求，大力实施改革强警战略，在一些重要领域和关键环节上取得重大突破，推动公安工作质量变革、效率变革、动力变革。全面深化公安改革的重要内容之一是公安机关机构改革和队伍管理改革，推进公安管理体制改革也是全面加强和改进公安工作和队伍建设的重中之重。党的十八大以来，全国公安机关始终与中央改革大局同步，立柱架梁、破除藩篱，如期完成公安现役部队改革，新组建和整合组建公安部 11 个局级机构，对铁路、交通港航、森林、

---

① 全国移民管理机构——踔厉奋发，书写新时代移民管理优秀答卷，https://www.mps.gov.cn/n2255079/n8310277/n8486202/n8486248/c8486894/content.html，2022 年 5 月 10 日访问。

民航公安机关和海关缉私部门管理体制作出重大调整。一方面，公安机关机构改革成效显著，全面完成公安部机构改革，顺利实现“脖子以上”机构职能体系的系统性重塑。按照“党委领导、部级抓总、省级主责、市县主战、派出所主防”的思路，全面完成公安部机关机构改革任务，稳妥推进市县公安机关大部门大警种制改革，构建自上而下高效率组织体系；深化公安现役部队和国家移民管理体制改革，公安现役官兵顺利完成身份转换和平稳过渡，实现了公安史上规模最大的改制转隶；对铁路、交通港航、森林、民航公安机关和海关缉私部门管理体制作出重大调整，行业公安工作翻开崭新一页。另一方面，公安队伍管理改革持续深化、协同发力。全面落实人民警察职级序列、招录培养、职业保障制度改革政策，规范警务辅助人员管理。人民警察职级序列改革政策全面入轨，牵引带动人民警察分类管理向纵深发展；招录培养机制改革深入推进，公安院校毕业生入警难、急需紧缺专业人才引进难、艰苦边远地区招警难等问题逐步得到解决；职业保障制度改革梯次推进，基本建立体现人民警察职业特点的工资待遇制度体系；省级层面辅警管理地方立法渐次完成，辅警管理配套制度体系逐步建立，辅警队伍制度化规范化法治化水平不断攀升。

从严治警，稳步推进公安队伍革命化正规化专业化职业化建设。纵深推进全面从严管党治警，着力锻造高素质过硬公安铁军。在队伍建设方面，首先始终坚持党建带队建，以党建引领队伍建设。现在全国范围内构建了部省市县四级全面从严管党治警工作体系，健全责任清单、述职评议、党建督察等制度，将推进党支部标准化规范化建设为重点，把各级党组织建设得更加坚强有力；组织开展多种形式的主题宣传活动和先进典型评选表彰活动，如树立“七一勋章”获得者崔道植、“时代楷模”潘东升等典型模范人物。通过各类活动和表彰弘扬主旋律、激发正能量。第二，坚持正确选人用人导向，优化用人制度。认真贯彻新时代党的组织路线和好干部标准，制定修订领导干部能上能下实施细则、优秀年轻干部双向交流锻炼实施办法等，严格执行“凡提四必”、党风廉政意见“双签字”、任前公示等制度，选好配强各级公安机关领导班子和领导干部，推动省市县三级公安机关主要领导异地交流任职比例分别上升至96.8%、99.3%、98.2%。① 第三，保持“严”的氛围、“惩”的力度，从严治警完善监督机制。坚持严在平时、管在日常、抓在小处，紧盯领导干部这个“关键少数”，紧盯重点领域、重点环节、重点岗位，严格执行中央八项规定及其实施细则精神，制定出台并严格落实一系列新的铁规禁令，构建完善具有公安特色的大监督格局，充分运用监督执纪“四种形态”，着力提高一体推进“三不腐”能力水平，引导全警做到知敬畏、存戒惧、守底线；特别是以前所

① 王小洪：《新时代公安工作的历史性成就和变革》，载《学习时报》2022年9月16日，第001版。

未有的力度开展队伍教育整顿，刀刃向内、刮骨疗毒，清除一批害群之马、整治一批顽瘴痼疾、出台一批制度规定，队伍风气面貌焕然一新。第四，怀着深厚的感情带队伍，实施暖警工程。公安队伍是和平年代牺牲最多、奉献最大的队伍。党的十八大以来，有3700余名民警因公牺牲，5万余名民警因公负伤。① 公安机关陆续推动出台了人民警察抚恤优待，以及维护民警执法权威方面的制度规范，专门印发爱警暖警工作指导意见，推动解决民警家庭就医、就业、就学等实际困难，提升队伍凝聚力战斗力。

5. 规范执法，建设法治公安护航法治中国

党的十八大以来，全国公安机关深入学习贯彻习近平法治思想，开展执法规范化建设，依法履行职责，公安工作法治化水平，执法质量和执法公信力稳步提升，公安法规制度体系持续完善，有力维护了社会大局稳定、保障了人民安居乐业。

深化执法规范化建设，首先进行了顶层设计和整体谋划，健全执法规范体系。2016年8月，中央决定深化公安执法规范化建设，并出台相关意见，为进一步做好新形势下的公安执法工作提供了基本遵循；2019年5月，全国公安工作会议召开，对推进严格规范公正文明执法提出了更高要求；2019年12月，公安部印发《关于进一步推进严格规范公正文明执法的意见》，就深化执法规范化建设提出新的目标要求。第二，在规范执法的顶层设计基础上，进一步形成一整套具有公安特色的执法办案规范制度体系。在推动重点领域立法方面，公安部积极配合制定修订《中华人民共和国刑法》《中华人民共和国刑事诉讼法》《中华人民共和国网络安全法》《中华人民共和国反有组织犯罪法》《中华人民共和国反恐怖主义法》《中华人民共和国反电信网络诈骗法》等法律法规，推动危险驾驶罪、袭警罪等入刑。在完善公安执法标准方面，修订了公安机关办理刑事案件、行政案件的程序规定和执法细则，出台现场执法活动指南、治安管理处罚裁量指导意见等规范，为一线执法提供精准指导、有力支撑；在细化类案执法指引方面，本着明确管用、服务实战的要求，围绕疫情防控、扫黑除恶、电信网络诈骗等重点工作，公安部联合最高人民法院、最高人民检察院出台一系列执法指导意见，出台了一系列规范性文件。此外，严格落实规范性文件法律审核和备案审查机制，开展规章、规范性文件全面清理和专项清理，切实保障了公安执法决策和制度的合法性、科学性。

坚持问题导向，完善执法权力运行机制，构建严密的执法监督管理体系。党的十八大以来，全国公安机关推进受立案制度和刑事案件“两统一”、涉案财物管理、“阳光警务”等改革，完善案件评查、执法责任追究、常态化责任倒查等机制，着力构建即时高效、系统全面的执法监督管理机制，着力预防、解决执法不作

① 高莹：《数读平安中国背后的公安非凡十年》，载《人民公安报》2022年7月26日，第003版。

为、乱作为问题。公安部早在 2013 年 12 月 24 日就开通 12389 全国公安机关和民警违纪违法举报电话和互联网举报平台，受理信访举报投诉。2015 年 11 月，公安部出台改革完善受案立案制度的意见，对群众反映强烈的报案不接、接案后不及时受案立案和违法受案立案等突出问题作出明确规定。2016 年 3 月施行《公安机关人民警察执法过错责任追究规定》，对什么是执法过错、如何认定责任、对责任人如何处理，作出明确规定，并且强调因故意或者重大过失造成错案，不受执法过错责任人单位、职务、职级变动或者退休的影响，终身追究执法过错责任。2018 年 6 月，出台了建立健全公安机关执法全流程记录机制的意见，部署开展执法全流程记录工作。2015 年 5 月，公安部要求深入推进公安执法监督管理机制改革，在派出所等基层单位推行法制员制度，持续整治有案不立、压案不查和办关系案、人情案、金钱案等突出问题，推动全国公安机关加快构建系统严密、运行高效的执法监督管理体系。推动建设涉案财物专门管理场所，实行案件办理与财物管理分离机制，对涉案财物流转全过程进行实时动态监督管理。全国公安机关大力推进执法办案管理中心建设，全国市县两级已建成 2994 个，计划完成率达到 97.4%，实现一站式办案、智能化管理、全流程监督，强化对办案活动的监督管理和服务保障。①

加强和改进执法教育培训工作，完善执法教育培训体系。2019 年，公安部印发《关于 2019 年至 2022 年开展全警实战大练兵的指导意见》，部署在全国公安机关开展全警实战大练兵，立足实战需求，推进规范执法，着力练就克敌制胜的硬功夫，淬炼本领高强的精兵。公安机关深入开展习近平法治思想教育培训工作、党史学习教育、队伍教育整顿，通过理论中心组学习、法治大讲堂、正反典型案例通报等形式，着力提升民警规范执法自觉性、着力提升民警的法治素养和执法能力水平。为了提升民警执法能力，公安部推动执法培训日常化、机制化、实战化，推行执法资格等级考试制度、开展全国公安机关执法示范单位创建工作、依托全警实战大练兵等载体形式组织规范执法视频演示培训会、举办执法规范化教官培训班、警务技战术训练班。举办了 30 余万期各类、专业培训班，组织各类对抗性比武竞赛和实战演练 25 万余场次，实行执法资格等级考试制度，全国约 190 万民警取得基本级执法资格、6 万民警取得高级执法资格，推动警营内部形成了比学赶超、规范执法的良好风气，推动执法规范化建设。

在党的二十大召开之后，全国公安机关的思想和行动要统一到党的二十大精神上来，努力在新征程上展现公安机关新担当新作为，强化责任担当，充分发挥法治中国建设生力军、平安中国建设主力军作用，更好为全面建设社会主义现代化国

---

① 《规范执法话公平新时代全国公安工作成就系列综述之八》，载 https：//www.mps.gov.cn/n2255079/n8310277/n8486202/n8486248/c8653806/content.html，2022 年 8 月 9 日访问。

家、全面推进中华民族伟大复兴保驾护航。

第二节　我国公安教育的发展历程与成绩

公安教育是党和国家教育事业的重要组成部分，在公安工作中处于基础性、先导性、全局性地位。公安院校作为公安教育的主阵地，其教学质量直接关系到公安队伍的整体素质和法治平安社会建设，为推进公安队伍革命化、正规化、专业化、职业化建设发挥着不可替代的作用。

一、创立阶段

1948 年 7 月，为适应华北地区大中城市组建公安机关的需要，华北局社会部在河北省平山县东冶村创办了华北保卫干部训练班。华北保卫干部训练班是新中国公安教育的拓荒者，培训出了一批具有城市公安保卫工作业务知识的干部，在接管新解放城市、建立人民公安机构以及肃清匪特、维护治安、巩固政权的斗争中发挥了重要作用。华北保卫干部训练班共举办了 3 期，训练学员 210 余名，大部分为华北地区专署公安处处长和县公安局局长，以及华北局党校和华北大学的青年学生。

1949 年 1 月，第三期开办不久，华北保卫干部训练班扩建为华北公安干部学校，由杨奇清兼任校长。1949 年 10 月 15 日至 11 月 1 日，在北京召开了全国公安高级干部会议，亦即第一次全国公安会议，着重研究组建各级公安机关、加强公安队伍建设和公安教育培训工作的任务等问题。1950 年 1 月 11 日经中央人民政府政务院批准，华北公安干部学校更名为中央公安干部学校，由公安部部长罗瑞卿兼任校长。后来，省以上公安机关陆续共建立公安干部学校 50 所。各级公安机关在中共党委和政府领导下，充分发挥这些公安学校的作用，为发展壮大公安队伍培养了大批新生力量，也为后来公安院校的建立与发展打下了基础。根据当时公安队伍人员的实际情况，明确公安学校训练的任务和长期规划是中央公安部的公安学校培养高级骨干，战略区的公安学校培养中级干部，省以下的公安学校或训练班主要培养初级干部，各级公安部门均应建立干部轮训制度。

1953 年 9 月，全国第二次民警治安工作会议明确指出，中央、大区设警察干校，省设警察学校在中央、大区设警察干校，省设警察学校，到 1956 年全国公安（武警）干部学校 35 从所增加到 52 所。① 1953 年 10 月，中国人民公安学院开设初级班，招收初中毕业生和部分高中文化水平的学生，学制二年，这也是我国公安教育首批学历教育学生。

---

① 胡建刚：《我国公安教育的历史回顾及改革前瞻》，载《新疆警官高等专科学校学报》2008 年第 2 期。

自1953年以后，随着公安队伍的不断扩大，需要尽快提高广大公安民警特别是一些业务骨干的政治、业务素质，以适应保卫社会主义建设的需要，为此公安教育以干部培训轮训为主。这段时期，制定了全面轮训在职人民警察规划，新建和扩建了公安警察院校，对公安部直属和地方所属公安警察院校进行了明确分工，加强公安警察院校建设，并进行教学改革，如合理安排政治课与业务课的教学时间等。

新中国成立之初，我国公安教育刚刚开始创立，院校形式从训练班到干部学校，再发展到警察院校；教育形式以培训为主，尤其是对业务骨干进行轮训；培训内容包括政治教育与业务教育；授课教师来自公安保卫战线一线部门，政治水平高、实践经验丰富。起步阶段的公安教育与普通学历教育有很大的不同，以在职培训形式为主。

二、起步阶段

起步阶段主要是从20世纪70年代，尤其是十一届三中全会召开之后一直到1984年第一次全国公安教育工作会议召开这个阶段。公安院校和公安教育在经历了一段时间的停滞后，在20世纪70年代后期全国的政法干校开始恢复。1978年12月党的十一届三中全会召开以后，针对党和国家干部队伍年龄老化，知识、专业结构不能适应社会主义现代化建设需要的实际情况，党中央对干部队伍提出了“革命化、年轻化、知识化、专业化”的要求。当时整个公安队伍的专业人才青黄不接，高学历专业人才占比很低。据统计，1984年全国公安民警队伍中具有大专以上文化程度的占4.2%，中专、高中文化程度的占34.9%，初中以下文化程度的占比高达60.9%①。该显示，公安民警的学历层次普遍较低，不能很好满足社会主义现代化建设对公安工作的要求，迫切需要通过公安教育来提升全国公安民警的文化程度。

1972年10月经国务院批准，恢复了原公安部所属人民警察干部学校，培训专业干部。1973年江西省公安学校恢复，改名为江西省政法干校，承担公检法干部的轮训工作②。1978年，公安部在政法干校基础上建立政法专科学校并开始招生，以此为标志，我国公安教育开始恢复，公安高等学历教育开始起步。当时的政法专科学校培养侦查和公安技术专业人才（三年制大专），这是中华人民共和国第一所公安高等院校。1979年，公安部政法专科学校经批准更名为国际政治学院，第一届学生的学制调整为四年制本科。1982年，国际政治学院首批毕业生毕业，这

---

① 祝春林：《深化公安教育改革 全面实施素质教育 努力建设高素质的公安队伍》，载《公安教育》1999年第6期。

② 周志钧、王彦吉：《论新中国成立后公安教育培训发展的几个阶段》，载《首都师范大学学报（社会科学版）》2012年第4期。

是公安高等教育的第一届本科毕业生。1984 年，国际政治学院经批准更名为中国人民警官大学。1981 年 4 月，中国人民武装警察部队学院经批准建立。1981 年 11 月原“公安部人民警察干部学校”改建为“中国刑事警察学院”。1984 年 1 月，“中央人民公安学院”被批准改建为“中国人民公安大学”。

在起步阶段，中专教育占了很大比例。公安院校在 1978 年得到迅速恢复和发展，从 1966 年仅剩的 2 所恢复到 52 所。1978 年 4 月，全国 28 所公安院校、政法干校开办中专班。1980 年 6 月，各地的公安中专班改为中等专业学校性质的人民警察学校。在原公安干部学校基础上兴办中等警察学历教育，统称“人民警察学校”，全国建立了 83 所人民警察学校开展中专教育。83 所人民警察学校从 1978 年到 1985 年间培养了中专毕业生 52200 人①。

1978—1985 年，全国先后建立公安部直属的中国人民公安大学、中国人民警官大学、中国刑事警察学院和中国人民武装警察部队学院在内的首批 4 所部属公安本科院校，同时江苏、上海等省市也建立了地方所属的 11 所公安高等专科学校，以及全国 83 所人民警察学校分别履行本科、专科和中专三个不同层次的公安教育。至此，以公安部 1978 年建立政法专科学校为公安高等学历教育起点，基本形成以高等学历教育为引领、中专学历教育为基础的警察教育体系。

在公安教育的整体规划设计上，1983 年召开的全国公安工作会议，决定“发展公安系统的高等和中等专业教育，快速实现干部、民警教育训练规划”。1984 年，公安部召开第一次全国公安教育工作会议，进一步明确了公安教育体系的战略目标和任务，推进了中国公安教育快速发展。会议提出发展高等和中等公安教育，建立公安教育体系，建立中央、省、地（市）三级管理的公安教育体制，制定了《全国培训公安干部六年规划》。会议明确我国公安教育体系既要符合普通教育的特点要求，又要在培养目标、专业设置、教育内容、学生管理方面具有特色。例如，明确规定公安院校实行公安部门和教育部门双重领导、以公安部门为主的领导管理体制，建立中央、省、地（市）三级公安教育管理体制。原则上实行定向招生、定向培养、定向分配，学生实行军事化管理②。

在起步阶段，公安教育主要特点是原有的各公安学校基本恢复了正常教学，在开展民警培训的同时，相继恢复开办了公安专业中专班，与此同时高等教育的也得到了迅速发展。另一方面，教育培训的内容也随着公安工作的发展不断增加，其中的本科专业涵盖公安管理、侦查、治安、法律、公安档案、政工、保卫学、城市交

---

① 周志钧、王彦吉：《论新中国成立后公安教育培训发展的几个阶段》，载《首都师范大学学报（社会科学版）》2012 年第 4 期。

② 吴跃章、薛宏伟：《现代公安高教特色发展战略探索：差异化办学、特色化发展、职业化建设》，中国法律出版社 2017 年版，第 13 页。

通管理、通讯、电视技术及图像、计算机应用技术、公安外事等所有公安业务。

三、发展阶段

1984 年第一次全国公安教育工作会议和 1999 年召开的第二次全国公安教育工作会议召开之间，是我国公安教育真正开始发展的阶段。1984 年全国公安教育工作会议以来的 15 年，是我国由计划经济向社会主义市场经济转轨的重要历史时期，国家政治、经济和社会生活的各个领域发生了巨大变化。公安队伍由当时的 50 万人增加到目前的 150 多万人，客观形势的发展和日益艰巨繁重的公安工作对队伍的整体素质提出了新的更高的要求。同时，国家教育特别是高等教育改革不断深入，既为公安教育的发展创造了有利条件，也带来了严峻挑战。各级公安机关积极适应形势发展的需要，按照部党委的要求，坚持向教育要素质、要警力、要战斗力，把改革和发展公安教育作为建设强大的公安队伍的根本措施来抓，各级各类公安院校和广大教育工作者，艰苦创业，辛勤耕耘。自 1984 年至 1998 年底，经过不懈的努力，公安队伍的文化结构发生了可喜的变化，其中大专以上文化程度的民警由 4.2%增加到 33.4%，中专、高中文化程度的民警由 34.9%增加到 60.3%，初中以下文化程度的民警由 60.9%下降到 6.3%，队伍的整体素质和战斗力有了进一步提高。① 15 年来公安教育事业蓬勃发展，为加强新时期的公安工作和队伍建设提供了人才和智力支持。第二次全国公安教育工作会议指出，这 15 年期间公安教育取得的主要成绩包括以下方面。

（一）逐步完善了公安教育培训体系

按照统一规划、分级管理的原则，建立健全了公安部、省（区、市）公安厅（局）、地市公安（处）局三级教育行政管理系统，公安部和各省（区、市）公安厅（局）设立了专门的教育行政管理机构，地市、县市公安机关在政工部门设立了主管教育的专门机构或配备了专职工作人员。改革开放之后，公安院校的数量从 1978 年的 52 所迅速发展到 1984 年的 150 所，1993 年则达到了 298 所。截至 1999 年第二次全国公安教育工作会议召开之前，全国建有承担学历教育和职业培训双重任务的各级各类双轨制公安院校 164 所，其中本科院校 3 所，专科学校 14 所，中专学校 81 所；成人专科学校 12 所，成人中专 45 所；公安边防、消防指挥学校 9 所。此外，各地还相继建立了百余所只承担各种职业培训任务的单轨制人民警察培训学校和培训基地，基本上形成了功能比较齐全、结构趋于合理的本科、专科、中专三级公安院校体系和公安部、公安厅（局）、地市公安（处）局分级管理、分工负责的三级民警培训基地网络。

---

① 祝春林：《深化公安教育改革　全面实施素质教育　努力建设高素质的公安队伍》，载《公安教育》1999 年第 6 期。

（二）全日制学历教育得到快速发展

全日制公安院校增加到164所，在校生规模由3.5万人增加到8万人，毕业生由每年的1.1万人增加到3.2万人。1993年和1997年公安大学、刑警学院分别取得了硕士学位授予权，填补了公安教育的空白。15年来，公安院校共培养毕业生近30万人，其中硕士生13人，本科生1.5万余人，专科生4万余人，中专生24万余人。公安院校毕业生已占到公安队伍总数的22.5%，不少人已经成为各级公安机关的领导者和业务骨干，其中厅局级86人，处级5700人，科级5.7万人，科所队长7.6万人；在专业技术人员中，被评为高级职称的300多人，中级职称的4000多人，初级职称的1万多人①。

在部属公安院校大力开展公安本科教育的同时，部分省份在原中专教育基础上兴办大专学历教育，一些省属公安院校开始与地方院校联办和试办本科教育。中国人民公安大学1993年获得硕士学位授权点，硕士研究生的高层次专业人才培养取得零的突破。1994年成立研究生部，建立了专门的研究生教育管理机构。1995年招收公安系统首批硕士研究生，1999年获准招收和授予外国留学生硕士学位资格②。

（三）在职民警培训跨入新的阶段

这一阶段，在职民警培训日益被摆上突出位置，在整个公安教育中所占的比重大幅度提高。为了做好培训工作，根据《国家公务员暂行条例》，公安部与人事部联合下发了积极开展公安机关人民警察培训工作的通知，制定了《人民警察培训暂行规定》，以公安院校为主要依托，开展了民警初任培训、警衔与职务晋升培训、专门业务与岗位培训、知识更新培训，逐步推行了先培训、后上岗，不经培训或培训不合格不予晋升职务和警衔的制度。在职民警培训由最初的短期轮训发展为多类别、多层次的系统培训，由单纯的补习文化课发展为法律、公安业务、领导管理科学、现代科技知识和警务实战技能等培训，培训的广度、深度都上了一个新水平。各地每年组织实施的民警初任培训约8万人，专门业务与岗位培训、知识更新培训各约10万人次。刑警、交警进行了全员岗位培训，公安现役部队狠抓了各级领导班子成员、后备干部、专业技术干部和非公安院校大学毕业生的入警培训。在试点的基础上，公安部会同人事部组织实施了民警基本素质考试考核工作，有90余万名民警通过双考。

（四）教学基础建设取得重要成果

教学基础建设主要依靠师资队伍建设进行，包括教师队伍建设、教材建设、教

---

① 《深化公安教育改革 全面实施素质教育 努力建设高素质的公安队伍——政治部主任祝春林在全国公安教育工作会议上的讲话》，载《公安教育》1999年第6期。

② 陈森焱、靳高风：《公安系统研究生教育的发展初探——以中国人民公安大学研究生教育为例》，载《公安教育》2019年第1期。

科研活动的开展等。坚持建设一支高素质的教师队伍是搞好公安教育的关键。各级各类公安院校和培训机构的教师，是办学中坚力量，是搞好公安教育、提高教育教学质量的关键所在。这些年来，各级公安机关和公安院校积极采取措施，广泛吸纳优秀人才，通过组织教师到实战部门进行业务实践和挂职锻炼，选派优秀教师攻读高学位和出国深造等方式，不断提高教师队伍素质。公安部与东北师范大学联合举办了公安专业师资班，狠抓了中青年骨干教师和学科带头人的培养工作。在这15年间，广大教师忠诚党的教育事业，呕心沥血，育人铸剑，辛勤耕耘，默默奉献，为公安教育的发展立下了汗马功劳。公安院校教师由1984年的3000人左右发展到1999年有1万余人，具有中高级职称的占教师队伍总数的50%，培养了一批中青年学科带头人和骨干教师，包括一些具有一定学术成就的国内知名学者和专家，教师队伍的学历、职称、年龄结构逐步得到优化。

教材建设从无到有，基本上形成了门类比较齐全、初步适应学历教育和在职民警培训需要的公安专业教材体系。公安部先后组织编写了公安类专业教材近300种，其中高等教育100余种，中等教育60余种，在职民警培训30余种。科研和对外学术交流工作日益活跃，先后承担完成国家级科研项目8个、省部级科研项目84个，有15项获得国家级科研成果奖，有的科研成果在实践中发挥了重要作用，取得了良好效益。

（五）总结积累了很好的办学经验

15年来，公安教育在实践中探索积累了许多宝贵经验，第二次全国公安教育工作会议总结认为各级领导的高度重视是公安教育发展的根本保证。这些年来公安教育之所以能够快速发展，取得可喜成绩，首先得益于党和国家对教育事业的高度重视和对公安教育的关心、支持。1984年邓小平同志为公安大学题写了校名，1991年《中共中央关于加强公安工作的决定》提出了发展和完善公安教育事业的要求。1994年时任总书记江泽民为公安大学46周年校庆题词：加强公安教育，培养人民卫士，李鹏、乔石、李岚清同志也分别题词。1998年罗干同志出席公安大学50周年校庆典礼并作了重要讲话。各地党委、政府和有关部门也对公安教育给予了大力支持和投入。各级公安机关的领导同志对公安教育重要地位的认识不断深化，工作的自觉性进一步提高，不少地方把公安教育作为“一把手”工程来抓，克服困难，千方百计办教育。这些都为公安教育的发展提供了根本保障。

坚持在实践中探索、在改革中前进是公安教育发展的必由之路。随着国家政治经济体制改革和高等教育改革的不断深入，为适应新形势下公安工作和队伍建设的需要，公安教育在实践中不断探索、改革，在抓好全日制学历教育的同时，大力加强在职民警培训，坚持学历教育与在职民警培训协调发展。1998年公安部将原公安大学、警官大学合并，组建了新的中国人民公安大学，上海市公安局将3所公安院校合并为1所，江苏、浙江、湖南、江西、广东、福建等地公安机关也将省人民警察学校并入省公安高等专科学校，减少了学校数量，扩大了办学规模，提高了办学层次和效益。同时，公安部与西安医科大学等6所医学院合作，联合培养法医人才。日益强调教学要贴近实战需要，大力加强实践性教学环节，编写了实战教材，开展了模拟演练和人民警察学校1+1教学改革试点等。实践证明，公安教育只有在实践中不断改革完善，从公安工作和队伍建设的需求出发，才能保持生机与活力。

坚持多形式、多渠道培养人才是公安教育发展的重要途径。公安工作涉及社会科学、自然科学的许多领域，不同警种、不同岗位对文化、业务知识的需求有较大的差异。因此，必须坚持多种形式、多种渠道培养人才。截至1999年，公安教育基本形成了全日制学历教育和业余学历教育、在职民警职业培训两大类型。在培训渠道上，主要依托公安院校和培训基地组织实施，同时也与社会院校联合办学。坚持多形式、多渠道培养人才，是公安工作和队伍建设对公安教育的客观要求。

在这15年间，我国公安教育正规化、制度化建设得到进一步加强。1995年《中华人民共和国人民警察法》第29条明确规定，“国家发展人民警察教育事业，对人民警察有计划地进行政治思想、法制、警察业务等教育培训”，首次确立了公安教育的法律地位。其间公安部制定发布《公安院校设置标准暂行规定》《关于进一步加强公安院校师资队伍建设的意见》《公安院校警务化管理规定》等制度文件，建立了教育、培训、检查评估等系列规章制度，明确了公安院校的设置标准、学制、教学、招生、分配、师资、教材建设等重点内容，印发《公安教育发展“九五”计划》《1995—2000年公安类专业教材建设规划》等，指导部分公安院校接受教育行政管理部门组织开展的本科教学工作合格评估。

《公安教育发展“九五”计划》明确要全面贯彻党的教育方针，按照科教强警的战略部署，深化改革，加强发展公安警察院校教育，强化在职人民警察的教育培训，努力培养造就一支高素质、适应公安工作发展需要的公安队伍。明确公安教育的主要任务是：统筹规划、积极发展研究生教育，适度发展中等教育，加强发展高等教育，逐步发展研究生教育。① 通过初任、警衔与职务晋升、专门业务和岗位、知识更新四种形式培训，将全体公安民警轮训一遍，使公安队伍的思想、业务、身体素质和实战能力有较大提高。1999年11月召开的全国公安教育工作会议在重视加快发展民警培训教育的同时，提出扩大本科学历教育规模，巩固和发展大专学历教育，逐步取消中专学历教育。同时提出加快发展研究生、尽快开展博士生学历教育。这一指导思想进一步有力推动了全国公安教育的快速发展。其后，部分省份开始在原中等警察专业教育基础上兴办大专学历教育；个别发达省份公安专科学校开

① 周志钧、王彦吉：《我国现代公安教育培训发展论述》，载《江西警察学院学报》2012年第4期。

始探索专升本的路径；中国人民公安大学、中国刑事警察学院等部属本科院校开始兴办硕士研究生教育。到1999年底，我国已基本形成符合公安工作和公安队伍建设发展阶段实际，层次类型多样、学历教育和在职民警培训协调发展，包括院校设置、制度体系和人才培养在内的较为完备的公安教育体系。

四、提升阶段

进入21世纪，我国公安教育，尤其是公安高等教育进入提升发展阶段，在2000年到2015年期间，公安教育得到了多元化的蓬勃发展。公安院校的办学层次、学科和专业建设、教学水平都得到了跨越式提升和发展。

（一）高度重视，科学、统筹全面谋划公安教育事业发展

2001年，公安部印发《公安机关人民警察训练条令》，明确公安院校承担民警训练任务，规范了在职民警的初任训练、专业训练和晋升训练，并规范了训 练工作，初步形成了“逢晋（进）必训”，“不训不晋（进）”的约束机制。2002年，公安部政治部按照《中共中央国务院关于深化教育改革全面推进素质教育的决定》和全国教育工作会议精神制定了《公安教育发展“十五”规划》，提出切实把公安教育摆在优先发展的战略地位，将坚持普通学历教育与在职民警培训并重作为办学的基本原则。后来，公安部针对公安教育又制定了“十一五”“十二五”两个五年计划，这三个五年计划和其他相关文件共同统筹了这十五年来的公安教育发展方向。2003年11月第二十次全国公安会议确定了“提高公安高等教育水平，稳定本科学历教育，适度发展研究生教育”的指导意见，提出要构建公安特色教育训练体系，探索公安专科教育改革，加强实战教学训练，加速培养后备力量。中共中央在进一步加强和改进公安工作的决定中也明确要求加强教育训练工作。逐步推行公安院校参照军事院校进行管理。2006年，公安部联合教育部等部门发布《关于举办公安类专业教育有关问题的意见》，明确了公安类专业的设置标准和建设发展要求。2007年，公安部制定并发布《关于制定公安类本科专业培养方案的意见》，进一步明确培养目标和教学要求。2009年，公安部着眼全面提高公安教育训练工作的整体水平、全面提高公安队伍的整体素质和战斗力，出台《关于加强和改进公安教育训练工作的意见》，进一步强化公安高等教育的战略地位作用，提升了制度化、规范化建设水平。①

2010年11月，第三次全国公安教育训练工作会议在北京召开，这次会议是公安教育提升阶段的重要标志，对公安教育的发展起到承前启后的作用，对进入21世纪以来的公安教育工作进行了总结，并对之后的公安教育明确了发展方向。会议

① 王龙：《公安高等教育发展历史回顾与新时代展望》，载《公安学研究》2019年第5期。

指出，十年来在党中央、国务院和地方各级党委、政府的坚强领导下，公安教育训练工作取得了重大成就，教育训练呈现新格局，民警培训工作实现新跨越，公安院校建设取得新发展，队伍文化水平有了新提高，基础保障工作得到新加强，教育训练成效得到新体现，为推动中国特色社会主义公安事业发展进步作出了重要贡献。同时，公安教育训练面临着前所未有的发展机遇，而新形势、新任务的发展变化，也给公安队伍建设和公安教育训练工作提出了一系列新要求、新挑战，公安部在科学判断、准确把握公安工作发展态势的基础上做出创新决策，要求构建大教育大培训工作体系，着力消除制约教育训练发展的体制性机制性障碍，推动教育训练工作迈上新台阶、取得新成效。会议提出要加快推进公安高等教育的转型发展，科学调整公安院校的办学定位推进公安民警招录培养体制改革，努力建设突出公安特色的专业学科教育体系，严格实行公安院校警务化管理。另一方面，要着力提升在职民警培训的质量和效能，按照分级分类的原则开展全警大轮训，进一步完善训练机制，科学设置培训内容，积极创新训练方式。第三，大力加强教育训练资源的整合利用，建立教育训练区域合作机制，加强教育训练国际交流，推动教育训练信息化建设。第四，各级公安机关建立完善“两级教育、四级培训”的工作体系，抓好部、省两级公安院校教育，构建分工明确、布局合理、优势互补的部、省、市、县四级综合业务训练基地网络。第三次全国公安教育训练工作会议强调，在新的历史起点上不断开创公安工作和公安队伍建设新局面，要全警动员全警参与，进一步加强和改善对教育训练工作的领导，进一步动员争取各有关部门共同推动公安教育事业科学发展，进一步重视和加强教师教官队伍建设，继续解放思想，不断改革创新，全面构建大教育大培训工作体系，努力建设强有力的公安工作和强大的公安队伍，为维护社会和谐稳定、保障经济社会又好又快发展，作出新的更大的贡献。

公安部针对公安院校和训练基地建设发布相关指导意见，要求推进公安院校的办学职能、教学重心、培养对象实现转型发展，突出学科专业的特色建设和内涵建设，强化公安院校办学的组织保障、制度保障、经费装备保障、职业待遇保障，为公安高等教育的发展定位提供指导遵循。2012 年，公安部举办首届全国公安院校教学技能大赛，大力推进实战化教学改革，提高实战化教学水平。2014 年，修订版《公安机关人民警察训练条令》强调指出，发挥公安院校的教育科研优势，发挥引领和高地作用。2014 年，公安部着眼于贯彻落实党的十八届四中全会《关于全面推进依法治国若干重大问题的决定》，创新法治人才培养机制，推进公安专业人才招录培养机制改革。2015 年，公安部研究出台《关于加强公安机关新型智库建设的意见》《公安高等教育督导工作办法》，就发挥公安院校服务重大战略和决策咨询的智库作用、加强公安高等教育质量保障体系建设、加强公安专业人才培养质量管理等进行制度性安排。2016 年，公安部举办第二届全国公安院校教学技能大赛，进一步推动提高公安院校的教学改革和教学水平。

（二）扩大公安本科层次办学，学历教育和学科建设取得飞跃进步

在学历教育方面，尤其本科教学能力上取得飞跃进步。2002 年湖北、江苏的公安专科学校成为首批升本的省属公安院校，以此为开端，大部分省、直辖市公安专科学校相继升本，至 2010 年全国公安教育训练工作会议召开之时，全国公安高等院校由 17 所增加至 34 所，其中本科院校由 3 所增加至 18 所，布局覆盖 28 个省、自治区、直辖市和铁路、林业系统。到 2015 年，全国累计有 20 所省属公安专科学校先后升格为本科院校，极大地提升了公安队伍的整体学历水平和素质能力，公安高等教育的办学层次显著提高，公安高等教育的布局结构更加合理。

根据 2010 年全国公安教育训练工作会议数据，公安高等院校的专任教师总数达 8724 人，其中，副教授以上专业技术人员 3488 人，具有硕士研究生以上学历的教师 3667 人。同时，还有兼职教官 1415 人。公安高等院校在校学生由 8 万余人增加至 15 万余人，增加了 88%。公安高等院校的年度教育经费达 33.64 亿元，院校占地面积 3 万多亩，教室、实验室 125 万平方米，警务技能及体育训练场所 127 万平方米，藏书总量近 1802 万册。公安高等教育师资队伍规模、结构更加合理，培养规模进一步发展，办学条件得到明显改善，公安本科专业由 5 个增加至 24 个。①

在研究型高层次人才培养方面，实现新突破。硕士学位授予点由 2 个增加至 30 多个，公安高等教育博士学位研究生培养实现零的突破。中国人民公安大学 2003 年获得刑事诉讼法博士学位授予权，实现了公安高等教育博士层次人才培养零的突破，标志着公安高等教育首次形成完整的、多层次的专业人才培养体系。2007 年，公安大学获准设立法学一级学科博士后科研流动站。2010 年，经批准设置警务专业硕士学位，2011 年开始招生。公安院校经批准设置了警务、法律、安全科学与工程、公共管理等专业硕士学位，专业学位研究生教育体系基本完善。

在学科建设方面，开辟了新时代。2011 年，在公安部指导下，经过公安教育工作者的共同努力和深入论证，公安大学牵头申报建设的公安学、公安技术两个一级学科被批准增列为国家一级学科，实现了公安高等教育一级学科零的突破，开辟了公安学科建设的发展新纪元，也填补了我国学科布局空白。同年，国务院学位委员会正式批准公安大学法学一级学科博士学位授权点。2012 年，公安大学获准设立公安学、公安技术两个一级学科博士学位授权点，同时，这两个一级学科被批准确定为一级学科国家重点学科。2014 年，公安大学获准新设法学、公安学、公安技术三个一级学科博士后科研流动站。2015 年，公安大学获准在公安学、公安技术两个一级学科博士学位授权点下分别自主设置相应二级学科博士学位授权点。公安专业人才培养体系进一步健全，截至 2018 年，全国公安院校设有一级学科博士

① 公安部人事训练局：《公安高等教育 10 年回眸——构建公安特色高等教育体系　培训服务实战公安专门人才》，载《公安教育》2010 年第 12 期。

学位授权点 3 个、一级学科硕士学位授权点 6 个、专业学位硕士授权点 5 个，设置有公安类本科专业 23 个（其中公安学类 17 个、公安技术类 6 个）、公安类专科专业 13 个（其中公安管理类 6 个、公安指挥类 1 个、公安技术类 2 个、侦查类 4 个），学科专业设置覆盖公安主要业务领域。

积极参与教育部实施的“高等学校教学质量与教学改革工程”（2006—2010 年）、“本科教学工程”（2011—2015 年），加强教学基础，深化教学改革，凝练教学特色，在师资队伍、专业建设、课程建设、实践教学、人才培养模式改革等方面建设了一大批特色教学建设和教学改革项目，形成了具有行业特色的教学建设和发展改革成果。截至 2010 年底公安高等院校先后取得近 20 个国家级特色专业和 60 余门国家级精品课程等 80 多项国家级“质量工程”建设项目和 300 余项省（部）级“质量工程”建设项目，公安部政治部组织开展部级精品课程建设、部级教学名师评选、部级教学成果奖评选、部级重点专业遴选等，有力促进了公安院校建设发展。截至 2012 年，全国公安院校共建设省部级精品课程 316 门、国家级精品课程 61 门。截至 2013 年，全国公安院校共建设国家精品视频公开课 20 门、精品资源共享课 66 门。为适应公安业务实践快速发展对专业化人才的大量需求，公安院校积极申办公安专业，公安专业数量逐步增加。根据统计数据，公安类本科专业 2015 年增加到 28 个（公安学类 18 个、布点数量 101 个，公安技术类 10 个、布点数量 60 个），公安类专科专业增加到 25 个（公安管理类 12 个、布点数量 44 个，公安技术类 2 个、布点数量 12 个，侦查类 4 个、布点数量 26 个，公安指挥类 7 个、布点数量 2 个）。2012—2015 年，公安部组织全国公安院校和实战部门专家力量，编写涵盖 10 个专业类共计 108 本、总字数达 400 万字的部编本科教学规划教材，满足了新建公安本科院校升本之初规范化办学和转型升级对高质量教材的急迫需求①。公安高等教育办学水平和社会影响力显著提升。

（三）公安高等教育与在职民警培训同步发展，服务实战创新人才培养

坚持公安高等教育与在职民警培训同步发展，人才培养与警务理论和科技研究相互促进，公安院校积极探索具有行业特色的“教、学、练、战”一体化人才培养模式，充分发挥为公安机关培养输送专门人才的主阵地和主渠道作用，为公安工作和公安队伍建设提供了强有力的思想政治保证、人才保证和智力支持。

一方面，公安院校积极承担人才培养任务，并积极参与公安实战工作，理论服务实践。据不完全统计，从 2000 年到 2010 年的 10 年期间，公安高等院校共为公安机关培养输送全日制普通高等教育毕业生近 20 万人，成为公安工作的生力军和骨干力量；完成近 20 万人的公安成人高等教育任务，有效提高和改善了公安民警

① 王龙：《公安高等教育发展历史回顾与新时代展望》，载《公安学研究》2019 年第 5 期。

的文化程度和知识结构。举办各类培训近10万次，参训民警近100万人次，培训范围从各级领导干部轮训到各种专业培训，促进了领导干部管理水平和民警业务能力的进一步提高；积极承担外警培训工作，成为促进我国公安机关与国（境）外警务机构交流与合作的新窗口。① 在构建“大教育、大培训”体系及其他工作中，公安高等院校充分利用人才优势、资源优势和技术优势，通过专题讲座、专项培训、专家咨询、技术鉴定、成果应用等形式，积极为基层公安实战部门开展岗位练兵和基层基础建设服务，大力协助各级公安机关破获了一大批重大、疑难案件。在重大安保活动特别是在“奥运安保”“国庆安保”“世博安保”和“亚运安保”工作中，公安高等院校派出近30万人次的师生增援力量，展现了过硬的业务素质、严明的纪律作风、顽强的工作精神，并取得出色的工作业绩。

另一方面，将服务实战工作与教学科研活动紧密结合，从实践中提升理论。具有公安职业特色的“教、学、练、战”一体化人才培养模式在这一阶段得到了积极探索和尝试，并取得一定成绩。根据培养公安专门人才和服务警务实战的需要，开展了公安特色的教学研究和科学研究工作。截至2010年，共获得国家级、省（部）级科研（教研教学）成果奖1000余项；完成国家级、省（部）级科研（教研）课题近4000项；编写国家级、省（部）级规划教材400余种，获得国家级、省（部）级优秀（精品）教材近300种；获得国家级、省（部）级科技进步奖近40项；在国际刊物发表学术论文近2000篇，在全国核心刊物发表论文近10000篇。2011年，国务院办公厅发布《关于开展国家教育体制改革试点的通知》，围绕高等学校办学模式、人才培养模式等10大改革领域全面启动国家教育体制改革试点。中国人民公安大学被确立为国家教育体制改革试点高校，其承担的《构建“教、学、练、战”一体化应用型人才培养模式》项目被确立为国家教育体制改革项目。“教、学、练、战”一体化人才培养模式的改革充分发挥公安系统的行业优势，通过人才培养模式创新来实现对人才培养过程要素的优化整合，促进院校人才培养和公安实战部门用人需求结合更加紧密，打造面向实战、聚焦实战、服务实战的一体化协同优势，从根本上提高人才培养的综合素质和质量水平。经过三年的改革试点，2014年中国人民公安大学完成了具有公安院校特色教学改革成果——“突出公安特色的‘教、学、练、战’一体化人才创新工程建设”获国家高等教育教学成果二等奖和北京市高等教育教学成果一等奖。

第三，完善改革公安实践教学体系，探索多元化公安教育模式。十余年来，不断深化公安高等教育教学改革，健全完善公安院校与公安机关合作培养人才机制，按照“知识、能力、素质协调发展，突出能力培养”的理念，构建公安专门人才

① 公安部人事训练局：《公安高等教育10年回眸——构建公安特色高等教育体系 培养服务实战公安专门人才》，载《公安教育》2010年第12期。

“三结合”的培养模式（即理论教学与实践教学相结合，知识传授与能力培养相结合，校内培养与公安实践相结合），形成了富有公安特色的培养方案体系、课程体系与教学内容体系、教材体系，特别是完善了特色鲜明的实践教学体系。在职业教育和学历教育之间产生了一些争论，部分公安院校从以学历教育为主转向以培训为主，传统学历教育办学模式发生重大探索性调整，发展出现了变换摇摆。2002 年，上海公安高等专科学校停招本专科学历教育，创办第二专科教育，招生对象由普通高级中学应届毕业生转向接受过高等教育（全日制高职高专及以上）的普通高等学校应（历）届毕业生。该校在人才培养模式改革方面进一步强化职业教育属性，着力实现“三个重心转移”（即公安教育重心从职前教育向职后教育转移、职后教育的工作重心从学历教育向专业培训转移、专业培训的工作重心从注重理论学习向注重能力培养转移），全面实行“按岗位招录、分岗位施训、定岗位使用”的“订单式”模式，探索“社会培养打基础，行业挑选再加工”人才培养新路，培养公安基层一线急需的复合型、应用型警务人才①。2007 年，刚刚升格本科院校的北京警察学院决定停办本科教育，改建为北京警察训练总队，负责北京市公安系统的在职民警培训。2008 年以后的四年时间，开展公安民警招录培养体制改革，面向高校毕业生和退役士兵实行定向招录、专业化培养，为中西部和其他经济欠发达地区的县（市）级以下公安机关培养、输送政治业务素质高、实战能力强的复合型、应用型人才。在这一阶段，公安高等院校进一步调整办学重心和职能定位，着力突出警察职业素养、公安专业能力和警务技能的培养，加强实践教学环节，完善实践教学体系。

五、深化改革阶段

深化改革阶段是指与全面深化公安改革同步进行的公安教育改革，这一阶段源于新时代的公安专业人才招录培养改革，从 2016 年至今持续进行中。

（一）明确公安教育发展政策，开展招录培养体制改革

2015 年 2 月中央审议通过《关于全面深化公安改革若干重大问题的框架意见》及相关方案，其明确提出适应公安队伍正规化、专业化、职业化建设要求，以打造忠诚可靠、纪律严明、素质过硬的公安队伍为核心，建立健全人民警察招录培养机制，着力解决专业人才引进难、公安院校毕业生入警难、艰苦边远地区招警难等问题。建立公安院校招生和公安机关招警协调机制，采取从执法勤务类中单列职位等多种措施，提高公安院校毕业生入警比例，确保公安院校毕业生成为公安队伍补充警力的主要渠道。2015 年 11 月 19 日，为健全完善公安机关人民警察招录机制，

① 上海公安高等专科学校：《创办与完善第二专科教育探索新形势下公安院校办学新模式》，载《上海公安高等专科学校学报》2008 年第 2 期。

推进公安队伍正规化、专业化、职业化建设，人力资源社会保障部、公安部、国家公务员局三部门联合发布《关于加强公安机关人民警察招录工作的意见》，就加强公安机关人民警察招录工作提出改革意见。2015 年 12 月，中央机构编制委员会办公室、人力资源社会保障部、公安部、教育部、财政部、国家公务员局联合印发了《关于公安院校公安专业人才招录培养制度改革的意见》。该《意见》自 2016 年 1 月 1 日起施行，内容包括指导思想和基本原则、明确公安院校人才培养定位、严格公安院校招生管理、提高公安院校人才培养质量、规范公安院校公安专业毕业生招录工作、做好特殊公安专业人才定向招录培养工作、加强组织领导和经费保障等①。

《关于加强公安机关人民警察招录工作的意见》和《关于公安院校公安专业人才招录培养制度改革的意见》的出台实施为促进公安高等教育改革发展提供了政策保障。公安机关人民警察招录培养机制改革是国家公务员招录领域的一次重要的创新性改革，此次改革是要建立健全一整套符合公安机关性质任务、体现人民警察职业特点、有别于其他公务员的人民警察招录培养机制，意见中涉及了诸多新政策、新举措，无论是改革广度还是力度都是空前的，对今后人民警察招录培养工作乃至整个国家公务员招录工作，都产生重大而深远的影响。人民警察招录改革本着依法招录、优化来源、分类招警、规范便捷的基本原则，调整人民警察招录工作。一是招警权限上实现从分级组织到规范统一的转变。此次改革从国家层面对人民警察招录工作权限作了进一步明确规范，要求招警工作应当以省、自治区、直辖市为单位统一组织实施，市、县两级不得自行招警，利于进一步严把公安机关“进人”关，提高招警工作的权威性和社会公信力。二是招警模式上实现从单一型向多元化的转变。突出表现为建立了“双轨”招警机制，实行面向社会公开招录和面向公安院校公安专业毕业生单独招录两种方式，既有利于保障公安专业人才及时有效的补充，也有利于把符合公安工作需要的社会各类优秀人才集聚到公安机关。三是招警方法上实现从“粗放型”向“精细化”的转变。建立了分类招警制度，按照公务员和人民警察分类管理的要求，公安机关招警职位将划分为执法勤务、综合管理、警务技术三大职位类别，分别采取不同的考试内容和测评方式手段，确保新录用人员能够更好地适应不同职位要求，真正做好选用结合、人岗适配。四是从政策重心上充分体现对特殊职位、特殊人才和艰苦边远地区的政策倾斜。考虑到当前公安机关“苦、累、险”、公安民警“收入低、职级低、待遇低”的现实状况，此次改革做了针对性的政策制度安排，着力增加艰苦边远地区和对专门人才的吸引力，确保不同区域和不同类型人才能够实现均衡发展。

---

① 六部门关于公安院校公安专业人才招录培养制度改革的意见，http：//www.gov.cn/xinwen/2016-01/25/content_5035936.htm，2022.10.20。

2019年5月7日至8日，全国公安工作会议在北京召开，习近平总书记出席会议并发表重要讲话，指出“必须总结好、运用好成功经验，确保公安工作坚定正确政治方向，坚持改革创新，坚持全面从严管党治警，按照对党忠诚、服务人民、执法公正、纪律严明的总要求，锻造一支让党中央放心、人民群众满意的高素质过硬公安队伍。”习近平总书记的重要讲话，站在党和国家事业发展全局的高度，全面总结了党的十八大以来公安工作取得的成就、积累的经验，深刻阐述了关于加强新时代公安工作的重要论述，科学回答了新时代公安工作走什么路、向着什么方向发展、怎样发展等一系列具有方向性、原则性、根本性的重大理论和实践问题，是指导新时代公安工作和公安教育发展的纲领性文献，是习近平新时代中国特色社会主义思想的重要组成部分，是指引新时代公安工作科学发展的强大思想武器和行动指南。

《关于加强公安机关人民警察招录工作的意见》《关于公安院校公安专业人才招录培养制度改革的意见》在2016年实施，将公安院校的发展与全面深化公安改革同步，将公安教育全面推入新阶段。2019年全国公安工作会议上习近平总书记的重要讲话精神，为新时代公安教育指明了方向。在深化改革的这几年，公安教育事业取得了斐然成绩。

（二）公安院校建设成绩显著，公安高等教育改革进入现代化建设阶段

为加强公安高等教育的顶层设计和战略指引，公安部政治部组织研制新时期公安高等教育发展规划，强化宏观指导管理和发展布局。在招录体制改革的作用下，公安院校的建设进入全新改革期。2016年开始实施的《关于公安院校公安专业人才招录培养制度改革的意见》对我国公安教育影响深远，触动了公安高等教育全局和根本的改革，贯通并拓宽了公安专业人才的招生、培养和入警三大关键环节，确定了公安院校作为公安机关警力补充的主渠道地位，开启了公安高等教育深化改革的新阶段。截至2016年，我国共有公安院校36所（约占全国高等院校总数的1.4%），其中本科院校26所，高职高专10所；教职工1.7万人，学历教育在校生14万人。公安院校每年为公安机关输送3万余名毕业生，成为公安机关补充警力的主要渠道。同时，还为全国公安机关承担了多层次培训任务，累计培训公安民警400余万人次。

公安院校公安专业人才招录培养改革坚持质量为本、公开公正、基层导向、规范便捷的原则，对公安院校的招生管理、教育培养、毕业生入警等方面，采取了许多针对性较强的改革举措。一是建立全国公安院校统筹规划和协调发展机制，进一步明确各层次公安院校的人才培养定位，进一步规范各公安院校学科专业设置，逐步建立完善统一领导、布局合理、资源共享、管理规范的部、省两级公安院校体系。二是建立公安院校招生与公安机关招警统筹协调机制，确保公安院校公安专业招生规模与公安机关招警需求保持衔接，与公安院校培养能力相适应，实现可持续稳定发展。三是推进深化教育教学改革，大幅提升教育培养质量水平。突出忠诚警魂培育，严格纪律作风养成，坚持实战化导向，强化警务能力培养，健全完善质量监控体系，严格实行淘汰机制，着力为公安基层一线培养输送一大批政治立场坚定、专业能力素质强、纪律作风过硬的公安专业人才。四是面向全国公安院校公安专业毕业生单列招录计划，单独组织统一考试。在畅通分类招警渠道，为有志于公安事业的社会优秀青年留有空间，保证公安队伍构成合理、多元的前提下，进一步提高公安院校公安专业毕业生入警比例，确保其成为公安队伍补充警力的主要渠道。这次改革建立了全国公安院校统筹规划和协调发展机制，推行了按需招生、严格培养、定向入警的制度。已基本建立起公安院校招生与公安机关招警协调机制，公安院校公安专业毕业生逐渐成为公安机关补充警力的主要渠道，有效解决了公安院校毕业生"入警难"、急需专业人才引进难、艰苦边远地区招警难等问题，破解了长期以来困扰公安院校办学的制度性困境，为从源头上解决发展瓶颈、提高公安队伍职业素质能力提供了政策保障。改革实施后全国公安院校公安专业生源质量显著提高，截至2019年公安院校招生计划完成率达到98%，录取分数大幅度提高，毕业生入警就业率提高至85%，特殊招录专业、重点专业面向全国招生等招录政策稳步实施，公安院校公安专业毕业生逐渐成为公安机关补充警力的主要渠道，公安院校毕业生入警难、急需专业人才引进难、艰苦边远地区招警难"三难"问题得到有效解决①。近几年，公安院校录取分数逐年上升，很多学校的入警率达到90%以上。

2018年9月，根据党和国家机构改革、军队和武警部队改革的总体部署，原中国人民武装警察部队学院经批准转制改建为中国人民警察大学并正式挂牌；中国刑事警察学院与公安部警犬技术学校（沈阳警犬基地）经批准合并，办学硬件条件和办学空间得到大大拓展，进一步丰富了专业布局。同年10月，铁道警察学院进一步强化办学定位、顶层设计和特色发展战略建设交通运输警察学院。2019年1月，根据国家行业公安改革整体布局，南京森林警察学院转隶公安部。同时，公安海警学院划归中国人民武装警察部队，公安边防部队高等专科学校并入中国人民警察大学，公安消防部队高等专科学校更名为国家移民管理局常备力量第二总队。至此，部属公安本科院校从原来的3所变为5所。与此同时，省属公安院校也在不断深化改革和提升中，上海、贵州、广西所属的专科院校升格为本科院校；陕西警官职业学院划归公安院校系列；上海公安学院2017年升本后开展学历教育，北京警察学院也恢复举办学历教育。党的十八大以来，7所专科院校升格为本科院校，目前全国共有35所公安院校，其中本科院校25所、专科高职院校10所。

---

① 蒋菱枫：《锚定"四个铁一般"标准 锻造新时代公安铁军——新中国成立70年来公安人事训练工作成就回眸》，载《人民公安报》2019年10月1日，第003版。

公安高等教育的改革开始进入现代化建设阶段。2018 年，公安部党委着眼于贯彻落实党的十九大精神和全国教育大会精神、推进新时代公安教育创新发展，作出了“全面贯彻落实党的教育方针，大力推进公安教育现代化”的重大决策部署。这是在公安高等教育 40 多年发展历史上，公安部党委首次提出实现公安教育现代化的发展目标，明确了新时代公安高等教育发展的主要战略任务和工作主线，意义重大，影响深远。公安高等教育战线贯彻落实中央《关于深化教育体制机制改革的意见》，贯彻教育部等部门联合出台的《关于引导部分地方普通高校向应用型转变的指导意见》，强调质量水平、标准规范，强调内涵建设、特色发展，积极推动公安院校分类建设、分类发展。根据党中央关于加强新时代公安工作的意见，加强公安院校统筹规划建设，布局建设若干区位优势明显、办学特色鲜明、符合实战需要的重点公安院校，开启公安教育现代化建设的新篇章。

公安高等教育战线贯彻落实 2019 年 5 月召开的全国公安工作会议精神，加强专业化建设，坚持实战实训实效、从高从严从实，提高专业人才的法律政策运用能力、防控风险能力、复杂事件处置能力、群众工作能力、科技应用能力、舆论引导能力，锻造具有铁一般的理想信念、铁一般的责任担当、铁一般的过硬本领、铁一般的纪律作风“四个铁一般”的公安铁军。

（三）学科专业建设取得重大突破，持续深化实战化教学改革

公安学和公安技术增列为国家一级学科后，2016 年公安部在全国遴选建设 20 个重点建设专业，发挥高水平专业的引领示范作用。以公安部部属院校为领头羊的公安院校改革全面发力并取得显著成绩。2017 年，公安大学入选国家“双一流”建设高校名单并被确定为世界一流学科建设高校，公安学学科被确定为“世界一流建设学科”。这反映了公安高等教育学科建设和人才培养的最新成果，体现了国家对公共安全和社会安全战略领域的高度重视，也为公安高等教育赢得了重要地位。2018 年 1 月，由公安部、教育部指导，公安学和公安技术两个教学指导委员会组织研制的公安学类、公安技术类本科教学质量国家标准正式公布实施，这是我国公安高等教育领域首个本科教学质量国家标准。2018 年 3 月，公安部发布了公安院校和训练基地教育训练装备建设任务书，以及警务技战术训练装备器材配备指引的试行版，这是我国公安高等教育领域首个教育训练装备配备规范，并纳入全国公安装备建设“十三五”规划重点项目。2018 年 5 月，公安部印发《公安院校公安专业人才现场勘查能力建设的意见》，适应以审判为中心的刑事诉讼制度改革要求，进一步规范和加强公安院校现场勘查教学工作。2018 年底，公安部组织评选全国公安高等部级教学成果 92 项，从 2014 年开始持续组织编写和修订公安高等教育部级规划教材 108 本。截至 2021 年，全国共有 56 个公安专业点获评国家级一流本科专业建设点，27 门课程获评国家级一流本科课程。2022 年 6 月，教育部下发《教育部办公厅关于公布 2021 年度国家级和省级一流本科专业建设点名单的通知》

（教高厅函〔2022〕14 号），公布了第三批国家级本科专业建设点，其中公安部部属公安院校共新增 13 个国家级一流本科专业建设点。中国人民公安大学新增 4 个本科专业，共有 11 个国家级一流专业建设点；中国刑警学院新增 3 个国家级一流本科专业建设点，总数量增加为 10 个国家级一流专业；中国人民警察大学新入选数量为 4 个，共有 8 个国家级一流本科专业建设点；南京森林警察学院则新增 2 个专业，共有 7 个国家级一流本科专业建设点，铁道警察学院有 5 个国家级一流本科专业建设点。公安学科专业建设取得重大突破，内涵建设取得丰硕成果。公安院校的学科专业覆盖主要公安业务领域，建成的警察教育体系成为世界上办学规模最大、培养层次完备、教育功能齐全的警察教育体系之一。

表 1-1　**部属公安院校国家一流专业建设点数量统计**

编号	学 校 名 称	获批国家级一流专业建设点数量（个）
1	中国人民公安大学	11
2	中国刑事警察学院	10
3	中国人民警察大学	8
4	南京森林警察学院	7
5	铁道警察学院	5

深化实战化教学改革，推进面向实战、服务实战、融入实战，提高专业人才的实战意识、实战能力和实战素质，一方面通过贯彻公安部党委关于全警实战大练兵部署要求，另一方面通过招录培养制度改革引导和驱动公安院校的教育教学改革来实现，为公安机关依法履行维护国家政治安全和社会稳定的职责使命提供了坚实的人才支持。强化实战训练、提升民警执法能力，推动依法、规范、安全、高效开展警情处置，将实战化要求、战斗力标准始终被贯彻到全警教育训练全过程。公安部印发《关于 2019 年至 2022 年开展全警实战大练兵的指导意见》，部署在全国公安机关开展全警实战大练兵，持续深化全警实战培训机制改革，大力推行“轮训轮值、战训合一”训练模式，开展专项训练。加强教官、教材、训练基地建设，建立公安教育训练网络学院和警务技能战术、训练科技应用、公安微课程研发中心，不断提升教育训练信息化、实战化水平。党的十八大以来，全国公安机关紧紧围绕公安中心任务，连续组织开展三轮素质强警交流合作，精心实施反暴恐互助训练计划、贫困地区干部教育培训帮扶计划，推动公安优质教育培训和优势专业技能等资源向西部倾斜，并采取“请进来、走出去”的办法，与境外警方开展多渠道多层次交流合作。公安队伍通过不懈努力，力争实现全警“政治能力、职业素养、专业水平、实战本领和教育训练工作质量”的五个明显提升。健全校局协同育人机

制，推进公安院校与同城公安机关深度共建、与警种部门“结对”共建。

党的二十大报告对教育、科技、人才作出一体化部署，对建设更高水平的平安中国、推进国家安全体系和能力现代化作出精准化布局，为新时代公安高等教育指明了发展方向、提供了根本遵循。公安院校作为公安队伍的人才培养基地和新生力量源泉，必须在全面学习、全面把握、全面落实党的二十大精神上持续用力，更好履行为党育人、为国育才、为警铸剑的光荣时代使命。公安教育聚焦发挥素质强警、人才强警的先导性支撑性作用，持续加强专业人才培养和实战化教育训练。2022 年 11 月，公安部党委印发《关于加强和改进新时代公安人才工作的实施意见》，对新时代公安人才工作和人才队伍建设作出全面部署和总体规划。各级公安机关认真落实部党委《关于加强和改进新时代公安人才工作的实施意见》，统筹推进高层次、实战化、急需紧缺、青年后备等人才建设。当前和今后一个时期的公安教育和训练工作应切实用党的二十大精神引领推动，坚持战斗力标准，立足实战化要求，加强专业化建设，巩固深化全警实战大练兵成果，深入推进公安院校实战化教学改革，着力锻造实战精兵、培育忠诚卫士。

第二章 我国公安高等院校建设现状及发展特点

第一节 当前公安高等院校的布局和建设现状

一、公安院校和公安专业

根据教育部公布的数据，截至2022年5月31日，全国高等学校共计3013所，其中普通高等学校2759所，含本科院校1270所、高职（专科）院校1489所；成人高等学校254所。全国公安院校35所（不含司法警察院校），其中本科25所，专科10所。公安部部属公安院校5所，地方省市所属公安院校30所，其中本科20所，专科10所。

（一）公安院校的布局

全国除了海南省之外（香港、澳门特别行政区和台湾地区未予以统计），其他省、自治区、直辖市都有开办公安院校，部分城市有两所公安院校，如北京、南京、郑州。由中华人民共和国公安部主管的5所公安高等院校是中国人民公安大学、中国人民警察大学、中国刑事警察学院、南京森林警察学院、铁道警察学院。各省市主管的20所公安本科院校分别是：上海公安学院、江苏警官学院、湖北警官学院、广东警官学院、云南警官学院、北京警察学院、山西警察学院、浙江警察学院、福建警察学院、江西警察学院、山东警察学院、河南警察学院、湖南警察学院、广西警察学院、重庆警察学院、四川警察学院、贵州警察学院、辽宁警察学院、吉林警察学院、新疆警察学院。10所由各省主管的公安专科院校分别是：天津公安警官职业学院、河北公安警察职业学院、黑龙江公安警官职业学院、安徽公安职业学院、甘肃警察职业学院、西藏警官高等专科学校、陕西警官职业学院、青海警官职业学院、宁夏警官职业学院、内蒙古警察职业学院。（详见表2-1）

表 2-1 **全国公安院校分布统计表**

编号	所在省、自治区、直辖市	所在城市	学校名称	主管部门	层次
1	北京	北京	中国人民公安大学	公安部	本科
2			北京警察学院	北京市	本科
3	天津	天津	天津公安警官职业学院	天津市	专科
4	河北	廊坊	中国人民警察大学	公安部	本科
5		石家庄	河北公安警察职业学院	河北省	专科
6	山西	太原	山西警察学院	山西省	本科
7	内蒙古	呼和浩特	内蒙古警察职业学院	内蒙古自治区	专科
8	辽宁	沈阳	中国刑事警察学院	公安部	本科
9		大连	辽宁警察学院	辽宁省	本科
10	吉林	长春	吉林警察学院	吉林省	本科
11	黑龙江	哈尔滨	黑龙江公安警官职业学院	黑龙江省	专科
12	上海	上海	上海公安学院	上海市	本科
13	江苏	南京	南京森林警察学院	公安部	本科
14			江苏警官学院	江苏省	本科
15	浙江	杭州	浙江警察学院	浙江省	本科
16	安徽	合肥	安徽公安职业学院	安徽省	专科
17	福建	福州	福建警察学院	福建省	本科
18	江西	南昌	江西警察学院	江西省	本科
19	山东	济南	山东警察学院	山东省	本科
20	河南	郑州	铁道警察学院	公安部	本科
21			河南警察学院	河南省	本科
22	湖北	武汉	湖北警官学院	湖北省	本科
23	湖南	长沙	湖南警察学院	湖南省	本科
24	广东	广州	广东警官学院	广东省	本科
25	广西	南宁	广西警察学院	广西壮族自治区	本科
26	重庆	重庆	重庆警察学院	重庆市	本科

续表

编号	所在省、自治区、直辖市	所在城市	学校名称	主管部门	层次
27	四川	泸州	四川警察学院	四川省	本科
28	贵州	贵阳	贵州警察学院	贵州省	本科
29	云南	昆明	云南警官学院	云南省	本科
30	西藏	拉萨	西藏警官高等专科学校	西藏自治区	专科
31	陕西	西安	陕西警官职业学院	陕西省	专科
32	甘肃	兰州市	甘肃警察职业学院	甘肃省	专科
33	青海	西宁	青海警官职业学院	青海省	专科
34	宁夏	银川	宁夏警官职业学院	宁夏回族自治区	专科
35	新疆	乌鲁木齐	新疆警察学院	新疆维吾尔自治区	本科

（二）公安专业的设置

紧跟经济社会发展，适应社会发展需求的现实需要，公安学类和公安技术学本科专业也有了十余门新增。2022 年 5 月教育部举行新闻发布会，介绍党的十八大以来我国高等教育改革发展成效，教育部高等教育司司长在会上表示，党的十八大以来，全国共有 265 种新专业纳入本科专业目录，目前目录内专业 771 种；新增本科专业布点 1.7 万个。2020 年 2 月 21 日，教育部网站发布教高函〔2020〕2 号文件，公布了普通高等学校本科专业目录（2020 年版），2021 年 2 月 10 日和 12 月 10 日又先后发布了“教育部关于公布 2020 年度普通高等学校本科专业备案和审批结果的通知”（教高函〔2021〕1 号），“教育部关于公布 2021 年度普通高等学校本科专业备案和审批结果的通知”（教高函〔2021〕14 号）。根据这三个文件统计，我国共开设公安类本科专业 23 个，公安技术类本科专业 12 个。公安学类本科专业分别是治安学、侦查学、边防管理、禁毒学、警犬技术、经济犯罪侦查、边防指挥、消防指挥、警卫学、公安情报学、犯罪学、公安管理学、涉外警务、国内安全保卫、警务指挥与战术、技术侦查学、海警执法、公安政治工作、移民管理、出入境管理，反恐警务、消防政治工作、铁路警务。（详见表 2-2）公安技术类本科专业包括刑事科学技术、消防工程、交通管理工程、安全防范工程、公安视听技术、抢险救援指挥与技术、火灾勘查、网络安全与执法、核生化、消防海警舰艇指挥与技术、数据警务技术、食品药品环境犯罪侦查技术。（详见表 2-3）同时，公安专科专业有 13 个，分别是：治安管理、交通管理、信息网络安全监察、特警、警察管理、公共安全管理、警察指挥与战术、刑事科学技术、警犬技术、刑事侦查、国内安全保卫、经济犯罪侦查、禁毒。

表 2-2　　**公安学类本科专业目录**

（截至 2021 年 12 月 10 日）

序号	门类	专业类	专业代码	专业名称	学位授予门类	修业年限	增设年份
1	法学	公安学类	030601K	治安学	法学	四年	
2	法学	公安学类	030602K	侦查学	法学	四年	
3	法学	公安学类	030603K	边防管理	法学	四年	
4	法学	公安学类	030604TK	禁毒学	法学	四年	
5	法学	公安学类	030605TK	警犬技术	法学	四年	
6	法学	公安学类	030606TK	经济犯罪侦查	法学	四年	
7	法学	公安学类	030607TK	边防指挥	法学	四年	
8	法学	公安学类	030608TK	消防指挥	法学	四年	
9	法学	公安学类	030609TK	警卫学	法学	四年	
10	法学	公安学类	030610TK	公安情报学	法学	四年	
11	法学	公安学类	030611TK	犯罪学	法学	四年	
12	法学	公安学类	030612TK	公安管理学	法学	四年	
13	法学	公安学类	030613TK	涉外警务	法学	四年	
14	法学	公安学类	030614TK	国内安全保卫	法学	四年	
15	法学	公安学类	030615TK	警务指挥与战术	法学	四年	
16	法学	公安学类	030616TK	技术侦查学	法学	四年	2016
17	法学	公安学类	030617TK	海警执法	法学	四年	2016
18	法学	公安学类	030618TK	公安政治工作	法学	四年	2018
19	法学	公安学类	030619TK	移民管理	法学	四年	2018
20	法学	公安学类	030620TK	出入境管理	法学	四年	2018
21	法学	公安学类	030621TK	反恐警务	法学	四年	2020
22	法学	公安学类	030622TK	消防政治工作	法学	四年	2020
23	法学	公安学类	030623TK	铁路警务	法学	四年	2021

数据来源：教育部教高函〔2020〕2 号、教高函〔2021〕1 号、教高函〔2021〕14 号文件

表 2-3　　**公安技术类本科专业目录**

（截至 2021 年 12 月 10 日）

1	工学	公安技术类	083101K	刑事科学技术	工学	四年	
2	工学	公安技术类	083102K	消防工程	工学	四年	
3	工学	公安技术类	083103TK	交通管理工程	工学	四年	
4	工学	公安技术类	083104TK	安全防范工程	工学	四年	
5	工学	公安技术类	083105TK	公安视听技术	工学	四年	
6	工学	公安技术类	083106TK	抢险救援指挥与技术	工学	四年	
7	工学	公安技术类	083107TK	火灾勘查	工学	四年	
8	工学	公安技术类	083108TK	网络安全与执法	工学	四年	
9	工学	公安技术类	083109TK	核生化	工学	四年	
10	工学	公安技术类	083110TK	消防海警舰艇指挥与技术	工学	四年	2015
11	工学	公安技术类	083111TK	数据警务技术	工学	四年	2018
12	工学	公安技术类	083112TK	食品药品环境犯罪侦查技术	工学	四年	2020

数据来源：教育部教高函〔2020〕2 号、教高函〔2021〕1 号、教高函〔2021〕14 号文件

二、部属公安本科院校

全国 35 所公安高等院校中有 25 所本科院校，其中由公安部主管的 5 所部属公安高等院校分别是中国人民公安大学、中国人民警察大学、中国刑事警察学院、铁道警察学院、南京森林警察学院。部属公安院校在我国公安院校和公安专业建设中发挥了领头羊的作用。下文主要就部属公安本科院校进行介绍。

（一）中国人民公安大学①

中国人民公安大学是公安部直属普通高等学校暨公安部高级警官学院，国家“世界一流学科建设高校”。是公安行业综合性大学，是全国公安系统第一个开展普通高等学历教育、第一个开展硕士研究生培养、唯一开展博士研究生教育的警察院校，也是学科专业最齐全、办学规模最大、教育层次最完备、目前唯一入选国家“世界一流学科建设高校”的公安院校。建校至今，为全国政法公安机关等单位培养、输送了 32 万余名各级领导、业务骨干和专门人才，被誉为“共和国警官的摇篮”。

---

① 资料数据主要来源于中国人民公安大学官网，各学年本科教学质量报告，访问时间 2023 年 1 月 2 日。

学校校训是“忠诚 求实 勤奋 创新”，办学宗旨是“服务国家安全战略，服务新时代公安工作和公安队伍建设”，办学目标主要是“努力建设成为政治坚定、特色鲜明、行业引领的“国内一流、世界前茅”警察院校”。

1. 学校基本情况

学校创始于1948年7月中共中央在河北解放区建屏县（今平山县）举办的华北保卫干部训练班，历经华北公安干部学校（1949—1950年）、中央公安干部学校（1950—1953年）、中央人民公安学院（1953—1959年）、中央政法干部学校（1959—1982年）和恢复中央人民公安学院（1982—1984年）等发展阶段，1984年中央人民公安学院改建为全日制普通高等学校，成立中国人民公安大学。1998年2月，与中国人民警官大学合并，组成新的中国人民公安大学（中国人民警官大学于1978年开始举办普通本科学历教育，其前身为公安部政法专科学校，1979年更名为国际政治学院，1984年更名为中国人民警官大学）。2000年，交通部北京交通人民警察学校并入学校。2017年9月，学校入选国家“双一流”建设高校名单并被确定为“世界一流学科建设高校”，公安学学科入选“世界一流建设学科”；2022年2月，学校入选国家第二轮“双一流”建设高校及建设学科名单。

中国人民公安大学有木樨地、团河两个校区，共占地1200余亩，图书馆公安类藏书为国内最齐全，馆藏图书159万余册。设有马克思主义学院、法学院、犯罪学学院、警体战训学院、公安管理学院、国家安全学院、治安学院、交通管理学院、侦查学院、信息网络安全学院、涉外警务学院等11个教学学院以及研究生院、继续教育学院；有进修部、军队保卫学院、外警培训部等3个培训机构。截至2022年，学校全日制在校生有13626人，其中本科生10479人，全日制硕士研究生2712人，全日制博士研究生259人。本科生占全日制在校生总数比例为76.90%。学校本科专业总数19个，涵盖2个学科门类。工学门类专业6个、法学门类专业13个，本科招生专业共15个。其中，国家级一流专业建设点11个，北京市一流专业建设点5个；国家级特色专业5个，北京市特色专业4个，公安部重点专业建设点（部级优势专业）2个。

中国人民公安大学现有专任教师715人，正高职称113人、副高职称230人、中职244人、初级职称40人、未定级人员48人，教师中具有研究生学位教师占专任教师的比例87.56%。学校有国家级优秀教学团队1个，北京市教学团队8个。“万人计划”哲学社会科学领军人才1人，全国优秀教师1人，享受国务院政府特殊津贴2人，享受公安部部级津贴专家7人，入选教育部新世纪优秀人才支持计划5人，北京市教学名师8人，北京市青年教学名师5人。

2. 办学定位与人才培养目标

中国人民公安大学作为我国教育层次最完备、目前唯一入选国家“世界一流学科建设高校”的公安院校，公安部也对其有更高的要求，期望中国人民公安大学成为全国公安院校的“排头兵”。公安部党委提出其应在建设具有强大凝聚力和引领力的社会主义意识形态中走在前列；在贯彻落实总体国家安全观、推动学科创新发展中走在前列；在落实教育强国目标、推进公安教育现代化建设中走在前列的“三个走在前列”目标。公安部党委还提出一是要毫不动摇地坚持党的领导，牢牢把握办学正确政治方向。二是要毫不动摇地坚持立德树人，努力培养新时代人民公安事业的优秀建设者和可靠接班人。三是要毫不动摇地坚持教师为本，努力建设一支过硬的高素质师资队伍。四是要毫不动摇地坚持内涵发展，全面加强世界一流公安学科建设。五是要毫不动摇地坚持服务实战，进一步提升办学现代化水平的“五个毫不动摇”要求。

中国人民公安大学的办学定位是：坚持以习近平新时代中国特色社会主义思想为指导，坚持党的教育方针和“政治建校、从严治校”办学方针，坚持服务国家安全战略，服务新时代公安工作和公安队伍建设的办学宗旨。以“世界一流学科大学”建设为牵引，以办学治校严于一线警队、严于地方院校、严于兄弟警校、看齐部队院校“三严一看齐”准军事化建设标准为抓手，贯彻落实公安部党委对学校提出的全国公安院校“排头兵”“三个走在前列”办学目标和“五个毫不动摇”办学要求，坚持高水平的行业综合型、特色学科型、教学研究型大学的类型定位，全面加强党对学校各项工作的绝对领导，全面深化体制机制综合改革，全面加强专业化人才培养体系建设，全面提升治理体系和治理能力现代化水平，努力实现建设政治坚定、特色鲜明、行业引领的“国内一流、世界前茅”警察院校的奋斗目标。

人才培养目标。中国人民公安大学的人才培养目标为忠实履行立德树人、忠诚育警核心任务，按照“对党忠诚、服务人民、执法公正、纪律严明”总要求和“铁一般理想信念、铁一般责任担当、铁一般过硬本领、铁一般的纪律作风”的革命化、正规化、专业化、职业化公安队伍建设要求，坚持专业教育、职业教育和通识教育相结合，健全完善立德树人落实机制和卓越警务人才培养体系，为政法公安机关培养和输送德智体美劳全面发展的高素质创新型、应用型、复合型的警务专业人才。

3. 专业设置和招生情况

截至2022年6月，中国人民公安大学本科专业设置数为19个，这19个本科专业分别为法学、治安学、侦查学、公安情报学、犯罪学、公安管理学、公安政治工作、技术侦查学、涉外警务、国内安全保卫、警务指挥与战术、刑事科学技术、交通管理工程、安全防范工程、数据警务技术、公安视听技术、网络安全与执法、反恐警务和移民管理。专业详细情况见表2-4。

表 2-4　　　　**中国人民公安大学本科专业设置情况**

（截至 2022 年）

序号	专业名称	专业代码	专业设置年份	门类
1	治安学	030601K	1984	法学
2	侦查学	030602K	1984	法学
3	公安管理学	030612TK	1984	法学
4	技术侦察学	030616TK	1984	法学
5	交通管理工程	083103TK	1984	工学
6	安全防范工程	083104TK	1984	工学
7	刑事科学技术	083101K	1999	工学
8	公安情报学	030610TK	2005	法学
9	犯罪学	030611TK	2005	法学
10	涉外警务	030613TK	2007	法学
11	国内安全保卫	030614TK	2009	法学
12	警务指挥与战术	030615TK	2009	法学
13	网络安全与执法	083108TK	2009	工学
14	公安视听技术	083105TK	2013	工学
15	法学	030101K	2018	法学
16	公安政治工作	030618TK	2019	法学
17	数据警务技术	083111TK	2020	工学
18	移民管理	030619TK	2022	法学
19	反恐警务	030621TK	2022	法学

2020—2021 学年，中国人民公安大学本科实际招生专业共 14 个，计划招生 2680 人；2021—2022 学年，该校本科招生专业 15 个，计划招生 2730 人，实际录取 2698 人，计划执行率 98.83%。据统计，2022 年大部分省份报考中国人民公安大学的公安专业并参加公安院校招生面试的考生数为计划招生数的 300%以上，其中：河北、黑龙江、江苏、浙江、山东、四川、陕西、宁夏等省参加公安院校招生面试的人数达到公安大学在该省计划数的 400%以上。在非高考综合改革省份，公安大学公安专业文、理科录取平均分分别高于最低控制线 66.91 和 84.64 分；在北京等 6 个“3+3”高考综合改革省份，公安专业、公安技术专业录取平均分分别高于最低控制线 134.75 和 160.25 分；在河北等 8 个“3+1+2”高考综合改革省份，

历史+政治组、物理+政治组、物理组录取均分平均高于最低控制线分别为 126. 01、188、210. 89 分。尤其在高考综合改革省份，录取分数较去年相比稳步提升，生源质量表现出较高水平。2021 年，在全国 31 个省（区、市）中，中国人民公安大学的文、理科录取平均分高于录取最低分数控制线 50 分以上的省（区、市）分别占 92%和 100%，达到了近几年的最大值。2022 年，这两项占比分别达到 87. 1%和 100%，录取考生的专业志愿满足率达到 94. 63%，连续两年保持较高水平。

4. 师资和教学条件

截至 2022 年 6 月，中国人民公安大学实有专任教师 715 人（不含外聘教师），生师比为 19. 78∶1，平均年龄约 44 岁。其中教师人数最多的是信息网络安全学院，共 85 名教师，生师比是 27. 65∶1。教师人数排在第二位的是法学院和侦查学院，两个学院分别有 79 名教师，同时也是公安大学生师比最低和最高的两个学院，生师比分别是 6. 52 和 28. 22。

在师资队伍的建设上，着力强化师德师风建设，健全相关规章制度来规范教师管理强化师资队伍建设管理系统化、规范化建设，激励教师学习，引导教师服务公安实战。公安大学将深入学习贯彻习近平新时代中国特色社会主义思想作为首要任务，开展师德师风专题教育，强化党员、人民警察和人民教师“三重身份”教育，增强教师对“三重身份”的认同感、自豪感和荣誉感。在队伍建设的规章制度上，制定实施了《中国人民公安大学关于进一步加强新时代教师队伍建设的决定》《关于进一步鼓励支持教职工在职进修攻读博士学历学位的意见》《中国人民公安大学职称评审办法》《中国人民公安大学客座教授聘任管理办法》和。引导教师进一步提升教学科研和服务公安实战的水平在服务实战，提升实战能力方面，制定《中国人民公安大学外聘教官管理办法》《中国人民公安大学教师参加公安业务实践管理办法》等制度，同时还有针对性地对老师开展法治练兵、科技练兵、警务技战术练兵、专业执法实战练兵等科目训练，不断提升教师公安实战化意识和能力。推进实施与公安实战部门“协作共建、合作育警”机制，重点加强与部机关业务局和科研院所深度合作，聘请约 100 名实战人才来校担任教官。

2020 年，中国人民公安大学教学经费支出总计 10418. 80 万元，2021 年的教学经费支出总计 12901. 97 万元，其中，学校教学日常运行支出从 4819. 56 万元升到 6057. 19 万元，生均教学日常运行支出达到 3800. 90 元；思想政治理论课程专项建设经费支出 124. 33 万元；教学改革支出 2245. 06 万元，专业建设支出 3647. 54 万元；实践教学支出从 325. 73 万元提高到 595. 89 万元；学生活动经费支出从 117. 28 万元上升到 218. 50 万元；本科实验经费支出从 194. 79 万元升为 322. 92 万元，本科实习的生均实习经费标准为 600 元。

截至 2022 年 6 月，中国人民公安大学的校园教学、科研、训练等设施完备，建有警务战术训练馆、警务战术训练街区、警体综合训练馆、高级警官培训楼等多座现代化大型教育训练场馆，配备了实弹射击、泅渡救援、特勤驾驶、警务战术指挥、心理测试、刑事侦查、犯罪现场勘查、模拟法庭、安全防范技术、交通管理与控制、警用无人机等多项国内一流的警务实训设施，在全国范围内有30余个实践教学基地。公安大学拥有2个国家级实验教学示范中心，1个国家级虚拟仿真实验教学中心，2个省部级重点实验室，2个北京市实验教学示范中心。建有2个协同创新中心、司法鉴定中心、公安高分遥感工程技术研究中心、公共安全行为科学实验室等科研机构以及40余个非在编科研机构。依托学校建设的“公安部公安发展战略研究所”是首批建设的两个部级公安新型智库。网络犯罪与全球治理创新引智基地入选教育部、科技部“高等学校学科创新引智计划”（“111计划”），是公安系统唯一学科创新引智基地。

为了服务学校“双一流”建设发展战略，中国人民公安大学不断完善文献资源保障体系和信息服务体系，为教学、科研和人才培养提供强有力的文献信息资源保障。突出专业化、精准化，推动图书文献资源建设再上新台阶。馆藏图书资源持续稳定为教育教学和学科研究提供服务保障，基本满足了教师教学科研、学生专业知识学习与综合能力培养对文献资源的需求。学校图书馆馆藏各类印本图书资源总量为159.23万册，生均纸质图书99.92册；电子图书234.39万册（含135万种全文），电子期刊19.6万册，电子学位论文944万册。

5. 本科教学建设与发展

（1）人才培养方案

中国人民公安大学在2021年新修订了本科人才培养方案，课程体系分为理论课程和实践环节，理论课程主要包括通识类课程和公安业务课程（包括公安基础课程、专业基础课程、专业课程）。实践教学环节主要包括实验、实训、课程设计、实习、毕业论文（设计）、创新训练、社会实践等。法学类专业、公安学类专业平均总学分控制在160学分左右，公安技术类专业平均总学分控制在170学分左右。课程学分按每16学时计1学分。每学期安排17个教学周，其中16周为课堂教学，1周为学生综合素质拓展活动周。各专业的实践教学学分占总学分比例不低于35%，提升选修课的占比，选修课程学分占课程总学分平均比例分别是20%（法学门类，法学类专业和公安学类专业）和15%（工学门类，公安技术类专业）左右。

为深化教育教学一体化改革，努力培养符合新时代公安和政法工作要求的高素质复合型人才与拔尖创新人才，致力完善专业人才培养体系与评价方式。根据学生学习能力差异和多元化发展需求，该校先后研究制定了《中国人民公安大学教育教学一体化改革实施方案》《中国人民公安大学学院建设质量评价工作方案》《中国人民公安大学本研一体化人才培养体系改革实施方案》，启动本研一体化人才培养体系改革。改革坚持因材施教、分类培养教育理念，通过推进本科新生院建设、构建本研一体化培养方案、开办“警英班”、实施部分基础课“分级教学”、推进本科辅修制和重构本研教学组织运行体系等多项重点改革任务。

围绕完善奖励机制、加强学业管理两方面推进学生学业评价奖惩体系改革，完善课程考试、学业留级、转专业、学位授予等配套办法，开展毕业论文管理改革，健全毕业生淘汰机制，进一步加强学风建设，引导学生主动学习、强化创新意识。深化学院评价机制创新，组织实施年度本科专业人才培养质量的评估和考核，将学生德智体美劳的培养成果分类纳入评价体系，使本科人才培养质量可量化、可测量、可对比。

（2）专业建设

专业建设的内涵发展取得成就。第一，一流专业建设成绩明显。2019—2020学年，中国人民公安大学的治安学、侦查学、刑事科学技术3个专业入选首批国家一流本科专业建设点。之后两年，陆续又有网络安全与执法、公安管理学、犯罪学、法学、公安情报学、涉外警务、交通管理工程、安全防范工程等8个本科专业入选国家级一流本科专业建设点，即一共有11个国家级一流本科专业建设点，居全国公安院校之首（详见表2-5）。其中，安全防范工程专业是入选北京市级一流本科专业建设点后，第二年就成功申报国家级一流本科专业建设点。该校在2021—2022学年度，国内安全保卫、警务战术与指挥、公安视听技术等3个专业入选北京市级一流本科专业建设点，一共有5门省级一流专业建设点（详见表2-6）。第二，优化调整专业结构，根据实战需求申报新专业。主动适应新时代公安工作对复合型、创新型人才的需求，优化调整专业结构。2021年恢复法学专业招生，为辅修制等人才培养方式改革提供重要平台。2021年获批反恐警务、移民管理两个本科新专业，实战急需的数据警务技术专业在2022年开始招生。第三，积极开展辅修与微专业建设，制定《中国人民公安大学微专业建设管理实施细则（试行）》，鼓励跨学院跨专业联合开设微专业，完成第一批微专业遴选，食品药品与环境犯罪治理、电子证据、国际刑警与警务联络作为首批微专业。第四，开办首个拔尖人才培养实验班（网络安全与执法拔尖人才培养实验班），围绕探索涉网新型犯罪治理背景下的公安人才培养新模式，有机衔接本科生与研究生阶段的知识学习、科研训练与能力培养，推动构建一流人才培养体系。第五，提高和规范转专业申请条件，制定并落实本科生转专业管理办法，严格按照学业成绩绩点进行转专业审批。第六，拓展专业建设路径，从专业顶层设计、课程教学资源、教学改革、学生发展、质量保障五方面开展个性化的专业要素建设，不断健全完善“教学练战一体化”人才培养模式。

表 2-5　　　　**中国人民公安大学获批的国家一流专业汇总表**

序号	专业名称	获批时间
1	治安学	2019
2	侦查学	2019
3	刑事科学技术	2019
4	犯罪学	2020
5	公安管理学	2020
6	网络安全与执法	2020
7	法学	2020
8	公安情报学	2021
9	涉外警务	2021
10	交通管理工程	2021
11	安全防范工程	2021

表 2-6　　　　**中国人民公安大学获批的省级一流专业汇总表**

序号	专业名称	获批时间
1	涉外警务	2019
2	安全防范工程	2020
3	国内安全保卫	2021
4	警务战术与指挥	2021
5	公安视听技术	2021

（3）课程建设

第一，强化课程思政教育。2019 年制定《中国人民公安大学课程思政建设方案》，持续推动思想政治工作传统优势与专业教育的有机融合，完善学校全员全过程全方位育人体系。2021 年研究制定《加强和改进思想政治理论课建设方案（2021 版）》，严格要求更新思政课课程体系与教学内容，改善教学方法，推进教辅材料编写，切实将党的“二十大”精神贯彻到本科课堂教学之中。2022 年春季学期，成立课程思政教学研究中心，制定《中国人民公安大学课程思政教学研究中心建设实施方案》，聚焦课程思政教学实践和理论研究。扎实推进“大思政课”建设，实行教师“挂牌授课”，面向法学专业本科生开设“习近平法治思想概论”课程，并面向全校本科生开设相关公共选修课，增设《习近平新时代中国特色社会主义思想在京华大地生动实践》等思政选修课程。

第二，加强网络课程建设。多渠道建设网络课程资源，满足学生对课程的多样化、差异化需求。推动“互联网+”课程建设，加大优质课程资源开发和升级转型，分多层次推进微课、慕课资源库建设，扩大网络通识选修课课程资源，促进信息化教学资源共享。面向学科专业建设基础理论研究、面向国际新形势、面向现代新技术、面向公安工作“卡脖子”关键环节，持续开展通识和专业课程建设。组织教师课堂教学大赛、微课大赛及教学培训，引导教师利用智慧教学工具开展教学改革，推动传统课堂向互动课堂转变。稳步推进课程体系改革和课程内涵建设，立项 75 门课程建设项目，其中专业课程 42 门，通识课程 33 门。全新开发课程 61 门，占比 81.33%；在原课程基础上更新改造课程 14 门，占比 18.67%。

第三，实施一流本科课程建设。积极开展国家级一流本科课程的申报，4 门课程获评教育部国家级一流本科课程称号，6 门课程获得北京市优质课程称号（详见表 2-7）。《侦查讯问学》等 6 本教材课件获得北京市优质教材课件称号。《公安学基础理论》《公安学研究方法》2 门课程分别获立教育部本科和研究生课程思政示范项目。在 2021 年度北京高校课程思政示范课程、教学名师和团队评选中，《涉税犯罪案件侦查》《公安情报技术》《国际公法学》《治安案件查处》《法理学》等 5 门课程获评北京高校本科示范课程，另有《网络空间安全导论》《公安学理论前沿》《刑事侦查专题》等 3 门课程获评北京高校研究生示范课程、《刑事诉讼法》课程获评北京高校继续教育示范课程，以上 9 门示范课程相应授课教师和教学团队认定为北京市课程思政教学名师。

表 2-7　　**中国人民公安大学获得省部级以上荣誉的本科课程**

序号	类别	课程名称	获批年份
1	国家级一流本科课程	《刑事诉讼法学》	2020
2		《侦查讯问学》	2020
3		《道路交通事故处理》	2020
4		《大学生安全与保护》（线上）	2021
5	北京高校优质本科课程	《公共安全危机管理》	2020
6		《警务保障总论》	2020
7		《普通物理》	2020
8		《计算机网络》（重点项目）	2021
9		《金融犯罪案件侦查》	2021
10		《犯罪活动空间分析与制图》	2021

续表

序号	类别	课程名称	获批年份
11	北京高校课程思政示范课程（普通本科）	涉税犯罪案件侦查	2021
12		公安情报技术	2021
13		国际公法学	2021
14		治安案件查处	2021
15		法理学	2021

（4）教学基层组织和团队建设

积极推动虚拟教研室建设试点，以虚拟教研室建设试点为契机，落实立德树人根本任务，探索建设新型基层教学组织，发挥公安专业特色，创新教研形态、加强教学团队建设，为学校教育教学高质量发展提供有力支撑。在 2022 年教育部开展的虚拟教研室建设试点评审中，有 3 个虚拟教研室入选教育部虚拟教研室建设试点项目，分别是“公安情指勤舆一体化课程虚拟教研室”“公安刑事程序法治课程群虚拟教研室”“侦查讯问科教实战一体化虚拟教研室”。

在 2022 年教育部公布首批新文科研究与改革实践项目中，共认定 1011 个新文科研究与改革实践项目，中国人民公安大学有 5 个项目获批立项，分别是：《公安学类本科专业教学质量国家标准研究》《“国家安全学”新兴文科专业建设探索与实践》《基于公安特色四驱联动的公安学专业协同育人机制创新与实践》《新文科建设背景下高素质涉外执法人才培养创新与实践》《多学科交叉、多主体协同“数据侦查”人才培养模式探索与实践》。

（5）实践教学改革

中国人民公安大学在实践教学方面，主要从实验室建设、毕业论文制作、实习三个方面做了改革和提升。在实验室建设方面，首先，紧密结合公安工作新形势、新要求建设高水平实验室。首期实验室建设分 24 个具体建设项目，投入经费总额为 5313.6 万元。二是加强论证实验项目，科学合理设计实验项目，以创新能力培养作为实验目标设立的主要标准，压挤实验教学“水分”，打造实验“金课”，2021—2022 学年共开设 116 门实验课，承担校内教学人机时数 346826；承担校内外实验项目数 551；对外开放人时数 8666。三是以虚拟仿真技术应用为突破口，投入 317.95 万元用于虚拟仿真实验室升级，做实做强国家级公安执法虚拟仿真实验教学中心。四是通过对实验室工作的绩效考核规范实验室管理和建设。中国人民公安大学现有 2 个国家级实验教学示范中心和 4 个学院本科教学实验室，通过审核年度报告、数据监测和现场考察，以及修购项目完成及使用情况的绩效考核等方式“以评促建”规范实验室管理与建设。

在毕业论文制作方面，形成了重过程、重实效的毕业论文管理方式。首先，严格规范论文检测，便利学生开展毕业论文个人检测，加强学术诚信审核把关，提升论文检测效率和质量。二是狠抓评审保质量，促进评审工作提质增效。积极推进毕业论文内审平台建设，将毕业论文全部通过平台送审，通过线上开展匿名评审。同时，采取内审外审相结合的方式，校内随机抽取一定比例的毕业论文开展校外评审，2022 年聘请了 492 名校外专家完成校外匿名评审。三是严格答辩工作质量监督，优化完善论文答辩的工作流程。中国人民公安大学对需要二次答辩及校级优秀毕业论文分别开展集中答辩工作，在全校范围内遴选答辩组评委，统一标准、统一流程，确保答辩工作能够高质量完成。通过以上三个措施严把“出口关”，强化毕业论文监控环节，提升人才培养质量。

在实习方面，一是严格警务化管理，严抓实习纪律作风。制定《本科生专业实习行为准则》明确实习期间的行为准则和具体要求。同时，坚持常态化、全覆盖日常管理，建立“专业实习每日汇报”制度，教务处安排专人与带队教师积极配合，每天汇总掌握在实习单位教学、工作和学习情况，三是聚焦综合素质能力培养，严格考核评价，狠抓实习质量效果。学校会同实习单位遴选基地民警担任学生实习指导教官，开展内容丰富的现场教学活动。实习期间，针对无法到现场实习的学生采用线上线下结合的方式，各学院专门研究设计线上实习任务；突出理论与实践相结合，以“一论文五报告”（“一论文”为学年论文，“五报告”为实战案例分析报告、实习总结报告、公安工作建议报告、课程实践项目建议报告和理论课教学建议报告）促进学生综合素质提升；严格实习考核评价，按照《专业实习评价标准》开展实习材料评阅和实习成绩认定工作。

（6）信息化赋能教学监测管理

运用数据思维方法，构建数据化信息化教学管理常态监测体系。对接高等教育质量监测国家数据平台，持续采集本科教学状态数据。对接学校管理，持续采集 7 大类教学状态数据；每年都生成《年度本科教学基本状态数据分析报告》，用数据动态监测本科教学的基本状态。通过实时数据分析，为教学管理决策提供重要参考。

此外，积极参加全国高校质量保障机构联盟（CIQA）相关活动，主动融入高等院校主流质量文化，开展学校内部质量保障体系及督导、评估、监测研究工作。推进智能客服平台建设，面向师生提供 7×24 小时在线服务，在 2020—2021 学年内，公大教务智能客服机器人应答提问 27794 次，执行任务 22895 次；2021—2022 学年，机器人全年应答提问 9 万余次，执行任务 20 万余次。智能客服上线后缓解了教师教务方面的工作压力，提升了信息化服务质量和服务效率。

6. 特色发展

（1）用“大思政课”培根铸魂，构建“三全育人”格局中国人民公安大学在“三全育人”上充分与“思政课”融合。结合新时代的现实特点，坚持“政治建校、从严治校”办学方针，围绕锻造“铁一般信仰、铁一般信念、铁一般纪律、铁一般担当”的“四个铁一般”公安铁军要求，坚持办学治校严于一线警队，严于地方院校，严于兄弟警校，看齐部队院校的“三严一看齐”准军事化建设标准，充分发挥政治建校优势，以提高教育教学质量为主线，以全面深化课程改革作为落实立德树人根本任务的突破口，把握“大思政课”培根铸魂的着力点，推进思政课内涵式发展，推进思政课程与课程思政的深度融合、同向同行，推进“思政小课堂”与“社会大课堂”密切结合，共同画出为党育人、为国育才、为警铸剑的“同心圆”，构建了具有公安大学特色的全员育人、全程育人、全方位育人的“三全育人”格局。

首先，扎实推进思政课程和课程思政建设与融合。中国人民公安大学充分发挥思政课程和课程思政育人主渠道作用，制定《加强和改进思想政治理论课建设方案（2021 版）》（公大党发〔2021〕3 号）和《中国人民公安大学课程思政建设方案》（公大党通字〔2019〕24 号），在全国公安院校率先开设“习近平新时代中国特色社会主义思想概论”课程，按照思政课建设“八个相统一”要求，即要坚持政治性和学理性相统一；坚持价值性和知识性相统一；坚持建设性和批判性相统一；坚持理论性和实践性相统一；坚持统一性和多样性相统一；坚持主导性和主体性相统一；坚持灌输性和启发性相统一；坚持显性教育和隐性教育相统一，促进思政课教育教学创新。

其次，推进“思政小课堂”与“社会大课堂”相结合。推进“思政小课堂”与“社会大课堂”相结合，是理论与实践的良性互动的必然要求，有助于提升“大思政课”培根铸魂的亲和力和针对性。公安大学积极组织学生参与公安业务实践、支援安保活动、开展社会调研，引导学生坚持理论联系实际的马克思主义学风，学会用脚步丈量祖国大地，深入人民群众中，扎根基层一线中。具体做法包括，一是组织学生通过线上班会、团会、交流研讨等形式持续开展政治理论学习。二是紧密结合时政和社会现实开展，如以建党 100 周年为契机，组织学生以多种形式深入持续开展党史学习教育；化疫情危机为思政契机，将我国科学应对疫情防控的典型经验和鲜活案例，包括公安机关战疫情的典型案例等，融入线上教学活动，充分挖掘疫情防控期间思政教学资源，努力打造云端思政“金课”。三是结合冬奥会，上好弘扬北京冬奥精神特色“大思政课”，积极组织参与冬奥会冬残奥会服务保障工作的学生执旗手和冬奥会礼仪志愿者等举办冬奥精神主题宣讲会，从“大思政课”培养合格预备警官。

再次，狠抓师资队伍的思政教育与培训。中国人民公安大学依托国家教育行政学院中国教育干部网络学院平台组织实施了青年教师的思政培训，2021 年 10 月 6 日启动以“深化课程思政建设，提升高校立德树人成效”为主题的网络培训，培训历时三个月，共有10个学院48名青年教师参加培训活动。2022年6月，该校马克思主义学院成功入选第三批北京市重点建设马克思主义学院，这是公安大学持续加强马克思主义学院建设的重要成果，也是该校党建和思想政治工作实效的重要体现。

第四，突出思政课育警铸剑的鲜明公安特色。首先，领导高度重视。公安大学坚持校领导带头讲思政课这一项重要的制度。校党委领导班子成员带头推动思政课建设，带头落实联系思政课教师制度。学校始终将思政课建设作为重大政治任务进行专项部署，不仅仅强调老师讲政治，讲思政，也要求学生积极参与其中亲自讲思政。学校持续开展中国人民公安大学“预备警官讲思政课”比赛，使学生从“教”与“学”的角度重新认识思政课，让青年学生用自己的视角讲思政课。其次，在教学上，对思政课程要求加强教学设计，构建以忠诚教育为核心、以警察意识培育为指向，富有公安院校和警察职业特点的思政课教学模式。推动教学方法创新，以专题式教学、问题链教学、现场情景教学、经典著作研读，举办“预备警官讲思政公开课”等提升教学感染力。构建了思想政治理论必修课、专题素质教育、通识选修课、公安业务实践实训教学和专业课“五位一体”的全课程育人体系，分年级分层次延伸拓展思政课程。

（2）深化教育教学一体化改革 优化公安专业人才培养体系

中国人民公安大学的人才培养定位是胜任公安事业的高素质应用型公安人才。为了培养拔尖创新人才，深化本、研协同发展，建立人才培养协同优势，该校从2020年以来研究制定并实施了《中国人民公安大学教育教学一体化改革实施方案》，《中国人民公安大学贯彻落实〈深化新时代教育评价改革总体方案〉工作清单》《“十四五”发展规划和新一轮“双一流”建设方案一体化重点任务清单》等系列文件，在公安专业人才培养上突出特色，狠抓质量，革新体制机制。

第一，瞄准拔尖创新，强化人才培养战略定力

紧跟国家发展需求，服务国家战略，公安大学在全国公安院校中较早开展了国家安全学人才培养，布局建设数据警务技术、反恐警务和移民管理专业，恢复设置法学专业；同时，根据公安实战需要服务关键警种，持续开展国内安全保卫、反恐警务等专业定向招录培养，为经济侦查、技术侦查等业务警种进行订单式人才培养。另外，加强“金专”建设，截至目前，公安大学公有侦查学、治安学、刑事科学技术、犯罪学、公安管理学、网络安全与执法和法学共11个本科专业入选国家一流本科专业建设点，涉外警务、安全防范工程等5个专业入选北京市一流本科专业建设点。

第二，坚持开放办学，凝聚人才培养行业合力

中国人民公安大学始终坚持将开放办学、合作办学，作为推进学校“世界一流学科大学”建设的重要抓手，作为提升办学现代化水平的重要举措。全面加强

合作办学顶层设计，全面加强合作办学顶层设计，统筹、系统推进校局、校所、校企、校际合作，通过强化与公安部业务局、科研院所、全国公安机关、高科技企业合作，积极引入社会资源参与学校办学。公安大学与部网络安全保卫局、法制局、第一研究所、物证鉴定中心、道路交通安全研究中心5家单位签订战略合作协议，与国家移民管理局、治安管理局、交通管理局、第三研究所4家单位达成合作协议，与北京市公安局及局属单位部门签订了全面战略合作框架协议，加强同城一体化协作共建。紧密对标国家京津冀、长三角、成渝双经济圈等重大战略，与天津市、河北雄安新区、安徽省、四川省、成都市5家单位公安机关签订或达成合作协议，与华东师范大学达成合作协议。同时，稳步推进校企合作工作，已与10多家企业签订校企合作协议。

通过制度来约束和规范合作办法。学校先后制定了《深入推进学校合作办学工作指导意见》《合作办学管理办法》《合同管理办法》《接受社会捐赠管理办法》《捐赠冠名管理办法》等系列规章制度，严格规范内部决策程序，严格按照法务审核，审计、计财、教务、科研等归口管理部门前置审核等程序开展合作审批、研究、集体审议决策等环节。

校局合作，建立部校联动的“双一流”协调推进机制和合作共建机制。持续加强与国家移民管理局、部新闻宣传局、政治安全保卫局、经济犯罪侦查局、治安管理局、刑事侦查局、反恐怖局、铁路公安局、网络安全保卫局、法制局、国际合作局、禁毒局等多个部机关业务局的密切合作，紧跟公安工作最新部署及改革发展方向，及时了解公安工作现实需要和紧缺专业人才需求，进一步强化办学治校与公安工作的精准对接。

强化教学练战衔接，充分发挥实践基地作用。公安大学与广东省公安厅、海南省公安厅、北京市公安局、天津市公安局等50余家公安机关开展深度融合，建立了40余家综合性实践基地，构建教育实战对接、人才育用衔接、资源共享连接的深度融合共建体系。将部属科研单位作为人才培养重要依托平台，邀请了17位知名专家承担11门课程教学工作，推动公安科技前沿知识和实战鲜活案例第一时间进课堂。

规范推进校企合作，充实拓展学校办学资源。与中国人民公安大学签署合作和捐赠协议的企业有40家，其中，央企和国企有4家，其余均为行业领先高新技术企业；实质性合作企业21家，纯捐赠企业13家，有合作和捐赠的企业6家。校企合作的领域多为公共安全和实验室建设，企业无偿捐赠设备大力支持了学校公安部重点实验室等建设工作。公安大学吸收社会捐赠累计8824.8万元，其中设立了6个奖学金项目，分别是“旭辉奖助学金”“莲”助学金项目、“逸峰励志奖学金”“嘉观奖学金”“保税科技奖学金”“万集科技奖学金”等。通过奖学金项目，共让800余名优秀学生和家庭经济困难学生获得奖励和资助。同时，针对教师教学还设立有 3 个奖教金项目，分别是“亲家数科奖教金”“中科链安—木樨学者奖励基金”“紫华金融犯罪研究基金”等，全校共有 50 余名教师获得奖教金的表彰奖励。

第三，深化新时代教育评价改革，增强人才培养内生动力

为了深入贯彻《深化新时代教育评价改革总体方案》，推动教学评价改革落实落地，2020 年 10 月，公安大学研究制定了《中国人民公安大学贯彻落实〈深化新时代教育评价改革总体方案〉工作清单》（公大通字〔2020〕119 号），系统梳理涉及教育评价改革范畴的具体工作事项。2021—2022 学年，为深入推进新一轮“双一流”建设和学院学科专业一体化建设，公安大学组织研制了学科建设指南和教学学院《“十四五”发展规划重点任务清单》，绘制形成体系更加完善的学科建设规划图、路线图、施工图。2022 年 7 月，学校印发《“十四五”发展规划和新一轮“双一流”建设方案一体化重点任务清单》，形成清单式管理、项目化推进、过程性服务、伴随式督办的工作机制。

教学评价改革聚焦重点领域和关键环节，稳妥有序推进评价改革在学校先行先试、贯彻到底、立见成效。一方面，从教师评价入手，进一步完善教师评价办法，调减教学工作量考核指标，综合运用学生评教、同行评议、推门听课等措施，将教学效果与工资绩效、职务晋升等结合起来。另一方面，改革学生学业评价办法，强化学风建设，增加学业成绩在学生综合评定中的比重，与学业留级、学位授予、研究生推免等紧密挂钩。另外，为了发挥学院主体作用，不断深化学院评价机制改革，将人才培养效果作为公安大学各个学院评价的重要指标，进行资源差异化配置，并强化评价结果在各项工作考核中的运用。

（二）中国刑事警察学院①

中国刑事警察学院是公安部直属本科高等院校。自 1948 年建校 75 年来，凝练了“忠诚、求是、团结、奋进”的优良校风，开创了公安院校警务化管理模式先河。先后为全国政法公安机关培养输送了 18 万余名领导干部、业务骨干和专门技术人才，毕业生中涌现出一大批英雄模范，千余人次受到二等功以上表彰，数百人被授予全国公安一级二级英模、全国优秀人民警察、全国劳模，为公安事业发展和平安中国建设作出了重要贡献，被誉为“中国刑警的最高学府”。

1. 学校基本情况

刑警学院始建于 1948 年 5 月，1981 年，经国务院批准，扩建为中国刑事警察学院，成为我国第一所开展公安本科学历教育的公安院校。1998 年，被国务院批准为硕士学位授予单位。学校位于辽宁省沈阳市，现有塔湾、白山路、蒲河 3 个校

---

① 资料数据主要来源中国刑警学院官网，各学年本科教学质量报告，访问时间 2023 年 1 月 12 日。

区，占地面积775亩。学校坚持立德树人根本任务，为党育人、为国育才、为警铸剑，逐步创建了符合我国国情、适应公安工作、具有鲜明公安特色的学科专业体系，形成了教学、科研、办案三结合的办学模式，构建了层次完备的人才培养体系。学校设有7个教学型二级学院，3个管理型二级学院。设有法学、公安学、公安技术3个一级学科，法医学1个二级学科，法律、警务、应用心理、公共管理4个专业学位授权点。"公安技术一级学科""公安学一级学科"入选"辽宁省一流学科建设项目"。设有侦查学、治安学、经济犯罪侦查、禁毒学、公安情报学、涉外警务、警犬技术、技术侦查学、反恐警务、刑事科学技术、公安视听技术、网络安全与执法等12个公安本科专业，涵盖了公安主要业务领域，其中国家级一流本科专业建设点10个，省级一流本科专业建设点1个。

2. 办学发展目标和人才培养目标

刑警学院面向全国，服务公安工作发展和公安队伍建设，其办学充分发挥刑事科学技术（法庭科学）、侦查、新型侦查技术等学科专业优势，发展目标定位为：中国刑警的最高学府、犯罪治理领域的国家级智库、犯罪侦查和公安技术专业人才的培养高地，朝着政治坚定、特色鲜明、国内领先、世界一流的警察大学阔步迈进。

刑警学院的人才培养总目标是：培养政治坚定、作风过硬、业务精通、素质优良的应用创新型高级公安专业人才。各个公安专业的培养目标是：根据习近平总书记"对党忠诚、服务人民、执法公正、纪律严明"总要求和学校人才培养总目标，结合各专业优势和特色，确定各专业的人才培养目标与规格，并写入各专业人才培养方案。各专业着力培养熟悉相关政策法律和行业规范，系统掌握本专业的基本理论、基本知识、基本技能，具有从事本专业领域实际工作的专业核心能力和初步的研究创新能力，能够胜任公安机关相应岗位和部门工作需要的应用创新型高级公安专门人才。

3. 专业设置和招生情况

（1）专业设置

刑警学院设有公安学、公安技术、法学3个一级学科，法医学1个二级学科，警务、法律、应用心理、公共管理4个专业学位授权点。截至2022年6月，刑警学院共有12个公安本科专业，其中，9个为公安学类专业、3个为公安技术类专业，分别是侦查学、治安学、经济犯罪侦查、禁毒学、公安情报学、涉外警务、警犬技术、技术侦查学、反恐警务、刑事科学技术、公安视听技术、网络安全与执法等12个公安本科专业，涵盖了公安主要业务领域。其中，侦查学专业设置反恐怖、预审、电信网络新型犯罪侦查3个专业方向，刑事科学技术专业设置痕迹检验、交通事故处理、文件检验、法化学、警务法医5个专业方向，公安视听技术专业设置视听资料检验技术、视频侦查技术2个专业方向。拥有国家级一流本科专业建设点

10个、省级一流本科专业建设点1个（详见表2-8）。2022年6月，教育部办公厅公布了2021年度国家级和省级一流本科专业建设点名单，刑警学院4个本科专业入选。其中，公安情报学、治安学、涉外警务等3个专业获批国家级一流本科专业建设点，技术侦查学获批辽宁省一流本科专业建设点。加上之前的侦查学、刑事科学技术、网络安全与执法、公安视听技术、经济犯罪侦查、禁毒学、警犬技术7个专业，共有10个专业是国家级一流本科专业建设点。即截至目前，该校除了反恐警务为2020年度教育部新办专业外，具有推荐资格的所有公安本科专业全部成为一流本科专业建设点，位居公安院校第二。12个专业、9个专业方向、10个国家级一流本科专业建设点，沉淀了以打击犯罪、防治犯罪为核心的专业办学特色，树立了刑事侦查、刑事技术高层次、高素质专门人才的育人品牌，在全国刑事侦查、刑事技术专家中，刑警学院的毕业生占到七成以上。

表2-8　**刑警学院国家级、省级一流本科专业建设点名单**

序号	专业名称	所在学院	级别	年度
1	刑事科学技术	刑事科学技术学院	国家级	2019
2	侦查学	侦查与反恐怖学院	国家级	
3	网络安全与执法	公安信息技术与情报学院	国家级	
4	公安视听技术	公安信息技术与情报学院	国家级	2020
5	经济犯罪侦查	经济犯罪侦查学院	国家级	
6	禁毒学	禁毒与治安学院	国家级	
7	警犬技术	警犬技术学院	国家级	
8	治安学	禁毒与治安学院	国家级	2021
9	公安情报学	公安信息技术与情报学院	国家级	
10	涉外警务	禁毒与治安学院	国家级	
11	技术侦查学	公安信息技术与情报学院	省级	

（2）招生情况

根据2021—2022学年统计数据，刑警学院的全日制在校学生为7976人，其中全日制本科生6730人，全日制本科生占全日制在校生总数的4.38%。学校有10个本科专业在全国31个省、自治区、直辖市录取全日制本科生1796人，其中，理科录取813人，文科录取152人，不分文理录取831人。近两年各专业招生情况见表2-9。

表 2-9　　　　　　　　**刑警学院各专业录取普通本科生情况一览表**

专业名称	招生计划数（年份）		实际录取数（年份）		实际报到数（年份）		报到率（%）（年份）	
	2021	2022	2021	2022	2021	2022	2021	2022
侦查学	359	357	352	356	352	356	100	100
公安情报学	120	120	115	120	115	120	100	100
涉外警务	80	80	78	79	77	79	98.72	100
禁毒学	79	80	75	80	74	80	98.67	100
经济犯罪侦查	161	160	156	159	153	159	98.08	100
治安学	120	120	120	120	120	120	100	100
警犬技术	80	123	71	122	71	122	100	100
网络安全与执法	200	200	200	200	200	200	100	100
刑事科学技术	441	440	440	440	436	440	99.09	100
公安视听技术	160	120	160	120	160	120	100	100

4. 师资和教学条件

刑警学院现有专任教师 411 人，外聘教师 7 人，生师比为 21.52。专任教师中，教授 97 人、占比 23.6%，副教授 144 人、占比 35.04%，具有高级职称的教师比例达 58.64%，具有博士学位的教师 142 人、占 34.55%，具有硕士学位的教师 211 人、占 51.34%。教师队伍中有国务院学科评议组成员 2 人、国务院政府特殊津贴获得者 3 人，公安部部级津贴获得者 10 人，教育部新世纪人才支持计划入选者 1 人，全国公安科技先进个人获奖者 3 人，全国优秀人民警察 2 人，全国公安教育系统优秀教师（教官）获奖者 16 人，全国网络安全优秀教师获奖者 1 人，全国科普工作先进工作者 1 人，全国公安机关刑事科学技术特长专家 22 人，全国刑事科学技术青年人才库成员 42 人，省部级教学名师 15 人，公安部刑事侦查局审讯办案专家 1 人，全国公安教育工作成绩突出教师 4 人，公安部刑侦局侦破爆炸、投放危险物资、放火案件专家 1 人，辽宁省优秀专家 5 人，辽宁省优秀教师 8 人，辽宁省优秀青年骨干教师 8 人，辽宁省高等学校优秀人才支持计划入选者 5 人，辽宁省优秀科技工作者 2 人，辽宁省百千万人才工程入选者 10 人（含百层次 4 人、千层次 6 人）。

2020—2021 年度，刑警学院的教学日常运行支出 2369.48 万元，生均 3717.41 元；教学改革与建设专项教学经费 1473.38 万元；实践教学支出 108.32 万元，生均 169.94 元；生均思政课程专项建设经费 23.52 元。学校教学科研仪器设备总值

35286.16 万元，生均 4.32 万元。新增教学科研仪器设备 2597.02 万元。2021—2022 年度，刑警学院全校教学日常运行支出 3425.38 万元，生均 3915.57 元，较上一学年度增加了 198.16 元；教学改革与建设专项教学经费 1610.19 万元；实践教学支出 146.68 万元，生均 217.95 元；生均思政课程专项建设经费 51.40 元。学校教学科研仪器设备总值 37002 万元，生均 4.23 万元。新增教学科研仪器设备 1715.84 万元。对比两个学年度数据，全校教学日常运行较上一学年度增加了 1055.9 万元，生均增加了 198.16 元，教学改革与建设专项教学经费增加了 136.81 万元；实践教学支出增加了 38.36 万元，生均增加 48.01 元；生均思政课程专项建设经费增加了 27.88 元。

刑警学院教学基础设施完善，其教学行政用房面积 9.58 万平方米，生均 12.02 平方米；运动场地 5.87 万平方米，图书馆面积 1.23 万平方米，教室面积 1.63 万平方米，全部为多媒体教室。其中，智慧教室面积 2372 平方米。学校建有各类教学实验室和实训场所用房 140 余间，科研和办案专用实验室用房 40 余间，生均实验室面积 1.67 平方米。另外，建有警务训练中心、射击训练中心、现场勘查模拟训练场、查缉战术训练场、防卫控制实训馆、物证鉴定中心等各类公安专业教学训练场馆和设施。在图书资源方面，该校图书馆现有馆藏纸质图书 91.9 万余册、电子期刊 41 万余册，形成了以法学、公安学、公安技术为主，涵盖学校所有学科专业，兼顾其他社会科学、自然科学等相关学科的多类型、多语种、多载体的文献信息保障服务体系。图书馆有借阅室 3 个、阅览室 5 个、密集书库 1 个，阅览座位近 2000 个。2021—2022 学年度，生均纸质图书 105 册，生均新增纸质图书 2.36 册，图书流通量达 3.16 万本次。在网络信息资源建设方面，已建成双核心交换机主干网络，校园网出口带宽 6.4G，校园网主干带宽 10G，校内所有楼宇内实现无线网络全覆盖，并且实现有线无线一体统一认证的园区网络服务；建有多媒体教室管理平台，对学校全部教室实现远程管理。每学期多媒体教室、录播教室、智慧教室使用率达到 100%。

5. 教学建设与改革

刑警学院在本科专业教学建设和改革方面，主要从专业建设、课程建设、师资队伍、实践教学、信息化建设等方面做了积极的探索和尝试。

（1）专业建设

持续落实一流专业“双万”计划，刑警学院国家级、省级一流本科专业建设点已达 11 个，占比达 91.67%，在公安院校中成绩显著。积极融入“四新”建设，优化专业结构，打造一流专业。按照补强发展公安技术类专业、择强发展公安学专业的总体思路，刑警学院 2020 年申报并获批反恐警务新专业。面向警务前沿，增设预审、电信网络新型犯罪侦查、警务法医 3 个专业方向。另外，该校专门召开专业建设座谈研讨会，研制“十四五”专业建设规划，进一步明确了“聚焦国家安全战略和公安事业发展，紧紧围绕新技术革命和产业变革的新动向、公安工作及公安队伍建设的新需求，促进传统学科、新兴学科和交叉学科融合发展，推动传统优势专业与新兴特色专业迭代发展，努力实现学科与专业一体化高质量发展，整体化高水平建设，享誉国际，永葆一流”的专业建设总定位和总思路。

积极调整专业教学计划，根据教育部本科教学工作审核评估专家组的意见，调整2018级和2019级本科各专业教学计划，第六学期设置6个教学周，专业实习从第六学期第7周开始至暑假结束（共20周），专业核心课程前移至专业实习前完成，确保专业人才培养工作的连贯性和实效性。

（2）课程建设

持续落实一流课程“双万”计划，全面建设一流课程。4门课程申报获批为国家一流课程，4类48门课程申报获批省一流课程；与课程建设同步，出版3种“4+1”核心能力教材，审查114种教材，严把教材质量关。另外，8种教材获批为辽宁省优秀教材。评选推荐教学成果方面，评出10项校级教学成果，推荐获批5项省级教学成果，其中一等奖1项，二等奖1项，三等奖3个。深入推进课程教学改革，项目牵引课程教学改革，近两年8个项目获批辽宁省普通高等教育本科教学改革研究项目、11项课题获批省教育科学规划课题、6个项目获批教育部产学合作协同育人项目，获批2项教育部新工科研究与实践项目、2项教育部新文科研究与改革实践项目，切实做到以各类教研项目推动教学改革。建成公安院校首个沉浸式在线课程制作中心（平台），遴选“警察大学生心理健康教育”等6门课程开展第二批慕课建设；推进课程考核改革和题库建设，90门课程开展教考分离试点。

（3）队伍建设

学校教师（团队）获得国家级科技奖励2项、省部级科研奖励74项。目前，承担在研的各级各类科研项目490项，其中国家级项目20项、省部级项目240项。出版发行《中国刑警学院学报》和《中国刑事警察》两种期刊，其中《中国刑警学院学报》是我国公安高校的第一本学报。在师资队伍建设上，该校通过多种多思提升教师现代教育能力和水平，增强致力于教学改革和课程思政建设的意识，营造浓厚的教书育人、严谨治学的氛围。

首先，采取“走出去”“请进来”“上网络”等多种形式开展教师培训。“走出去”开展校外培训，与厦门大学教师教学发展中心联合举办“教师教学能力提升与教学创新高级研修班”，全校58名教师在厦门大学培训，学习教育教学新理论、新模式。“请进来”开展课程思政专项培训，先后邀请上海大学、北京理工大学为全校教师作了课程思政建设工作专题讲座，并组织开展课程思政建设系列教研活动。“上网络”开展在线培训，如中国大学MOOC平台专项培训和“雨课堂”教学工具应用培训，教育部高等教育司指导、全国高校教师网络培训中心举办的

"高校教师课程思政教学能力培训"，师培联盟（北京）教育科技研究院举办的"全国教学创新大赛获奖经典案例分享专题培训"，组织观看第三届全国慕课教育创新大会直播等。多种形式不同侧重点的培训，全面提升教师教学组织、教学创新、课程思政教学等方面的能力和技巧。

以赛促练，实战提升教学能力。2020—2021 学年度，5 名教师参加辽宁省普通高等学校教师教学大赛，获得一等奖 1 项、二等奖 1 项、三等奖 3 项。1 名教师参加省第八届高校心理健康教育教师教学竞赛并获得三等奖。在第九届省高校思想政治理论课教学大赛中，1 名教师获得一等奖，2 名教师获得三等奖。2021—2022 学年度，参照全国高校教师教学创新大赛赛制和标准，组织教师教学创新大赛，旨在打造优质课程、培育教学名师、激励教学创新，1 名教师获得全国大赛三等奖、2 名教师获得省赛一等奖、3 名教师获得省赛三等奖。网络安全与执法、经济犯罪侦查 2 个虚拟教研室先后申报获批教育部虚拟教研室建设试点，进一步扩大了学校学科专业建设在行业领域的领跑地位和示范作用。

（4）实践教学

注重实验室建设、协同创新中心和智库建设，通过它们强化实践教学。刑警学院现有国家工程实验室（共建）1 个，公安部重点实验室 2 个、辽宁省重点实验室 3 个、辽宁省省级高校重点实验室 1 个、辽宁省高校示范实训基地 1 个。该校牵头组建的"辽宁网络安全执法协同创新中心"是公安院校首个省部级协同创新中心。"新时代犯罪治理研究中心"被辽宁省教育厅批准为"辽宁省高等学校新型智库"。与公安部刑侦局合作建设"全国新型犯罪研究中心"并获批分中心，是东北地区唯一服务于国家打击治理新型犯罪的智库。

进一步加强教学实验实训场所管理，开展实验室管理专项培训。加强日常实验实训场所管理，开展全国高等学校实验室安全隐患排查、全省高校消防安全大检查、全省高校特种设备安全检查、沈阳市实验室危险废物环境管理和安全风险隐患检查、学校实验室安全专项检查等各项各级各类涉及实验室安全的检查工作；完善学校实验室安全责任体系，认真统计并报送教学实验室安全工作年度报告、实验室安全风险整改工作报告和实验室信息统计数据。落实校属各教学单位实验室安全责任，保障实验实训教学和科研工作安全平稳。2020 年相关职能部门负责同志和教学单位相关负责同志及实验室、实训中心主任 30 余人，参加高校实验室安全现场检查视频培训，强化实验室安全防范意识，提升实验实训安全管理能力。

创新实验实训载体，开展虚拟仿真实验实训教学。在 2020—2021 学年度，建设完成爆炸现场痕迹勘验技术虚拟仿真实验、犯罪现场勘查虚拟仿真训练、刑事毒物物证鉴定仿真训练 3 个虚拟仿真实验教学项目，同步上线运行，参与学生数达 2200 余人，人时数达 11000 余学时，虚拟仿真实验实训教学逐步推广。

（5）“五育并举”新机制

研究制定《中国刑事警察学院深入贯彻党的教育方针 持续加强德智体美劳五育实施方案》，健全“三全育人”和“五育并举”体制机制，系统设计“五育”工作。其“五育并举”措施围绕“以德树人用好思政课程主渠道、以智启人建好专业领域新课程、以体育人做好普体警体大体系、以美化人开好美育教学多模块、以劳塑人搭好劳动教育宽平台”等方面展开。第一，做好思政教学，以思政推进价值培养。开设“习近平新时代中国特色社会主义思想”“习近平法治思想概论”等课程，做好思政课程和课程思政大文章，将价值塑造、知识传授和能力培养三者融为一体、统筹推进。第二，重视体能训练，以体育塑造人格。强化警察体能课程建设，开足体育运动技能选修课程，完善“健康知识+基本运动技能+专项运动技能”的学校体育教学新模式，教育引导学生在体育锻炼中享受乐趣、增强体质、健全人格、锤炼意志。第三，强化美育教育，以美学陶冶情操。坚持校内校外、线上线下相结合，开足开全 4 类、8 门艺术类选修课程，优化美育工作机构设置和人员配置，开展丰富多彩的美育活动，引领学生树立正确的审美观念、陶冶高尚的道德情操、塑造剑胆琴心。第四，开好劳动课程，以劳动养成吃苦精神。研究开好劳动课程，丰富校内劳动教育内容，同时统筹推进劳动教育与公安见习、专业实习、社会实践服务、大学生创新训练等有机结合，带领学生领悟劳动的意义价值，形成勤俭、奋斗、创新、奉献的劳动精神，养成良好的劳动品质。

（6）教学管理的信息化建设

在教学管理工作中充分发挥信息化作用，利用信息化手段助力优化教学运行与管理。建立本科教学信息化建设协同联动机制，成立教务管理系统建设工作专班，制订功能需求，完成教师用户权限划分和师生角色培训，不仅实现了本科教务管理功能，还实现了线上申请缓考和借用教室等服务功能；研究制订超星尔雅网络教学平台和雨课堂教学平台与教务管理系统的对接方案，构建教学信息化大体系；完成“高等教育质量监测国家数据平台”2 万余条数据采集和上报工作，积极推进教学运行及管理服务由经验驱动向数据驱动转变、由单向管理向协同治理转变、由被动响应向主动服务转变。

6. 特色发展

中国刑事警察学院经过 70 多年的发展，在历史沉淀、国际资源、学科建设、实战培训、科学技术五个方面的优势形成，对人才培养形成有效支撑，具体是指“深厚历史积淀支撑、广泛国际资源支撑、成熟学科建设支撑、实战培训平台支撑、坚实科学技术支撑”。五个方面互为依托，形成了富有自身优势、自身风格、自身特点的本科人才培养支撑体系和教育支撑体系。支撑体系作为一个整体，具有明显的个性化优势和决定性实力；教育支撑体系则对教育教学质量产生了坚强的保障作用，使学校的本科人才培养具有品质厚重、视野开阔、根基扎实、精于实战、擅长科技等独树一帜的特点。

（1）政治建校

作为公安高等院校，刑警学院办学育人始终把坚持党对公安工作的绝对领导、全面领导放在首位，坚持“公安姓党”的政治属性，与时俱进地为“政治建警、政治建校”办学方针注入新的内涵。坚持把“对党忠诚、服务人民、执法公正、纪律严明”总要求作为办学治校育人的总方略、总遵循，不断打牢广大师生高举旗帜、听党指挥、忠诚使命的思想根基，牢牢掌握意识形态工作的领导权和话语权。

（2）育警铸魂

刑警学院被誉为“中国刑警的最高学府”。建校以来，刑警学院紧密围绕公安机关人民警察预防、控制和侦查犯罪活动的职责使命，结合自身在侦查、刑事科学技术学科专业领域的特色与优势，以预防犯罪、查明犯罪、证实犯罪、治理犯罪为指向，构建“大刑警”人才培养特色鲜明的学科专业体系，配置优秀专业教师和优质教学资源，并紧随经济社会发展的步伐，逐步明确了以侦查、刑事科学技术、新型侦查技术领域为主战场和服务全国公安工作发展、公安队伍建设的办学宗旨，致力于培养“大刑警”专业人才。

（3）实战引领

刑警学院努力打造在职民警培训品牌，是公安部技术侦察干部培训基地、公安部禁毒警察培训基地，也是中央军委政治工作部确定的“全军保卫部门刑事侦查骨干培训基地”。承担公安部下达计划的刑事侦查、刑事科学技术骨干人才培训班，一级警督晋升三级警监培训班，全国专业师资培训班等培训任务；军队保卫部门和全国各省市公安机关、监察委员会、人民检察院、人民法院等委托举办的各类岗位培训班。开展侦查学和警犬技术函授本、专科学历教育。年均培训在职民警5000余人次，另有函授生近2000人。

刑警学院在全国公安院校刑事科学技术、侦查学等专业领域始终居于优势地位，培养了大量优秀刑警。各地公安实战部门将刑警学院毕业生作为具有较高科技含量的专家型人才引进，全国公安系统刑事科学技术特长专家中超过70%是该校教师和毕业生，不少地方刑事科学技术部门的主要领导和骨干几乎全是该校的毕业生。学校还为全国公安院校输送了一大批优秀的毕业生，均成为全国公安院校刑事科学技术师资队伍的主力和骨干。毕业生屡获“全国百佳刑警”“全国优秀人民警察”等殊荣。

（4）合作育人

中国刑事警察学院坚持融入实战、服务实战、引领实战，与公安实战部门、科研院所和相关企业深入合作，广泛开展协同育人和实践育人，构建了层次清晰、结构合理的实战化育人体系。同时，学校坚持开放办学、扩大合作，不断加快推进国际化办学进程，警务工作对外交流窗口作用日渐凸显。

与公安实战部门的校局合作。中国刑事警察学院坚持立足刑警、面向全警，与公安机关、科研院所、高等院校深度合作，全面打造“大刑警”育人平台。全面深化校局合作，实时掌握犯罪侦查与治理各领域实战前沿动态，实现公安理论、技术与实战全面融合。与公安部刑侦、经侦、技侦、禁毒等业务局开展全面合作，与湖北省公安厅、广东省公安厅、辽宁省公安厅开展全面合作，与沈阳市公安局、沈阳铁路公安局、沈阳海关缉私局开展“同城一体化”合作，深化与沈阳市公安局各实战部门的全天候战略合作，持续提升师生实战能力，开创了公安院校与本地公安机关合作共赢的崭新平台，实现了教学、科研、办案与公安实战的无缝对接、同频共振。开展司法鉴定工作，汇集全国公检法司经办的疑难案件，丰富了教学内容，提升了专业教师实战能力，更好地服务行业社会发展。

与科研院所和相关企业深入合作。学校与公安部第一、第二、第三研究所，以及阿里巴巴、海康威视、浙江大华等高科技企业合作，并邀请专家、学者走进校园，“公安厅局长走进中国刑事警察学院”“百城刑警走进中国刑事警察学院”“真人图书馆”等活动育人作用不断凸显，推动实战化教学改革向更高水平发展。学校牵头建立了辽宁公安事业发展联盟，联合辽沈地区公安机关、科研院所、高等学校、司法鉴定中心、有关企业等，实现资源互补与共享，不断提升了公安科技和警务理论研究水平。

加强国际交流与合作。学校坚持开放办学、扩大合作，不断加快推进国际化办学进程，警务工作对外交流窗口作用日渐凸显。先后与美国、英国、德国、俄罗斯等 24 个国家及地区的 40 个高等学校和警察机构建立了友好合作关系。是公安部和商务部确定的“外国警察培训承办单位”“中国—欧盟警务培训项目承办单位”。截至目前，先后为 100 多个国家培养了 2700 余名刑侦技术人才。2017 年，学校外国留学生教育资质正式获批，成为首个开展警务硕士留学生教育的部属公安院校。

（三）中国人民警察大学①

中国人民警察大学为公安部直属全日制普通高等学校，前身为中国人民武装警察部队学院，2018 年 9 月，根据党和国家机构改革总体部署，经教育部批准，中国人民武装警察部队学院转制更名为中国人民警察大学，同时加挂“公安部国际执法合作学院”和“中国维和警察培训中心”牌子。警察大学的办学理念是“坚持中国特色、世界一流、立德树人、服务实战”，办学思路是“坚持现代化教学、实战化训练、信息化主导、国际化引领”，校训是“进德修业，精武博文”，学校大力培养“对党忠诚、服务人民、执法公正、纪律严明”的高素质合格人才，向

① 资料数据来源中国人民警察大学官网，各学年本科教学质量报告，访问时间 2023 年 2 月 12 日。

着“有特色、高水平、国际化的世界一流警察大学”目标奋勇前进。

1. 学校基本情况

中国人民警察大学前身为中国人民武装警察部队学院，于1981年4月24日经国务院批准成立，主要为公安现役部队培养指挥管理和专业技术警官，承担我国维和警察、成建制维和警察防暴队、常备维和警队、驻外警务联络官和外籍警察培训任务，担负公安机关培训工作。2018年转制为中国人民警察大学后，学校注册在北京市门头沟区，办学地点在廊坊市安次区和广州市天河区，占地1700余亩。转制后的中国人民警察大学办学服务面向进行了拓展，主要面向全国公安机关，培养适应新时代公安工作创新发展的新型警务人才；面向国家移民管理队伍，培养移民和出入境管理人才；面向公安国际执法安全合作，培养国际执法合作人才和外籍警察；面向联合国维和事业，培养各类维和警务人才；面向社会行业消防队伍，培养消防工程技术和指挥管理类人才；面向国家有关部委和“走出去”的中国企业，培养海外安全管理人才。

中国人民警察大学现在开办有7个一级学科、19个硕士学位授予点和19个本科专业，其中公安类专业12个，占比63%。建有30余个实验室，建成消防与应急救援国家工程实验室、国家级消防专业实验教学示范中心、河北省院士工作站、灭火救援技术公安部重点实验室等10余个国家级、省部级创新平台。建有射击馆、综合训练场、维和模拟训练街区、战术训练基地等实训设施，拥有一大批先进训练装备器材。

中国人民警察大学设有移民管理学院、警务指挥学院、特勤学院、侦查学院、智慧警务学院、警务装备技术学院、马克思主义学院、公安政治学院、公安法学院、涉外安保学院、防火工程学院、救援指挥学院、国际执法合作学院等13个专业学院，另外还设有研究生院、维和警察培训中心、进修学院、公安部直属机关党校、广州校区，机关处室共27个，包括图书馆、发展规划与评估处、学科建设处（双一流建设办公室）、教务处（学位工作办公室）、教学保障处、继续教育处、国际交流与合作处（港澳台事务办公室）等。

2. 办学发展目标和人才培养目标

新时期，中国人民警察大学紧紧围绕建设世界一流警察大学奋斗目标，坚持中国特色、世界一流、立德树人、服务实战的办学理念，坚持国际化、科技化、实战化发展路径，确定了服务全国公安机关、国家移民管理队伍、联合国维和事业、社会消防安全、国际执法安全合作、海外利益保护“六大服务面向”，明确建设一流学科、一流师资、一流人才、一流科研成果、一流管理、一流校园文化“六个一流”的建设方略，努力将警察大学建设成为新型警务人才培养和新质警力生成基地、公安创新能力建设高端平台、国际执法合作交流主阵地、联合国维和警察区域性亚洲培训中心、安全领域重大战略问题国家级智库。同时，巩固发展在世界消防教育领域第一方阵的传统办学优势，面向社会培养消防领域专业人才，为建设更高水平的平安中国服务。

中国人民警察大学主要开设有公安专业和消防专业。公安专业培养目标定位为培养适应公安工作现代化、公安队伍革命化正规化专业化职业化建设及新时代移民管理工作需要，对党忠诚、服务人民、执法公正、纪律严明，符合"四个铁一般"公安铁军标准，德智体美劳全面发展，政治立场坚定，理论基础扎实，专业知识深厚，业务技能精湛，社会责任感强烈，富有创新精神，具有法治意识和国际视野，具备运用法治思维和专业知识解决实际问题的能力，能够在公安机关、移民管理机构从事工作的高素质应用型复合型警务人才。消防专业培养目标定位为培养适应新时代公共安全及消防事业发展需要，德智体美劳全面发展，政治立场坚定，理论基础扎实，专业知识深厚，业务技能精湛，社会责任感强烈，富有创新精神，具有国际视野，系统掌握消防相关专业领域的知识与技能，能够从事消防相关专业工作的高素质应用型复合型专业技术人才。

3. 专业设置和招生情况

学校学科涵盖法学、工学、军事学等学科门类，现有法学、公安学、公安技术、安全科学与工程、网络空间安全、军队指挥学、政治工作学 7 个一级学科，法律、资源与环境、警务 3 个专业学位类别，硕士学位授权点 17 个。现有本科专业 18 个，其中 10 个为新办专业，管理学专业 1 个，占比 5.55；工学专业 7 个，占比 38.88%、法学专业 10 个，占比 55.55%。2022 年，警察大学普通本科招生专业共 18 个，其中公安专业有 11 个，分别是：边防管理、移民管理、出入境管理、警务指挥与战术、公安政治工作、公安情报学、涉外警务、网络安全与执法、数据警务技术、刑事科学技术、食品药品环境犯罪侦查技术；非公安专业有 7 个，分别是：消防工程、火灾勘查、电子信息工程（智慧消防方向）、消防指挥、抢险救援指挥与技术、核生化消防、海外安全管理。

中国人民警察大学面向全国 31 个省招生，其中理科招生省份 17 个，文科招生省份 16 个。截至 2021 年 6 月，警察大学全日制在校生总规模为 6273 人，本科生数占全日制在校生总数的比例为 92.59%。2021 年，学校计划招生 2200 人，实际录取考生 2034 人，实际报到 2008 人，实际录取率为 92.45%，实际报到率为 98.72%，招收学校所在地本省学生 96 人。2020—2021 学年本科在校生 5366 人（含一年级 2029 人，二年级 1770 人，三年级 0 人，四年级 1567 人，其他 0 人）。

4. 师资和教学条件

（1）师资情况

根据 2020—2021 学年本科教学质量报告，中国人民警察大学校有专任教师 575 人、外聘教师 0 人，折合教师总数为 575 人，外聘教师与专任教师人数之比为 0.00∶1，生师比为 11.59。专任教师中，具有高级职称的专任教师 265 人，占专任教师的比例为46.09%；具有研究生学位（硕士和博士）的专任教师476人，占专任教师的比例为82.78%，其中博士119人，占比20.7%，硕士357人，占比62.09%。

该校有国务院政府特殊专家1人，公安部部级津贴专家6人，全国公安高等教育教学名师5人，公安系统优秀教师9人，省级高层次人才1人，省级教学名师12人，其中2020年当选2人。建设有省部级教学团队6个，国家级课程思政教学团队4个，省级课程思政教学团队4个。

该校各专业专任教师生师比最高的学院是移民管理学院，生师比为39.25；生师比最低的学院是侦查学院，生师比为0.94；生师比最高的专业是数据警务技术，生师比为59.00；生师比最低的专业是刑事科学技术，该专业为2021年新办专业。

（2）教学条件

教学经费投入。2019年，警察大学的教学日常运行支出为16758.55万元，本科实验经费支出为183.8万元，本科实习经费支出为121.0万元。生均教学日常运行支出为35633.74元，生均本科实验经费为390.81元，生均实习经费为257.28元。2019年教学日常运行支出为12892.37万元，本科实验经费支出为114.54万元，本科实习经费支出为93.35万元。生均教学日常运行支出为22197.61元，生均本科实验经费为197.21元，生均实习经费为160.73元。2019年与2018年比较，教学经费投入明显提升。2020年，受疫情影响，教学经费支出较上一年度有所减少。近三年的年度生均教学支出经费详见表2-10。

表2-10　**2018—2019年中国人民警察大学生均教学支出和经费（元）**

年份 项目	生均教学日常运行支出	生均本科实验经费	生均实习经费
2018年	22232.38	193.32	296.92
2019年	35633.74	390.81	257.28
2020年	22197.61	197.21	160.73

教学用房。根据2021年9月统计数据，中国人民警察大学总占地面积101.61万m^2，产权占地面积为88.10万m^2，学校总建筑面积为52.77万m^2。学校现有教学行政用房面积（教学科研及辅助用房+行政办公用房）共185812.32m^2，其中教室面积48866.27m^2（含智慧教室面积0.0 m^2），实验室及实习场所面积30875.29m^2。拥有体育馆面积18030.97 m^2，拥有运动场面积139589.0m^2。按全日制在校生6273人算，生均学校占地面积为161.97（m^2/生），生均建筑面积为84.13（m^2/生），生均教学行政用房面积为29.62（m^2/生），生均实验、实习场所

面积 4.92（m^2/生），生均体育馆面积 2.87（m^2/生），生均运动场面积 22.25（m^2/生）。

教学科研仪器设备与教学实验室。学校现有教学、科研仪器设备资产总值 1.75 亿元，生均教学科研仪器设备值 2.63 万元。截至 2021 年 9 月，当年新增教学科研仪器设备值 2103.59 万元，新增值达到教学科研仪器设备总值的 13.64%。本科教学实验仪器设备 6509 台（套），合计总值 1.074 亿元，其中单价 10 万元以上的实验仪器设备 125 台（套），总值 5616.93 万元，按本科在校生 5808 人计算，本科生均实验仪器设备值 18491.74 元。

教学实验室方面，有国家级实验教学中心 1 个，省部级实验教学中心 2 个，国家级虚拟仿真实验教学中心 1 个；省部级虚拟仿真实验教学项目 8 个。

图书馆及图书资源。截至 2021 年 9 月，学校拥有图书馆 2 个，图书馆总面积达到 14193.75m^2，阅览室座位数 1889 个。图书馆拥有纸质图书 141.48 万册，当年新增 29514 册，生均纸质图书 212.26 册；拥有电子期刊 19.56 万册，学位论文 2.52 万册，音视频 24302.0 小时。

5. 教学建设与改革

（1）专业建设

因体制机制调整，中国人民警察大学在专业设置上变化较大，2021 年学校招生的本科专业有 18 个，其中保留本科专业 8 个，新申报本科专业有 10 个，停招的校内专业 18 个。8 个保留本科专业分别是：边防管理、警卫学、消防工程、火灾勘查、电子信息工程、消防指挥、抢险救援指挥与技术、核生化消防。10 个新专业分别是：公安情报学，涉外警务、警务指挥与战术、公安政治工作、移民管理、出入境管理、网络安全与执法、数据警务技术、刑事科学技术、海外安全管理。停招的校内 18 个专业分别是：思想政治教育（部队政治工作方向）成本（边防），思想政治教育（部队政治工作方向）成本（消防），思想政治教育（部队政治工作方向）成本（警卫），边防管理（边境管理方向），边防管理（情报侦查方向），边防管理（出入境边防检查方向），边防管理（海警转隶边管普本方向），边防管理（海警转隶边管成本方向），边防管理（海警转隶边检普本方向），边防管理（海警转隶边检成本方向），边防指挥（普本），边防指挥（成本），消防指挥（普本），消防指挥（成本），警卫学（普本），警卫学（成本），电子信息工程（消防信息管理方向），抢险救援指挥与技术（普本）。

加强本科教育教学经费管理，实施专业建设与教学改革专项经费项目制管理，支持一流本科专业建设、新办专业建设、传统专业转型和拟开办新专业论证工作。组织开展一流本科专业申报工作，中国人民警察大学现有 8 个国家级一流专业建设点，在全国公安院校居第三。其中，在 2020—2021 学年，警卫学、火灾勘查 2 个专业获批国家级一流本科专业建设点，警务指挥与战术、公安政治工作、电子信息工程、消防指挥、抢险救援指挥与技术、核生化消防等 6 个专业获批河北省一流本科专业建设点。2022 年，警务指挥与战术、公安政治工作、消防指挥、抢险救援指挥与技术 4 个专业获批国家级一流本科专业建设点，国家级、省级一流本科专业建设点占比达到 53%。

（2）课程建设

中国人民警察大学近两年制定印发《金课建设实施方案》《在线开放课程建设实施方案》《一流本科专业建设实施方案》《卓越警务人才培养实施方案》《课程思政建设实施方案》，来促进和保障课程建设。目前，《出入境边防检查学》《消防燃烧学》《灭火战术》《绳索救援技术基础》《火灾调查》等 5 门课程获批首批国家级一流本科课程，1 门国家级精品在线开放课程，1 门国家级精品视频公开课程，《国家安全学》《灭火救援指挥训练》等 14 门省部级精品在线开放课程。建设有 MOOC 课程 53 门。2020—2021 学年，全校在线开放课程建设总量为 68 门，在各互联网平台上线开课 43 门。

2020—2021 学年，学校共开设本科生公共必修课、公共选修课、专业课共 467 门、2041 门次。公安学类专业通识课约 560 学时，约占课程总学时的 30%；公安基础课约 660 学时，约占课程总学时的 36%；专业基础和专业课约 600 学时，约占课程总学时的 34%。公安业务类课程（公安基础课程+专业基础课+专业课）占理论课程学分的比例为 70%，满足《国标》中不低于 65%的要求。公安技术学类专业通识课约 620 学时，约占课程总学时的 32%；公安基础课约 730 学时，约占课程总学时的 38%；专业基础和专业课约 570 学时，约占课程总学时的 30%。公安业务类课程（公安基础课程+专业基础课+专业课）占理论课程学分的比例为 68%，满足《国标》中不低于 60%的要求。消防类专业通识课约 1060 学时，约占课程总学时的 51%；专业基础课约 700 学时，约占课程总学时的 32%；专业课约 300 学时，约占课程总学时的 17%。

（3）实践教学

实验室建设与实践教学。中国人民警察大学各专业平均总学分 181. 57，其中实践教学环节平均学分 64. 89，占比 35. 74%，实践教学环节学分最高的是警卫学专业 83. 5，最低的是海外安全管理专业 45. 0。2020—2021 学年，本科生开设实验的专业课程共计 24 门，其中独立设置的专业实验课程 1 门。该学年投入实验室建设经费 2380 万元，对数据警务技术、网络安全与执法等新办专业实验室进行重点建设，对部分原有专业实验室设备设施进行升级改造。经过近两年重点建设，海外安全管理等新办专业实验室初具规模，能够基本满足实验教学课程开课需要，原有消防工程等专业实验室条件进一步改善，虚拟仿真实验室资源进一步拓展。统筹考虑全校实验室空余用房资源和实验室建设布局，为公安部重点实验室、特勤学院“265”项目研究室等解决新增实验室建设场地近 1300 平方米，基本满足各专业新增实验室建设用房需求和国家重大课题研究需求。

开展实习基地建设。制定《校外实践教学基地建设与管理办法》《校外实践教学基地建设与规划》，对公安部人事训练局推荐的138个教学实践基地候选对象进行了遴选推荐，在全国公安厅局、出入境边检总站、消防救援总队建有实习基地，设有校外实习、实训基地107个，2019—2020学年共接纳学生814人次。2020—2021学年，开展实习基地建设开展实习基地挂牌工作，全年完成广州、深圳、珠海、东莞、宁波等5个地市级公安局，中化舟山危化品应急救援基地有限公司、中国石油化工股份有限公司胜利油田分公司应急救援中心2个企业的校外实践教学基地挂牌。该学年有校外实习、实训基地6个。

（4）创新创业教育

中国人民警察大学注重开展大学生创新创业教育。2019—2020学年，学校有创新创业教育兼职导师75人，共立项建设国家级大学生创新创业训练项目55个（其中创新55个，创业0个），省部级大学生创新创业训练项目85个（其中创新85个，创业0个）。学生366人次获省部级以上各类竞赛奖励，其中179人次荣获国家级一等奖、二等奖，《智能人脸识别犯罪分子》等59个项目获批2020年国家级、河北省大学生创新创业训练计划立项。10项成果获省部级大学生科技竞赛奖，1项成果获第十三届全国大学生节能减排社会实践与科技竞赛三等奖。在2020—2021学年，学校开展创新创业讲座26次共立项建设国家级大学生创新创业训练项目16个（其中创新16个，创业0个），省部级大学生创新创业训练项目33个（其中创新33个，创业0个）。

6. 特色发展

第一，一流本科建设取得新成绩

本科教学建设成绩主要体现在专业和课程建设上，近三年中国人民警察大学做了很多积极工作。针对其办学服务面向的特点，该校把发展专业特色、提升专业品质，作为发展本科教育最重要的任务。深入推进《警察大学加快一流本科教育建设计划（2021—2030年）》，编制《本科专业与课程建设与发展规划2021—2025》《金课建设实施方案》《在线开放课程建设实施方案》《一流本科专业建设实施方案》《卓越警务人才培养实施方案》《课程思政建设实施方案》《教师教学能力提升实施方案》等一系列文件，规范专业和课程建设发展与规划。转制以来，警察大学新申报和设立了10个本科专业，如涉外警务、海外安全管理，申报专业数量之多，在公安院校较为少见。这与该校致力树立国际视野、战略眼光，主动融入科技兴警、公安大数据战略，在世界警察教育和国家安全体系建设大格局中，拓展新领域，实现新增长的理念密切相关。警察大学还计划充分发挥广州校区的区位优势、资源优势，在国家粤港澳大湾区建设中寻找新方向，进行新布局。

金专金课是一流本科教育最核心的基础和支撑，没有金专金课，不可能成为一流。警察大学建设发展聚焦一流，以“四新”建设、课堂革命为抓手，全面推进一流专业和课程建设，把学校主干专业、主干课程都建成金专金课，形成相互支撑、特色鲜明的金专金课群。在2020—2021学年，边防管理、消防工程2个专业获批国家级一流本科专业建设点，《出入境边防检查学》《消防燃烧学》《灭火战术》《绳索救援技术基础》《火灾调查》等5门课程获批首批国家级一流本科课程，《治安管理》等8门课程获批河北省一流本科课程，《边境管理学》等9门课程获批河北省精品在线开放课程，《刑事侦查学》等28门课程在中国大学MOOC、学堂在线等平台上线，在线开课课程达到46门，遴选40门课程开展校级金课建设。

第二，教学科研立项实现新突破

2019—2020学年，获批省部级以上教学科研课题立项119项，其中国家级课题11项。在国家级重点项目和教育部教研项目上，实现了零突破。其中“重大活动和重要人员安全保卫关键技术与装备研究”获批国家重点研发计划项目，实现学校在此类别项目上的历史性突破。《新兴技术范式下新型警务人才培养教学方法研究与实践》《基于新技术融合的消防工程专业人才培养模式探索与实践》2个教改项目，获批教育部新工科研究与实践项目，为建校以来首次。2019—2020学年，全校教师主持建设省部级教学研究与改革项目22项，建设经费41.20万元。2020—2021学年，教师主持建设国家级教学研究与改革项目2项，省部级教学研究与改革项目23项，建设经费23.00万元。

第三，治理体系构建新格局

为了适应转制后的大学运行和组织，警察大学建立健全各级党组织，组建17个二级党委，成立174个党支部，实现党的组织体系全覆盖。根据警察大学新的职能任务、管理体制和组织机构，组建学术委员会、教学指导委员会、科研指导委员会、学科建设与研究生培养指导委员会等7个学术组织，进一步巩固了学术组织在办学中的地位作用；开展规章制度立、改、废、释工作，审议通过规章制度113项，构建了新的大学治理体系，为促进本科教学质量提升提供了坚实的组织和制度保障。

中国人民警察大学设有校级教学管理人员102人，其中高级职称27人，所占比例为26.47%；硕士及以上学位49人，所占比例为48.04%。院级教学管理人员84人，其中高级职称38人，所占比例为45.24%；硕士及以上学位53人，所占比例为63.10%。教学管理人员获得省部级教学成果奖11项。学校有专职教学质量监控人员5人，全部具有硕士及以上学位，其中2人具有高级职称。学校配备专职心理咨询工作人员7名，学生与心理咨询工作人员之比为896.14∶1。有专职学生辅导员100人，其中本科生辅导员62人，按本科生数5808计算，学生与本科生辅导员的比例为94∶1。学生辅导员中，具有研究生学历的19人，所占比例为

19.00%，具有大学本科学历的 76 人，所占比例为 76.00%。

（四）铁道警察学院①

铁道警察学院是公安部直属、专门培养铁路公安专业人才的公安高等院校，1950 年创建于北京，1980 年迁建郑州，2000 年从原铁道部划归公安部管理，2013 年经教育部批准独立举办全日制普通本科教育，更名为铁道警察学院。2017 年成为学士学位授予单位。自 1981 年开展学历教育以来，为全国铁路和地方公安机关输送毕业生 45711 人，升本以来培养本科毕业生 5051 人。培养的毕业生已成为全国铁路公安队伍的中坚力量，学院被誉为“铁道卫士的摇篮”。铁道警察学院的校训是：至诚至公，敏学笃行。

1. 学校基本情况

铁道警察学院地处河南省郑州市，现有农业路和龙湖两个校区，自有土地 931.23 亩，总建筑面积 20.76 万平方米，另有龙湖校区在建、待建面积 16.39 万平方米。现有教学科研仪器设备 5477 台（件），设备总值 9760.7 万元。图书馆纸质藏书 77.54 万册，电子图书 140 万册，数据库 35 个。校内实验实训场所 48 个，校外实践教学基地 26 个。学院设置有 10 个教学系部，治安学、侦查学、铁路警务等 6 个本科专业和治安学专业城轨安全与执法 1 个专业方向。侦查学二级学科获批河南省重点学科；治安学、刑事科学技术、侦查学、公安管理学、网络安全与执法等 5 个专业入选国家级一流本科专业建设点；治安学、侦查学、刑事科学技术、网络安全与执法 4 个专业获批河南省专业综合改革试点，侦查学专业入选公安部重点培育专业建设点。

铁道警察学院现有国家级一流本科课程 1 门、课程思政示范课程 1 门，教育部虚拟教研室建设点 1 个，河南省一流本科课程 9 门、课程思政样板课程 6 门、精品在线开放课程 5 门，河南省优秀基层教学组织 12 个，郑州市重点实验室 2 个。

铁道警察学院有教育部教学指导委员会委员 3 人、河南省教学指导委员会（法学与政治学类）副主任委员 1 人，全国公安高等教育教学名师 3 人，河南省本科高校教学名师 1 人，河南省高校网络教育名师 1 人，全国公安系统优秀教师（教官）11 人，河南省学术技术带头人 1 人、师德先进个人 2 人、教学标兵 18 人、高等学校青年骨干教师 9 人，享受公安部级津贴教师 4 人，公安部铁路公安局特聘刑侦专家、刑技专家 6 人，入选公安部治安管理局全国城市公共交通安保专家库 3 人，局校共建驻校实战教官队伍 61 人。

2. 办学定位与服务面向

铁道警察学院坚守的办学理念是“政治建校、依法治校、特色立校、质量强

---

① 资料数据来源铁道警察学院官网，各学年本科教学质量报告，访问时间 2023 年 1 月 20 日。

校”，办学思路是“主动融入公安改革发展大局、主动融入铁路公安队伍建设”，学院面向社会需求，明确发展定位，着力培养人民公安事业优秀建设者和合格接班人。在全日制本科教育的办学层次定位基础上，明确为应用型公安本科院校的办学类型定位。铁道警察学院的发展目标是成为特色鲜明、学科专业优势突出的应用型重点公安院校。

铁道警察学院的服务面向定位是“立足铁路、面向交通、服务实战”。根据服务面向的特色，其学科专业定位为：以公安学、公安技术一级学科为主干，突出铁路警务特色优势，形成跨学科交叉融合、互为支撑、协调发展的交通运输警务特色学科专业体系。人才培养目标定位为：主动适应经济社会发展和铁路公安工作需要，坚持“厚基础、强能力”，以“四个铁一般”为标准，培养具有忠诚品格、法治思维、创新意识、过硬本领的高素质应用型公安专业人才。

3. 专业设置和招生情况

铁道警察学院根据办学定位和发展目标，依托铁路、城轨警务传统教育教学优势，稳定专业布局，加强专业建设。目前学院开设治安学、侦查学、公安管理学、刑事科学技术、网络安全与执法、铁路警务等 6 个本科专业，设置治安学（城轨安全与执法）1 个专业方向，涵盖法学和工学两个学科门类。其中铁路警务是最新申报新开办的本科专业。

截至 2022 年 9 月 30 日，铁道警察学院有全日制在校学生 5510 人，其中普通本科生 5195 人，专科生 315 人。普通本科生占全日制在校生总数的 94. 28%。2022 年，铁道警察学院本科计划招生 1286 人，实际录取 1275 人，完成率 99. 14%。国家贫困专项计划招生 51 人，实际录取 51 人，完成率 100%。女生计划招生 175 人，实际录取 173 人，完成率 98. 86%。录取本科生中超各省（区、市）一本线（重点线）人数 817 人，占本科录取总人数的 64. 59%，较 2021 年增加 5. 1 个百分点，生源质量进一步提升。

4. 师资和教学条件

（1）师资队伍

铁道警察学院制定了《铁道警察学院“强特色、上水平”建设三年规划（2020—2022）》，按照该规划的总体部署，引培并举，出台并实施了系列人才引进和培养政策措施，不断优化教师队伍结构，初步建成了一支政治素质好、业务能力较强、结构较为合理、富有创新精神，与人才培养和学科建设相适应的专兼职师资队伍。

截至 2022 年 9 月 30 日，学院共有教职工 442 人，其中专任教师 243 人，外聘教师 61 人。同时，与公安部铁路公安局共同建设有一支常态驻校、动态优化的实战教官队伍，2021—2022 学年有 21 人驻校任教学习，是学院专业教师队伍的重要组成力量。专任教师中，“双师双能型”教师 78 人，占专任教师的比例为

32.10%。具有正高级职称16人，占专任教师的比例为6.58%；具有副高级职称94人，占专任教师的比例为38.68%；具有中级职称76人，占专任教师的比例为31.28%；具有初级职称57人，占专任教师的比例为23.46%。具有博士学位23人，具有硕士学位188人，硕博人员占专任教师的比例为86.83%。35岁及以下87人，占专任教师的比例为35.80%；36～45岁109人，占专任教师的比例为44.86%；46～55岁29人，占专任教师的比例为11.93%；56岁及以上18人，占专任教师的比例为7.41%。

师资队伍培养。铁道警察学院围绕高素质应用型公安专业人才培养目标，以加强思想政治素质、师德师风建设和提高教育教学水平为重点，进一步强化教学中心地位，完善引导教师投入教学机制，建立健全引人用人聚人机制，构建教学与实战深度融合的教师培训培养体系，持续提升师资队伍整体实力和综合素质。通过落实师风师德建设、分层分类开展教师培训、提升教师实战教学能力、优化师资队伍结构、提高科研水平等措施开展师资队伍建设和培养。

通过国内外访学进修、定期公安业务实践、建设创新平台等措施，形成学缘配置科学、职称和年龄结构合理的师资队伍。构建“教研室+研究中心+专家工作室”三位一体基层教学组织体系，充分发挥基层教学组织功能。目前，治安学专业共有专任教师40人，侦查学专业38人，公安管理学专业19人，刑事科学技术专业25人，网络安全与执法专业34人，治安学专业城轨安全与执法方向17人。专任教师队伍的知识结构、学历结构、年龄结构、职称结构较为合理，各本科专业教师数量基本满足专业人才培养需要。

（2）教学条件

2021年度，铁道警察学院本科教学日常运行支出总额2463.82万元，生均日常教学运行支出4576元，生均本科实验经费144元，生均本科实习经费296元。现有教学行政用房面积130317.4平方米，生均教学用房面积24.17平方米；实验室及实训场所面积9227.97平方米，生均实验实训场所面积1.71平方米/生。现有教学科研仪器设 备5477台（件），教学科研仪器设备总值9760.7万元，生均教学科研仪器设备值1.81万元。2021—2022学年新增教学科研仪器设备647台（件），价值1159.21万元，当年新增教学科研仪器设备值所占比例为13.48%。

截至2021年12月31日，铁道警察学院拥有图书馆2个，总面积达到26413.07平方米，农业路校区阅览室座位数1402个，在建龙湖校区阅览室座位数2500个。拥有纸质图书77.54万册，当年新增31162册，生均纸质图书143.9册；拥有电子期刊8.35万册，学位论文295.47万册，音视频7965.0小时。包库电子图书140万册，镜像电子图书总量82.1万册，订购与自建数据库总量35个。以学院特色学科专业建设为导向，统筹院内外资源，收集公安案卷386个，共计907盒3248卷，组织案卷分类、编目、加工，录入文献资源管理系统，建成集案卷收藏、案件研判、案例教学等多功能为一体的案件研修室。充分利用大数据统计分析平台与微信图书馆、移动图书馆等新媒体相结合优势，满足师生读者随时、随地、随身接收和访问馆藏文献资源的需求。

5. 教学建设与改革

（1）专业建设

铁道警察学院遵循“统筹规划、彰显特色、扶优助特、重点突破”的专业建设原则，紧紧围绕我国交通事业发展和铁路公安工作需要，把握内涵、质量、特色关键问题，结合办学实际，持续巩固铁路警务特色优势，形成了跨学科交叉融合、互为支撑、协调发展的铁路警务特色学科专业体系。

第一，优化专业结构，调整专业布局

铁道警察学院立足铁路、面向交通，加强专业设置顶层设计，科学规划专业发展。积极服务“交通强国”战略，依托传统公安专业，主动适应高铁时代铁路公安工作新发展，突出铁路警务特色，布局交通警务学科专业建设。2021—2022 学年，铁路警务目录外专业成功获批，治安学城轨安全与执法专业方向积极提质升级，高素质应用型交通运输警务人才的培养能力持续加强。

第二，积极开展一流本科专业建设

学院按照做强一流本科、建设一流专业、培养一流人才，全面振兴本科教育，提高高校人才培养能力，实现高等教育内涵式发展要求，持续加强国家级和省部级一流专业建设和申报工作。2021—2022 学年，公安管理学、网络安全与执法专业获批立项国家级一流本科专业建设点。目前，铁道警察学院拥有 1 个河南省二级学科重点学科，招生的 6 个本科专业中，除新增设的铁路警务专业之外，其他 5 个专业均为国家级一流本科专业建设点（详见表 2-11）。学院按照一流专业建设标准分解各项建设指标，制定建设实施方案，在资金保障、队伍建设、科研立项等方面予以专项支持，明确年计划，加强过程管理，严格考核标准，完成建设任务。

表 2-11　**铁道警察学院国家一流专业建设点汇总表**

编号	专业名称	获批年度
1	治安学	2019
2	刑事科学技术	2019
3	侦查学	2020
4	公安管理学	2021
5	网络安全与执法	2021

（2）课程建设

第一，完善课程建设规划，加快一流本科课程建设

铁道警察学院致力培养厚基础、宽口径的交通运输警务人才，紧扣公安实战，彰显交通运输警务特色。按照存量升级、增量做优、特色做强、有序推进的原则，完善课程建设规划，学院制定《铁道警察学院一流课程建设实施方案》，培育精品，打造品牌，重点建设一流课、强化建设特色课，推动学科理论与社会需要深度结合，实践教学与公安实战充分对接，扎实推进课程提质培优建设。

按照《教育部关于一流本科课程建设的实施意见》，铁道警察学院采取系列措施，加强一流本科课程建设。一是按照《铁道警察学院一流课程建设实施方案》要求，以国家级、省部级一流课程建设为牵引，加快校本一流课程建设。二是调整本科开设课程体系。紧扣“两性一度”“金课”建设标准，以全面合格，培育特色为目标，加强优化课程体系整体设计，打造特色鲜明的本科课程体系。三是开展校级一流本科课程建设，加强学校一流本科课程遴选建设，强化示范引领。2021—2022 学年，1 门课程获省级一流本科课程认定，3 门课程获河南省精品在线开放课程建设立项，16 门课程获校级一流课程建设立项。

第二，强化课程思政建设

铁道警察学院建成国家级课程思政示范课程 1 门，河南省课程思政样板课 6 门，校级课程思政样板课 24 门。学院有 1 个教学团队获得河南省课程思政教学团队立项建设。在课程思政建设上，充分发挥课程育人功能，夯实立德树人基础，主要采取了以下几个方面的措施。一是完善具有铁路警察特色的课程思政体系，做好课程思政建设规划和设计。二是加强教师课程思政能力培训。将课程思政育人能力列入新进教师岗前培训、教师教学技能培训、师资建设培训等项目，充分运用课程组集体备课、教研室教研活动、教学座谈会等手段，提升教师课程思政能力。三是设立课程思政专项教改项目。资助教师进行课程思政教学理念、教学方法、教学模式的研究与实践。四是加强课程思政资源库建设。以专业类为单位建设课程思政资源库，实现资源共享。五是开展“课程思政示范课程”立项建设，坚持价值引领与知识传授相结合、课程建设与实战化教学改革相结合、重点培育与全面推进相结合，打造一批课程思政示范课程。六是加强课程思政优秀教师和团队建设。通过举办课程思政教学比赛、建设教学团队等活动，选树一批课程思政教学理念先进、教学方法合理、教学成效显著的课程思政优秀教师和团队。

（3）实战化教学改革

铁道警察学院有校内实验实训场所 48 个，校外实践教学基地 26 个，其中河南省实验教学示范中心 1 个，郑州市重点实验室 2 个。在实战化教学改革上，主要有以下特点：第一，做实常态化推动实战教官驻校任教。以教官驻校任教推动铁路公安战斗力标准进校园、进方案、进课程、进教材、进实训。2021—2022 学年，铁

道警察学院积极争取公安部铁路公安局大力支持，第三批实战教官驻校任教学习。教官在校累计参与教学1194学时，覆盖专业课程26门次；面向全院师生举办思政教育、执法规范、铁路公安业务发展等专题讲座65场，受教学生超1万人次。第二，狠抓实战化课程资源建设。在与铁路公安业务主管部门协同举办卷宗评阅、网络攻防大赛、警务实战练兵比武等活动，推动专业主干课程和铁路公安特色课程升级改造，丰富实战化教学资源，科学设置实践训练学时，推进教学与实战结合、课堂与现场对接，切实提升专业素质，彰显人才培养特色优势。第三，创新课程课堂教学方法。侦查学科教学团队创新开发“三位一体课堂互动教学”新模式，坚持问题导向，创设翻转式课堂，以无结构式研讨+模拟实战情境演示的互动形式，引领学生直面真问题、强化真思考、淬炼真本领，教官、教师、学生平等交流、开放讨论，成为教学改革新标杆。治安学科教学团队探索形成“分层结构化实训教学法”，对课程实训内容进行结构化设计，通过以多元评价的结构化演练，实现了课程实训的最优效果，破解了校内实践教学的多项难题。

深化校局合作。与公安部铁路公安局签订校局共建协议，联合印发《关于全面开展局校共建推进协同发展的意见》，建立了人才共育、培训共担、科研共创、文化共建的实战化育人共同体，实践教学基地保持全国铁路公安机关全覆盖。深化与公安部治安管理局以及上海、杭州、郑州等地方公安机关的合作，在拓宽人才培养面向、丰富实战育人资源、助力学院特色发展等方面实现了新突破。

铁道警察学院取得了一系列教学改革实践成果。2021—2022学年，获批教育部新文科研究与实践项目1项，教育部虚拟教研室建设试点1个，河南省新文科研究与实践项目2项，河南省高等教育教学改革研究与实践项目3项，河南省优秀基层教学组织2个。

6. 特色发展

第一，忠诚育警，综合评价

强化忠诚教育，探索完善“学分+警务综合素质”人才培养质量评价机制，坚持以德树人，以体育人，以美化人，以劳塑人，实现“学分+警务综合素质”的“双轮驱动”。

第二，立足铁路，凸显特色

坚持交通运输警务特色。紧扣铁道警察学院办学定位和服务面向，稳步夯实交通运输警务学科专业内涵与特色，大力加强铁路警务人才培养，积极推动城轨警务专业方向提质升级，系统培养学生胜任铁路、城轨等交通运输警务岗位的专门素质与能力，切实提高特色学科专业核心竞争力。

具体而言，一是坚持铁路警务为基，持续巩固铁路警务传统优势，夯实各专业铁路警务特色，初步建立了特色鲜明、协调发展的专业人才培养体系。聚焦铁路警务实战需求，把实案引入课堂、把课堂搬到一线，积极打造铁路站车治安勤务、铁路侦查技术等特色课程群，聚焦铁路公安工作和队伍建设实际，精心设计学生专业学习内容、优化教学环节，切实培养适应实战、善于实战的公安专业人才。二是积极拓展专业服务面向，向服务城轨、水域等交通运输警务领域创新发展，及时启动铁路治安站车勤务、铁路警务导论等新课程建设，设计特色实践教学环节，持续推进传统学科专业转型升级，系统培养学生胜任交通运输警务岗位的专门素质与能力。三是深化交通运输警务研究。着眼交通强国和平安铁路建设，依托系部组建跨学科研究机构，以国家重点研发计划项目为牵引，积极推进铁路反恐、铁路站车安全、城轨安全保卫、水域警务执法等基础理论和重大技术问题研究，以科研反哺教学。

第三，面向实战，服务实战

一是始终坚持实战化导向，积极推进实战化教学改革，构建实战导向的实践教学体系。提高实践教学比重，铁道警察学院六个专业的人才培养方案规定的实践教学学时占总学分的比例均超过35%。教材、课程大纲等紧贴实战，保证教学内容与公安实战紧密结合，及时反映公安实战发展状况。二是强化实践教学基地建设，充分发挥实践教学基地在人才培养中的作用。在全国18个铁路公安局建立了实践教学基地，并在杭州、上海、郑州等地方公安机关建立实践教学基地8个。各专业学生公安业务见习实习全部集中在基地进行，有效保证了实习、见习效果。每年选派教师深入基地开展公安业务实践学习和挂职锻炼，教师的实战教学能力水平显著提升。三是邀请实战专家全过程参与学院人才培养工作，常态化选聘公安机关实战教官驻校任教，实战专家与学院教师共商人才培养方案、共建专业课程、共编特色教材、同训实战技能，共同参与课题研究、教育教学水平质量监控和评价，有力推动实战化教学。

（五）南京森林警察学院①

南京森林警察学院是长江以南唯一的公安部所属公安院校。1949年4月23日南京解放，5月南京市军管会派军代表接管了南京市立农业职业学校。后几经汇流重组，数易校名，1950年12月更名为南京市农业学校，1953年8月更名为江苏省南京林业学校，1994年9月改建为林业部南京人民警察学校；2000年3月升格为南京森林公安高等专科学校；2010年3月升格南京森林警察学院。学院占地总面积1343.26亩，设有仙林、花园路、安德门3个校区。校训：忠诚、团结、严谨、勤奋。

1. 学校基本情况

南京森林警察学院设有10个教学单位，开设治安学、侦查学、刑事科学技术、

---

① 资料数据来源南京森林警察学院官网，各学年本科教学质量报告，访问时间2023年1月22日。

公安管理学、网络安全与执法、公安情报学、警务指挥与战术、食品药品环境犯罪侦查技术、数据警务技术等9个公安本科专业。现有国家一流本科专业建设点7个。2021年，教育部正式公布了2020年度普通高等学校本科专业备案和审批结果，南京森林警察学院申报的“食品药品环境犯罪侦查技术专业”成功获批（专业代码083112TK），是全国第一个专门培养食药环执法人才的公安本科专业。数据警务技术专业则是2022年2月新增的本科专业。

南京森林警察学院专任教师的研究方向分布于法学、公安学、公安技术、林学、药学、食品学、植物学、动物学等领域。学院共有享受国务院政府特殊津贴的专家1人，部级津贴3人，省（部）级教学名师4人，全国公安教育系统优秀教师9人，国家林草局“百千万人才工程”省部级人员6人，江苏省“333工程”第三层次培养对象11人，江苏省“青蓝工程”中青年学术带头人9人、江苏省“青蓝工程”优秀青年骨干教师30人，江苏省“六大人才高峰”高层次人才2人。4名教师获聘为2018—2022年教育部高等学校教学指导委员会成员，其中副主任委员2人、委员2人，处于公安院校前列。

学校现有教育部国家级课程思政示范课程教学团队1个、江苏省课程思政示范课程教学团队1个、江苏省“青蓝工程”优秀教学团队3个、江苏省高等学校优秀科技创新团队4个、江苏高校哲学社会科学优秀创新团队1个。

南京森林警察学院先后获得国家级教学成果二等奖2项、省（部）级教学成果特等奖1项、一等奖2项、二等奖10项，获批国家级一流课程1门、省级一流（精品）课程12门、国家级课程思政示范课程1门、省级课程思政示范课程1门，出版国家级优秀教材1部、省级重点（精品）教材18部、部级规划教材18部，成功申报教育部新文科研究与改革实践项目3项，建有教育部虚拟教研室2个，立项教育部思想政治工作精品项目1项，江苏省高等教育教改研究重点课题2项、一般课题17项。近五年立项科研项目569项，其中国家社科基金、国家自然科学基金等国家级项目16项、省部级项目78项、市厅级项目162项；出版著作32部，其中学术专著26部；授权专利202件；作为第一单位获各级各类科研成果奖8项。

2. 服务面向和培养目标

服务面向。主要面向全国公安机关，着力培养食品、药品、生态环境、森林草原、生物安全、知识产权、网络空间安全、警犬技术等方面紧缺的公安人才，开展海关缉私、民航和长江航运3个专业警种定向就业订单式人才培养工作，为新时代公安工作和公安队伍建设提供坚实人才支撑。

培养目标。以习近平新时代中国特色社会主义思想为指导，全面贯彻落实党的教育方针，深入学习贯彻党的二十大精神，牢牢把握“公安姓党”根本政治属性，坚持政治建校、从严治校方针，忠实践行“对党忠诚、服务人民、执法公正、纪律严明”的总要求，落实“四个铁一般”公安铁军标准，立德树人、育警铸魂，遵循高等教育规律，聚焦公安实战需求，全面加强内涵建设，培养德智体美劳全面发展的人民公安事业优秀建设者和可靠接班人。

3. 专业设置和招生情况

南京森林警察学院设有治安学、侦查学、网络安全与执法、公安管理学、警务指挥与战术（特警方向）、公安情报学、刑事科学技术、刑事科学技术（视听技术方向）、刑事科学技术（食药环方向）、食品药品环境犯罪侦查技术 10 个专业（方向），分布在法学和工学 2 个学科门类。2019 年起，设置了海关缉私、民航和长江航运 3 个专业警种方向。食品药品环境犯罪侦查技术专业为教育部首次批准设置，南京森林警察学院为全国高校该专业第一个布点。

南京森林警察学院面向全国 31 个省招生，其中理科招生省份 17 个，文科招生省份 17 个。2022 年，学校计划招生 1600 人，实际录取考生 1569 人，实际报到 1568 人。实际录取率为 98.06%，实际报到率为 99.94%，招收江苏省学生 222 人。目前，学校全日制本科在校生 6202 人（含 2019 级 1534 人，2020 级 1653 人，2021 级 1449 人，2022 级 1566 人），本科生数占全日制在校生总数的比例为 100.00%。

4. 师资和教学条件

（1）师资队伍

学院以师德师风建设为统领，注重师资队伍建设，制定并实施师资队伍建设规划，持续完善健全相关制度，出台了《南京森林警察学院专业技术职务评审办法》《南京森林警察学院高级访问学者选派管理办法》《南京森林警察学院教师境外访学管理办法》《南京森林警察学院教学名师和教学骨干评选办法》《南京森林警察学院引进高层次人才实施办法》《南京森林警察学院教授为本科生授课管理办法》等一系列相关政策、制度文件，不断采取培养、引进、外聘和吸纳公安实战部门优秀业务骨干任教官等多种举措，积极探索和建立科学有效的高水平师资培养机制，特别扶持新型教学团队建设，初步建成一支为师重德、素质优良、结构合理、特色鲜明、高层次人才持续涌现的教师队伍，为学科专业建设和人才培养提供了强有力的人才保障。

根据 2021—2022 学年统计数据，南京森林警察学院有专任教师 368 人，外聘教师 68 人，生师比约为 15.45∶1。专任教师中具有正高级职称 42 人，占比 11.41%；副高级职称 129 人，占比 35.05%；中级职称 181 人，占比 49.18%。专任教师中具有博士学位的教师 96 人，占比 26.09%；具有硕士学位的教师 225 人，占比 61.14%；硕士及以上学位共 321 人，占比达到 87.23%。专任教师中 45 岁以下的青年教师 266 人，占比 72.28%，其中 35 岁以下的教师有 113 人，占比 30.71%，36~45 岁的教师人数是 153 人，占比 41.58%。46~55 岁专任教师 74 人，占比 20.11%，56 岁以上专任教师 28 人，占比 7.61%。师资队伍整体结构优化，45 岁以下的青年教师已经成为专任教师队伍的主体。

（2）教学条件

学院坚持以教学为中心，在经费预算安排和执行过程中优先保障教学经费投入，并将教学日常运行经费预算安排作为重点，充分保障教学日常运行支出。2021年教学日常运行支出2167.14万元，生均教学日常运行支出3494.26元，比2020年增长11.77%。2021年本科专项教学经费支出2883.26万元，比2020年增长4.34%，生均本科实验经费274.31元，比2020年增长0.52%。

学校总占地面积89.57万m^2，总建筑面积23.58万m^2。教学行政用房面积（教学科研及辅助用房+行政办公用房）共105026.89m^2，其中教室面积19574.77m^2（含智慧教室面积147.20m^2），实验室及实习场所面积28963.78m^2；体育馆面积20463.87m^2；运动场面积59875.52m^2。按全日制在校生6202算，生均学校占地面积为144.42（m^2/生），生均建筑面积为38.03（m^2/生），生均教学行政用房面积为16.93（m^2/生），生均实验、实习场所面积4.67（m^2/生），生均体育馆面积3.30（m^2/生），生均运动场面积9.65（m^2/生）。

教学科研仪器设备与教学实验室。南京森林警察学院教学、科研仪器设备资产总值1.93亿元，本科教学实验仪器设备7718台（套），合计总值1.66亿元，其中单价10万元以上的实验仪器设备244台（套），总值9885.93万元。按本科在校生6202人计算，生均教学科研仪器设备值3.11万元，生均实验仪器设备值26789.20元，生均本科实验经费274.31元。2022年当年新增教学科研仪器设备值4108.19万元，新增值达到教学科研仪器设备总值的27%。学院有省部级实验教学中心2个，省部级虚拟仿真实验教学项目1个。

图书馆总面积为15018.97m^2，阅览室座位数1535个；图书馆拥有纸质图书78.39万册，2022年当年新增25，503册，生均纸质图书126.17册；拥有电子期刊270.20万册，学位论文1931.75万册，音视频153412.33小时。

5. 教学建设与改革

（1）专业建设

以江苏省“十四五”重点学科“公安学”“公安技术”建设为基础，以高水平的学科建设引领专业建设，南京森林警察学院出台《一流本科专业建设行动方案》，全面推进一流专业建设。开办的9个专业中，治安学、网络安全与执法、公安情报学、警务指挥与战术、刑事科学技术、侦查学、公安管理学等7个原有专业全部入选国家级一流本科专业建设点（详见表2-12）。

表2-12 **南京森林警察学院国家一流专业建设点汇总表**

编号	专业名称	获批年度
1	治安学	2019

续表

编号	专 业 名 称	获 批 年 度
2	网络安全与执法	2019
3	公安情报学	2020
4	警务指挥与战术	2020
5	刑事科学技术	2020
6	侦查学	2021
7	公安管理学	2021

突出学科专业优势，培育特色新兴专业。南京森林警察学院积极把握转隶办学机遇，顺应发展要求，在服务全警的基础上，重点围绕食品、药品、生态环境、森林草原、生物安全、知识产权等领域和海关缉私、民航公安、长航公安等警种对人才的需求，以生态法学建设为引领，拓展专业建设领域，初步形成了特色鲜明的新兴、复合型专业架构。新增食品药品犯罪研究中心、国家林草局野生动植物物证技术重点实验室、江苏省高校重点研究基地——生态环境保护法治研究中心等省部级平台。逐步形成了特色鲜明、优势突出的本科专业格局。

（2）课程建设

第一，课程思政建设。南京森林警察学院出台《关于进一步加强与改进思想政治理论课建设的实施意见》《党政领导讲授思政课工作方案》《关于全面推进课程思政建设的实施意见》，充分发挥思政课主渠道主阵地的重要作用。学校成立课程思政建设工作领导小组，构建了党委统一领导、党政齐抓共管、学院上下联动、特色鲜明的课程思政建设工作格局。完善思政课教学体系、实践教学体系和教学内容，打造“思政课教学论坛”。学院党委书记、院长和分管领导带头讲思政课，明确党政一把手每学期至少给学生讲授 4 个课时思政课，领导班子其他成员每学期至少给学生讲授 2 个课时思政课。

全面修订人才培养方案和课程教学大纲，深入挖掘课程思政元素，制定课程思政设计总体方案，明确课程思政建设指标、构建课程思政建设矩阵映射表，编制专业课课程思政教学指南，建设课程思政资源库。坚持推动思政课教师与专业课教师共建团队，联合备课，不断强化衔接和相互补充，共建专业、课程，推动专业课与思政课同向同行、协同育人。

“公安学概论”获批教育部课程思政示范课程，“植物法庭科学”获批江苏省课程思政示范课程，“警察体育课程思政建设研究”获批江苏省教学改革研究项目。思政课教学在江苏省获特等奖。受公安学类教指委委托开展公安学类专业课程思政教学指南研判。

第二，一流课程建设。出台《一流本科课程建设行动方案》，分三年持续推进一流课程建设，截至 2022 年 9 月，共建设校级一流课程 38 门；“警务搏击”认定为国家级一流本科课程，并被列入公安科技成果推广引导计划；“国家重点保护野生动物识别技术”“国家重点保护野生植物识别技术”“公安学概论”“毒物毒品的气相色谱质谱定性分析虚拟仿真实验”“电子数据取证技术与应用”5 门课程认定为首批江苏省一流本科课程，同时推荐申报国家级一流课程；上线 6 门江苏省在线开放课程；“平安中国建设概述”“生态与环境保护”等 3 门课程获批公安部外警培训精品课程。

第三，数字课程建设。南京森林警察学院教师参加 2020 年江苏省高等学院微课教学比赛，获一等奖 2 项、二等奖各 3 项、三等奖 6 项。2021 年立项校级课程建设项目 22 项，截至 2022 年 9 月，建成 398 门线上课程资源，“毒物毒品的气相色谱质谱定性分析虚拟仿真实验”获批江苏省虚拟仿真一流课程。依托“爱课程”平台开设各类 SPOC159 门，使用超星“学习通”开设在线同步直播课程 84 门，使用学院录播系统等平台技术开设异步线上课程 19 门；同时在自主研发的智警学堂平台进行公安业务能力和执法资格考试辅导，专业综合实习预辅导。

（3）教学研究与改革

夯实教学研究和改革的基础。充分发挥基层教学组织在教育教学方面的重要作用，探索基层教学组织建设新路径和新机制，建设开放多元的新型基层教学组织。“治安基础课程虚拟教研室”和“食品药品环境犯罪侦查技术专业虚拟教研室”2 个教研室获批教育部首批虚拟教研室建设试点；“公安类专业人才培养模式改革教学团队”获批 2022 年江苏高校省级优秀基层教学组织。

不断构建完善“一体两翼”的人才培养体系。“一体”是指以主要教育教学环节为主体，“两翼”是指警务化管理和综合素质教育环节。其中教育教学环节包括理论教学、课堂实践教学和集中实践教学三部分。学生必须按照所学专业人才培养方案要求，修得全部学分的前提下，严格遵守警务化管理并修得不少于规定的综合素质学分方可毕业。推进德智体美劳全面发展，完善德育评价，开足体育课，坚持以美育人、以文化人，将参与劳动教育课程学习和实践情况纳入综合素质档案。创新现代信息技术支撑教育教学和警务实战方式，将信息技术赋能与教育教学充分融合。强化公安基础教育，构筑公安基础课程群。

将学生公安业务能力提升作为人才培养目标达成的关键指标，聚焦高质量人才培养，重组教学资源，扩大资源供给规模，实现教学内容多元化供给，以信息技术推动教育教学改革，构建“课堂·资源·平台”三维度融合教学模式，基于大数据开展学情分析和监测，精准靶向定位学生学习的疑点难点。改革教学评价，开展多元化、过程化和发展性评价，形成全周期教学质量评价闭环。营造教学文化，营造“关注学生，注重创新”的教学文化氛围，《基于自主学习的公安业务能力靶向提升研究与实践》获得江苏省教学成果二等奖。

深入推进新文科、新工科建设，适应新时代新文科、新工科发展建设要求。学院党委认真学习贯彻新文科建设工作会议精神，广泛开展大学习、大讨论，结合公安教育特点深入研究新时代中国高等文科教育创新发展举措，出台《关于新时代深化本科教育教学改革提高人才培养质量的实施意见》，将“构建世界水平、中国特色的文科人才培养体系”的任务分解落实在学科专业建设、课程内容建设、教师队伍建设等各个方面。基本形成了文理结合、文工结合、“教学练战”一体化、校企融合的新文科建设体系。

坚持融合办学思想，实现战教融合、科教综合、专业融合。强化校局企共建办学，主动对接公安部业务局和公安行业系统，推进校局“同城一体化建设”，推进校企合作。围绕“文+工”“文+思政”，推进教学院部互学互鉴，组建教学共同体。以服务谋合作，用贡献促协同，不断融入公安部相关业务局的工作，重构应用型课程体系、编写应用教材、建设师资队伍、搭建实战平台、评估学生培养质量等机制，努力提升服务支撑的能力和人才培养的水平。推进学生进课题、进实验室、进团队，加强科教协同育人。促进科研成果、科技前沿知识以多种形式进教材、进课堂、进社团，以高水平的科研支撑高质量的人才培养。充分利用“智警学堂”App，加强学生公安业务能力的培养，服务执法资格考试和公安联考，努力打造终身学习平台。

教师参加2021年江苏省高等学院微课教学比赛，获一等奖1项、二等奖各3项、三等奖6项。2022年度完成课程思政示范建设项目23项，一流课程及课程群建设类项目14项，教改研究类项目30项，总计投入经费91万元。为促进信息技术与教育教学的深度融合，开展“智慧教育与教学数字化转型研究”专项课题研究，参加“领航杯”江苏省教师信息素养提升实践活动，并获一等奖1项，二等奖2项。2022年度获省级教学创新大赛一等奖1项及优秀组织奖，省级青年教师教学竞赛二等奖2项。

（4）实践教学

坚持实战引领教学。以战促教，以赛促教，深化“教学练战”一体化人才培养模式改革，统筹衔接理论与实践、教学与实战、课堂与现场等培养环节。探索建立重大案事件、重大涉警舆情等第一时间还原总结和“进课堂”机制，积极采用启发式、研讨式、案例式等教学方法。强化校局合作和同城一体化建设，落实“一专业一支队、一院部一分局”的共建模式。深入对接公安部相关业务局，承担科学研究专项课题、业务专项工作和教育训练任务。紧跟食品、药品、知识产权、生态环境、森林草原、生物安全六大领域和海关缉私、民航公安、长航公安三大警种新形势、新业务，提升服务实战能力和人才培养水平。全面服务机关党委、食品药品犯罪侦查局、网络安全保卫局、警务保障局、科技信息化局，通过成立研究中心，承办全国大比武，签署共建协议，聘任兼职教授等多种形式促进交融。

注重学科交叉融合。鼓励教师围绕公安行业理论和技术发展前沿开展科学研究，参加警务实践和国内外学术交流。选聘校外行业专家，建立动态兼职教授和高级教官资源库，明确任务，加强聘期考核。共同探索层次多元的实践教学体系，研发基于创新竞赛、警务实战等层面的验证性、设计性、综合性以及创新性实验实训项目。培养省部级教学名师4名、省部级优秀团队10个、省部级创新平台12个，“互联网+校局企协同的公安信息技术人才培养模式的创新与实践”获公安部教学成果奖二等奖。

构筑实践教育平台。统筹优质、同城、专业警种和专业技术优势，先后与60余家高校、科研院所、公安机关、企业等深度合作，共建警学研、产学研基地。结合专业特色，与相关单位共建警务大数据分析联合实验室、AI情绪大数据联合实验室、智慧警务创意联盟，以及食药环快检装备研发、警用无人机技术开发与应用、融媒体等实验室。不断新建或改建各类专业实验室，引进公安应用系统，注重现实模拟和仿真环境建设。基本实现并不断深化校局企“资源共享、优势互补、互利共赢、共谋发展”的深度融合。已与南京市公安局、海关缉私局、武汉大学、南京信息工程大学、阿里巴巴、深圳科威泰、南京中网卫星通讯等单位共同取得了丰硕成果。结合学生专业实习，先后在地方公安、森林公安、海关缉私、民航公安、长航公安建设实习基地，签订同城一体化战略合作协议、战略合作备忘录。与全国50余个公安机关建立了案件远程会商合作机制。平均每年为公安机关提供数据分析、舆情搜集、数据建模等服务项目130余件。参与完成中央领导签批案件1起、公安部督办案件6起，涉案金额数亿元。

（5）创新创业教育

南京警察学院将创新创业教育要求写入专业人才培养方案，以培养学生创新精神和实践能力为目标，积极开发建设创新创业类课程，引导学生参加大学生创新创业训练计划项目。在指导教师、硬件设备、实践平台等方面为学生专业创新创业发展提供优良的环境。2022年度投入经费150万元，安排就业指导专职教师5人，兼职导师107人，组织师生开展大学生创新创业训练计划项目线上指导、申报、评审工作，参与学生2155人。2022年度共立项国家级、省级大学生创新创业训练计划项目100项。

面对新时代高素质警察人才培养的要求与挑战，结合“数据+兴趣引导”的模式，学生在“智警杯”“虎鲸杯”“蓝帽杯”“长虹杯”等信息安全竞赛中保持独占鳌头的领先优势。2021中国计算机设计大赛中，荣获国家一等奖1项与三等奖2项。在第三届“智警杯”全国公安院校大学生大数据技能竞赛中，荣获第一、第二、第四和第五名，包揽5个一等奖中的4个。在第五届“蓝帽杯”全国大学生网络安全技能大赛中，以东部赛区第四名的成绩晋级决赛。在2021年全国电信和互联网行业大数据分析师职业技能竞赛江苏选拔赛中，包揽学生组一二名，学院获得“冠军选手单位”荣誉。在2022年由工业和信息化部人才交流中心主办的“2022RoboCom”机器人开发者大赛中，南京森林警察学院作为参赛的唯一一所公安院校，与东南大学、西南交通大学、上海大学、南京工业大学、南通大学、扬州大学等知名高校同台竞技，激烈比拼，最终脱颖而出，荣获国家级一等奖。

6. 特色发展

南京森林警察学院立足江苏，面向全国公安机关，着力为食品药品、生态环境、森林草原、生物安全、知识产权、网络空间安全、警犬技术等领域输送公安专门人才。根据公安工作和公安队伍建设的需要，遵循高等教育发展规律，以立德树人为根本，突出“以本为本”，坚持规模、结构、质量、效益相协调，全面加强内涵建设，深入推进转型发展，按照“填补空白、形成优势、突出特色、打造精品”的思路，着力构建以公安学、公安技术、网络空间安全为主体的多学科协调发展、特色鲜明的学科专业格局。

第一，坚持政治建校，突出“两课建设”

围绕政治建校与思政育人，南京森林警察学院出台《关于全面推进课程思政建设的实施意见》《关于进一步加强与改进思想政治理论课建设的实施意见》等文件；成立双主官为组长的课程思政建设工作领导小组，构建了党委统一领导、党政齐抓共管、学院上下联动、特色鲜明的课程思政建设工作格局；成立课程思政工作坊，将课程思政元素融入实验实习、创新创业、警务和社会实践等实践环节；深度挖掘提炼公共基础课程、公安专业教育课程、公安实践类课程中蕴含的思想价值和公安精神内涵，制定课程思政设计总体方案，明确课程思政建设指标、构建课程思政建设矩阵映射表，编制专业课课程思政教学指南，建设课程思政资源库。发挥教师队伍“主力军”、课程建设“主战场”、课堂教学“主渠道”作用，使思想政治教育贯穿人才培养全过程，构建全员全程全方位育人大格局。

第二，凸显特色，推进教学资源建设

特色课程体系建设。通过公安工作与生态环境保护相结合、警察基本素质养成与专业素质养成相结合，以专业建设与特色课程群建设为抓手，培养“一专多能”的应用型专门人才。围绕食品药品、生态环境、森林草原、生物安全、知识产权等领域和海关缉私、航空警务、长江航运警务等专业警种开展特色课程群建设，构建“业务领域+专业警种”的特色课程体系，包括“业务领域+专业警种”执法对象认知类课程群、法律课程群、执法类课程群。同时通过将“业务领域+专业警种”的典型案例、职业素养要求、职业精神培育等有机融入治安学、侦查学、刑事科学技术、公安情报学、大数据警务、网络安全与执法等课程内容中，构建南京森林警察学院独具特色的公安业务课程体系。

科研反哺教学、实践支撑教学。南京森林警察学院紧密结合实战需要，紧盯行业发展前沿，累计投入2.23亿元支撑执法新领域研究，建成12个省部级科研和技术服务平台、8个省部级科研教学团队。中，“打击生态环境犯罪物证技术创新团队”入选江苏省高校优秀科技创新团队；“智慧警务情报模式应用创新”入选江苏高校哲学社会科学优秀创新团队；“生态环境法治研究中心”获批江苏高校哲学社会科学重点研究基地；2020年5月，公安部批复同意南京森林警察学院与公安部食品药品犯罪侦查局联合建立“食品药品犯罪研究中心”。结合实战需要，立项校级教科研项目363项，累计投入850余万元；承担国家社科基金、国家自然科学基金、公安理论及软科学研究计划项目等省部级以上项目53项，引进经费670万元；承担各类横向委托项目26项，引进经费480余万元；出版教材、专著28部，形成了系列理论成果。

完善实验实训教学建设。在安防领域，完成航空模拟舱系统、人体扫描安全检查系统、智能轨道研判系统、手持三维激光扫描仪等，警务技战术领域包括排爆机器人、特警攀登突击汽车等建设；在网络安全和公安情报领域，完成计算机取证模拟实验平台、网安专业教学平台、移动终端定位系统等建设；在刑事科学技术领域，完成气质联用仪、液质联用仪、文检仪、Visystem模糊图像处理系统、三维视频显微镜、声纹鉴定及教学系统、X射线荧光光谱仪、基因分析仪等建设，有力地支撑了教学，提升了人才培养能力。

第三，强化战教融合，实战育人

主动融入公安部业务局工作，不断加强与食品药品犯罪侦查、科信、网安、海关缉私等业务局汇报衔接，紧跟食品、药品、知识产权、生态环境、森林草原、生物安全六大领域和海关缉私、民航公安、长航公安三大警种新形势、新业务，通过成立研究中心，承办全国大比武，签署共建协议，聘任兼职教授等多种形式促进交融，紧跟新形势、新业务，提升服务实战能力和人才培养水平。立足“战教融合”方针，以“学训研赛战”一体化模式设立了近十个专业学生工作室，培养了一批具有扎实公安专业素养的技能型人才。

完善协同育人机制。坚持开放办学，加强校局、校校、校企合作，构建实战化教学育人共同体。学院与南京市公安局、海关缉私局、上海海关学院、南京信息工程大学、阿里巴巴等深化合作，不断完善协同育人机制。学院师生参与侦破公安部挂牌案件3起、中央领导签批专案1起，年均参与40余起案件电子取证和3000余起案件涉案物品鉴定。年均为全国各地公安机关、海关等执法单位出具鉴定文书3000份。“法制在线”累计为基层提供刑事、治安、行政执法等方面技术咨询4000人次。“‘互联网+’校局企协同的公安信息技术人才培养模式创新与实践”项目获得全国公安高等教育教学成果奖。

借助同城一体化优势深入校局企合作。通过“一学院一分局、一专业一支队”结对子策略，与江苏省公安厅、南京市公安局等实战部门共建警务大数据分析联合实验室、AI 情绪大数据联合实验室、智慧警务创意联盟，以及食药环快检装备研发、警用无人机技术开发与应用、融媒体等实验室。先后与 60 余家高校、科研院所、公安机关、企业等深度合作，共建警学研、产学研基地。在教官互聘使用、专业人才培养、学科专业发展、新型智库建设、科研项目攻关、公安民警培训、服务实战办案等方面开展全面合作，实现校局企“资源共享、优势互补、互利共赢、共谋发展”的深度融合。

三、省属公安本科院校

我国的省属公安本科院校是在 2002 年后陆续从原来的公安专科学校升格而来的，省属公安院校较多，下文按照升本时间选择部分公安本科院校介绍。

（一）湖北警官学院①

湖北警官学院是湖北省省属公安本科院校，也是我国首批建立的两所省属公安本科院校之一。其办学历史始于 1949 年 7 月成立的湖北省人民政府公安厅干部训练班。1984 年 4 月，成立湖北省公安专科学校，正式开展公安高等教育；1993 年 6 月，校名调整为湖北公安高等专科学校。2002 年 5 月，学校在全国率先开展公安本科学历教育，并更名为湖北警官学院。湖北警官学院是“全国首任县（市）公安局局长、政委岗位培训基地”“外警培训基地”“湖北省政法干部教育培训中心”“湖北省公安局局长（政委）培训基地”“新时代湖北公安派出所所长学校”，年均培训万余人次。

学院现有武汉市解放大道南校区和南泥湾大道北校区 2 个校区，校园面积 512 亩。学院内设中层直属机构 25 个。现有全日制普通本科生 5400 多人。现有教职工 430 人，其中正、副教授 130 多人，具有博士、硕士学位教师 200 多人。学院实施教师与公安实战教官双向交流制度，目前“双师型”教师占专任教师总数的 87%。10 多名教师被评为“全国优秀教师”和省部级“教学名师”“师德先进个人”“优秀教师”“湖北省有突出贡献中青年专家”“湖北省中青年法学家”等。多名教师入选教育部青年教师资助计划，享受国务院政府特殊津贴。

学院建成以法学为基础，公安学、公安技术为主体，计算机科学技术为支撑的学科体系。专业建设以“公安学”“公安技术”类专业为主干，加强“法学”“计算机科学技术”类专业与公安类专业的融合和协同，彰显学院专业特色。现有 12 个本科专业，其中公安专业有 8 个：治安学、侦查学、经济犯罪侦查、刑事科学技术、警务指挥与战术、网络安全与执法、涉外警务、交通管理工程等；普通专业有 4 个：法学、计算机科学与技术、信息安全、英语等。学院积极融入“双一流”建

---

① 资料数据来源湖北警官学院官网，各学年本科教学质量报告，访问时间 2023 年 1 月 20 日。

设，落实一流本科专业“双万计划”和一流本科课程“双万计划”。现有公安学与法治湖北、公安技术2个省级优势特色学科（群），刑事科学技术、侦查学等国家级一流本科专业建设点，治安学、网络安全与执法、警务指挥与战术、信息安全等省级一流本科专业建设点；犯罪现场勘查学等14门课程入选省级一流本科课程。侦查学、刑事科学技术、治安学、信息安全、国际警务、思政课、警务战术、刑事诉讼法学、涉外警务等教学团队获评省级教学团队。建成宪法学与行政法学（公安法制方向）“湖北名师工作室”“楚天学者工作室”“余新民工作室”。已完成教育部本科教学工作审核评估。

（二）江苏警官学院①

江苏警官学院是我国首批两所建立的省属公安本科院校之一。学院前身是创办于1949年的南京市公安学校，1953年更名为江苏省公安学校，1982年成为全国第一所公安专科学校，2002年升格为本科院校。2012年起先后与南京师范大学、南京工业大学、南京信息工程大学联办硕士专业学位研究生教育，2021年获批硕士学位授予单位及警务硕士学位授权点。

学院主校区位于南京市浦口区石佛三宫48号，另有安德门、龙潭两个校区。校园占地67万平方米，校舍建筑面积约35万平方米。学院设有马克思主义学院、公安管理系、治安管理系、侦查系、刑事科学技术系、计算机信息与网络安全系、警察体育教研部（警务指挥与战术系）、基础课教研部、法律系和研究生教育部等教学院系。现有教职工692人，专任教师373人，专任教师中有高级职称教师190人，博士、硕士学位教师339人，公安部津贴专家、省“333工程”“六大人才高峰”等各类高层次人才98人次，省部级教学名师4人，省级教学和科研团队9个。学院现有全日制本科生近6000人，联合培养硕士研究生115人，警务留学生17人，成人学历教育在籍生3300多人。

学院建立了公安特色鲜明的学科专业体系。“公安学”一级学科被列入江苏省高校优势学科建设工程项目，拥有公安技术、法学、公共管理、国家安全学、网络空间安全等5个省重点学科。学院开设16个全日制本科专业，其中，公安类专业12个，其他类专业4个。刑事科学技术、侦查学专业入选国家级一流本科专业建设点，治安学、公安管理学、经济犯罪侦查、涉外警务、网络安全与执法、交通管理工程、法学、警务指挥与战术、行政管理、计算机科学与技术等10个专业入选江苏省一流本科专业。建有国家级一流本科课程3门、省级一流本科课程23门。建有国家级大学生实践教育基地建设项目1个、省部级实验教学与实践教育中心8个。建有南京中华指纹博物馆、近代警察史博物馆、枪械发展史博物馆。

① 资料数据来源江苏警官学院官网，各学年本科教学质量报告，访问时间2023年1月21日。

（三）云南警官学院①

云南警官学院为云南省人民政府举办的全日制普通高等学校，始建于1950年4月，2003年4月升格为本科院校并更为现名。2022年获批硕士学位授予单位及警务硕士学位授权点。学校主要承担学历教育、在职民警培训、外警培训三大任务，积极构建本科生、研究生、留学生和警察职业教育协调发展的多层次立体化办学格局，招收培养警务硕士留学生，累计为亚洲、欧洲、美洲、大洋洲、非洲70多个国家培训禁毒、边境管理和交通管理中高级执法警官3000多人。

现设有圆山、荷山、豹山、龙山四个学区，建有国家反恐办反恐怖综合培训基地（云南基地）、全国县市公安局局长培训基地、公安部禁毒警察训练基地、公安部科技信息化教育训练基地、公安部警务保障培训基地，商务部、公安部确定的外籍警察教育培训基地、全国县级公安机关执法规范培训基地、全国武术段位考试点、全国自卫防身术培训基地、云南省公务员考试测评基地。

现有教职工507人（其中专任教师280人），博士学位76人。近年来，涌现出1名全国模范教师、2名全国优秀教师、3名全国公安系统优秀教师、3名全国公安高等教育教学名师、1名全国公安优秀教育训练工作者、11名省级教学名师、3个省级名师工作室、4个省级教学团队，100多人成为省（部）级专家。立项建设1个全国高校思政课名师工作室。设有刑事科学技术研究所、禁毒研究所等科研机构。建有云南毒品问题研究基地、云南禁毒研究中心（省级智库）、云南禁毒教育基地、南亚东南亚执法研究中心等科研平台。

学校设有禁毒学、法学、治安学、侦查学、计算机科学与技术、网络安全与执法、刑事科学技术、交通管理工程、经济犯罪侦查、网络空间安全等11个本科专业。禁毒学、刑事科学技术入选国家级一流专业建设点。侦查学、治安学、网络安全与执法入选省级一流专业建设点。内设9个党政管理机构，禁毒学院、反恐怖学院、刑事侦查学院、治安管理学院、法学院、信息网络安全学院、研究生部等教学部门和6个专业学生管理机构。建设有3个国家（省部）级特色专业建设项目、3个省（部）级重点实验室。立项培育建设4个学术学位和1个专业学位授权点。国家安全学被列入云南省“新学科培育计划”立项建设。建有8门国家（省部）级精品课程。

（四）广东警官学院②

广东警官学院被誉为“南粤警官摇篮”，是2004年经教育部批准设立的省属

---

① 资料数据来源云南警官学院官网，各学年本科教学质量报告，访问时间2023年1月21日。

② 资料数据来源广东警官学院官网，各学年本科教学质量报告，访问时间2023年1月26日。

公安本科院校。2012 年，通过教育部本科教学工作合格评估。2018 年，学院被评为广东省依法治校示范校。学院是广东省公安机关后备人才培养基地、省级公安民警培训基地、公安部警务实战训练基地和外警培训基地。校训：忠诚、责任、服务。

学院建有嘉禾、滨江两个校区，占地面积共 37.38 万平方米。校舍建筑面积 25.4 万平方米，建有教学楼、实验楼、图书馆、学生宿舍、警体技能训练馆、战术训练楼等教学基本设施。教学、科研仪器设备总值 10800.92 万元。馆藏图书 101.66 万册，镜像电子专业图书 48 万册，文献资源建设特色鲜明，收集公安志和公安年鉴等特色公安文献 376 种 630 余册。

学院现有教职工 674 人，其中专任教师 320 人。具有硕士及以上学位专任教师 249 人，具有高级职称专任教师 146 人。有省部级教学团队 7 个，全国优秀教师、全国公安系统优秀教师、南粤优秀教师、省部级教学名师 16 人，全省公安机关十大金牌教官 2 人，广东省高校优秀青年教师培养对象 3 人，广东省“千百十工程”培养对象 40 人，兼任其他高校硕博士生导师 12 人。

学院现开设侦查学、治安学、刑事科学技术、经济犯罪侦查、禁毒学、警务指挥与战术、交通管理工程、网络安全与执法、计算机科学与技术、法学、行政管理、社会工作 12 个本科专业，其中公安专业 8 个，非公安专业 4 个。现有 1 个国家级特色专业（经济犯罪侦查），3 个国家级一流本科专业建设点（侦查学、刑事科学技术、经济犯罪侦查）；1 个专业（侦查学）列入公安部重点专业建设点，5 个广东省一流本科专业建设点（治安学、警务指挥与战术、交通管理工程、网络安全与执法、禁毒学），3 个专业（经济犯罪侦查、侦查学、刑事科学技术）成为省级特色专业，4 个专业（治安学、禁毒学、法学、行政管理）列入省级专业综合改革试点项目。现有国家级精品课程 1 门，省部级精品课程 3 门，省级优质课程 2 门，省级精品资源共享课 3 门，省级精品视频公开课 2 门，校级精品课程、精品视频公开课 35 门，国家级规划教材 1 部；建有国家级大学生校外实践教育基地 1 个，省级大学生校外实践教育基地 6 个，省级实验教学示范中心 8 个。

（五）山东警察学院①

山东警察学院被誉为山东公安民警的摇篮，是 2004 年经教育部批准设立的省属公安本科院校。前身为山东省警官学校，创建于 1946 年，是中国共产党历史上创建的第一所警察学校。学院是全国县市公安局局长培训基地，公安部、商务部确定的国家援外培训基地。《山东警察学院学报》2015 年度入选全国中文核心期刊，2018 年度入选中国人文社会科学期刊 A 刊扩展期刊，连续 5 届被评为全国优秀社科期刊。

---

① 资料数据来源山东警察学院官网，各学年本科教学质量报告，访问时间 2023 年 1 月 24 日。

学校设侦查学、治安学、刑事科学技术、经济犯罪侦查、交通管理工程、公安情报学、网络安全与执法 7 个本科专业，全部为国家级、省级一流本科专业建设点。其中，治安学、经济犯罪侦查为国家级一流本科专业建设点，侦查学、刑事科学技术、网络安全与执法、公安情报学、交通管理工程为山东省一流本科专业建设点，具有法学、工学学士学位授予权。2012 年通过教育部本科教学工作合格评估，2019 年接受本科教学工作审核评估。2017 年 11 月，被省教育厅批准为硕士学位授予立项建设单位，2019 年开始与山东建筑大学联合开展硕士研究生培养工作。2020 年，被省教育厅确定为山东省应用型本科高校建设首批支持高校。

学校现有明水和文化东路两个校区，明水校区主要承担全日制普通本科教育任务，文化东路校区主要承担国内民警培训和援外培训任务。两校区占地 1730.93 亩，校舍总面积 24.15 万平方米。建有 1 个省级实验室、49 个专业实验室、2 个警务实战训练馆、2 个射击馆、1 个室外射击场、1 个反恐训练场、2 个警用无人机训练场、1 个泅渡馆。另外，在全省建有 53 个教学实习基地和 18 个教学科研基地，1 个校局合作研究院，2 个校企合作基地，1 个新型智库，7 个非在编科研机构。

学院现有教职工 578 人，副高级以上职称人员占专任教师的比例为 52.9%，拥有硕士、博士学位的教师占专任教师的比例为 84.7%，国务院政府特殊津贴获得者 2 人，公安部部级津贴获得者 1 人，入选公安部、省公安厅专家人才库 47 人次，山东省有突出贡献中青年专家 2 人，全国、全省公安系统优秀教师 7 人，省部级教学名师 8 人。目前全日制在校生 5432 人。2021 届毕业生就业率为 94.7%。

（六）北京警察学院①

北京警察学院是全日制本科普通院校，也是北京市公安局的重要组成部分，被誉为“首都人民警察的摇篮”。学校成立于 1984 年 1 月；2004 年，经教育部批准，开始筹建公安高等本科教育，招收本科学生；2006 年，经教育部批准，在北京人民警察学院基础上建立北京警察学院，开展全日制公安高等本专科教育和在职民警训练；2015 年，学院获得学士学位授予权。

北京警察学院坐落于昌平区南口镇虎峪风景区内，占地面积 75.88 万平方米，建筑面积 19 万余平方米。学院以法学和工学为基础，设有 9 个本科专业，目前招生的有侦查学、治安学、刑事科学技术、公安管理学、涉外警务、交通管理工程和网络安全与执法 7 个专业，集中于公安学和公安技术两个一级学科。网络安全与执法专业获评“北京市属高校一流专业”，治安学专业被公安部列为全国公安高等教育重点专业（培育点），“警务车辆特种驾驶技术”课程被列入国家级精品课程。是首都应用型警务人才培养基地、公安理论与实践研究基地、首都在职民警培训基

① 资料数据来源北京警察学院官网，各学年本科教学质量报告，访问时间 2023 年 1 月 26 日。

地；同时也是国家机关事务管理局专车驾驶员培训基地、公安部外警培训基地和警务驾驶训练基地。

（七）浙江警察学院①

浙江警察学院 2007 年经教育部批准成立，是浙江省唯一培养公安专门人才的本科高校，承担着本科及研究生学历教育、在职民警培训、公安理论研究，是浙江省公安新增警力的主渠道、在职民警培训的主阵地、公安理论研究的主平台。

学校现有滨江和临安两个校区，校园环境优美，教学科研设施齐全。学科专业建设富有特色，学校共有 8 个招生专业，涵盖 2 个学科门类。其中工学门类专业共 3 个，分别为刑事科学技术、交通管理工程、网络安全与执法；法学门类专业共 5 个，分别为侦查学、治安学、经济犯罪侦查、涉外警务、警务指挥与战术。其中涉外警务、网络安全与执法、治安学、交通管理工程 4 个专业是国家级一流本科专业建设点，侦查学、刑事科学技术、经济犯罪侦查、警务指挥与战术 4 个专业是省级一流本科专业建设点。学校建有 1 个国家级人才培养模式创新实验区、1 个国家级大学生校外实践教育基地、3 门国家级一流课程、2 门国家级精品课程、3 个省级一流学科（B 类）、1 个公安部首批重点建设专业。2021 年被国务院学术委员会批准为硕士学位授予单位，取得警务专业硕士学位授权资格。

现有教职工 473 人（其中专任教师 249 人），正高职称 38 人，副高职称 102 人，博士学位 91 人，其中全国优秀教师 3 人，全国公安系统优秀教师 11 人，省部级教学名师 6 人，省级学科带头人 2 人，省中青年学科带头人培养对象 8 人，“151” 人才工程第三层次培养对象 17 人，省高校领军人才培养对象 14 人。截至 2022 年 9 月，学校有全日制本科在校生 3782 人，留学生 18 人，本科生占全日制在校生比例为 99.53%。

学校占地面积 954.39 亩，63.63 万平方米，建有 2 个本科院校省级实验教学示范点、6 个实验教学中心（下设 50 个实验室），其中刑事科学技术实验教学示范中心、侦查综合实验教学示范中心、网络安全与执法实验中心为省级教学示范中心；建有战术街区、搏击馆、多功能室内射击靶场、攀登楼、形体室、书画室等 27 个实训场所。现有馆藏纸质文献 857411 册、电子图书 201.28 万种、电子期刊 16362 种，数字资源 14 个，生均纸质图书 223.52 册，为浙江省首批数字校园示范建设学校。

（八）其他公安本科院校②

从 2002 年到 2017 年期间，全国 20 所省（直辖市）主管的公安院校从专科升为公安本科院校，省属公安院校立足所在地，服务于本区域内的公安工作，取得了

① 资料数据来源浙江警察学院官网，各学年本科教学质量报告，访问时间 2023 年 1 月 27 日。

② 资料数据来源各公安院校官网，各学年本科教学质量报告，访问时间 2023 年 2 月 1 日。

不菲的成绩。在高层次人才培养上，四川、江苏、云南、浙江等地公安院校纷纷取得硕士研究生培养资格，如四川警察学院在2006年2月经教育部批准建立，2011年10月学校经国务院学位委员会批准为警务专业硕士研究生培养试点单位。其他学校也在积极努力开展高层次人才培养的探索，如2010年升本的江西警察学院，2017年学院被江西省教育厅列入江西省“十三五”硕士授予权规划建设单位。2018年与华东交通大学联合培养法律专业学位警务方向硕士研究生。2019年9月正式招收首届联合培养非全日制法律专业警务方向硕士研究生。2017年批准设立的贵州警察学院在2020年9月与贵州民族大学联合培养研究生。在服务地方特色上，各有侧重。如公安部在江西警察学院建立全国经济犯罪侦查教育训练基地，经济犯罪侦查是江西警察学院的特色；云南警察学院的禁毒学优势明显，学院目标“立足云南，服务全国；辐射南亚东南亚”；新疆警察学院则服务国家反恐战略，立志建设“区位优势明显、办学特色鲜明、符合实战需要”的应用型公安本科院校；广西警察学院向着“立足广西、服务行业、辐射东盟，西部同类院校领先、在国内和东南亚有较高知名度、行业特点和职业特色鲜明的应用型公安本科院校”的目标迈进。上海公安学院虽然升本较晚，在2017年6月挂牌成立，但是它已经是全国公安师资培训基地、公安部外警培训上海基地、公安部国内安全保卫教育训练上海基地、全国公安科技信息化教育训练基地、公安部国家级专业技术人员继续教育基地教学基地、全国公安民警心理训练上海实验中心、全国公安微课程研发中心、上海市级新工科研究与改革实践项目，是全国公安职业教育教学指导委员会秘书处所在地。拥有4项国家级教学成果奖、2个国家级教学团队、13门国家级精品课程和精品共享课程，以及一批省部级教学成果奖、精品课程和教学名师、优秀教师教官等，被誉为申城“警察的摇篮、警官的熔炉”。

全国省属公安本科院校升本时间、招生专业情况各不相同，有的院校只招收公安专业，有的还招收非公安专业，各个院校获批的国家级和省级一流课程建设点情况也有不同，具体情况详见表2-13。

表2-13　**全国省属公安本科院校升本时间和专业建设情况汇总表**

编号	学校名称	升本时间	招生专业				一流专业建设点数量	
			本科专业总数	公安本科专业数	非公安专业数	专科	国家级	省级
1	湖北警官学院	2002	12	8	4	0	2	4
2	江苏警官学院	2002	16	12	4	0	2	10

续表

编号	学校名称	升本时间	招生专业				一流专业建设点数量	
			本科专业总数	公安本科专业数	非公安专业数	专科	国家级	省级
3	云南警官学院	2003	11	8	3	0	2	3
4	广东警官学院	2004	12	8	4	0	3	5
5	山东警察学院	2004	7	7	0	0	2	5
6	北京警察学院	2006	7	7	0	0	1	3
7	四川警察学院	2006	9	9	0	1	3	3
8	浙江警察学院	2007	8	8	0	0	4	4
9	福建警察学院	2007	14	11	3	0	3	3
10	湖南警察学院	2010	14	8	6	0	4	2
11	河南警察学院	2010	12	9	3	0	4	8
12	吉林警察学院	2010	23	9	14	12	2	6
13	江西警察学院	2010	14	10	4	0	1	3
14	重庆警察学院	2012	8	8	0	0	0	3
15	新疆警察学院	2012	8	8	0	0	0	3
16	辽宁警察学院	2014	12	9	3	1	2	0
17	广西警察学院	2015	23	10	13	15	0	7
18	山西警察学院	2016	11	8	3	6	1	6
19	贵州警察学院	2017	12	10	2	0	0	4
20	上海公安学院	2017	5	5	0	10	0	2

注：数据主要来源各校官网，访问时间截至 2022 年 2 月。

第二节　我国公安教育的特点

近二十多年来，我国公安教育进入高速发展时期，尤其是省属公安院校陆续升本后，与部属公安院校相辅相成，使得公安教育事业得到很大发展，在 2016 年公安院校公安专业人才招录培养机制改革实施之后，公安专业毕业生解决了就业瓶颈问题，入警渠道得以畅通，公安专业人才培养机制取得重大突破。在公安学和公安技术经批准增列为一级学科后，公安学科建设取得历史性重大突破。现在全国公安院校一共有 35 所，公安本科专业 35 个，涵盖了专科、本科及研究生所有层次的人才培养。公安高等教育成为我国最大规模的行业教育体系，无论是专科教育、本科教育，还是研究生教育都具有明显的职业教育特点，培养和输送各类公安专门人才，是公安队伍革命化、专业化、职业化和正规化建设的主阵地，也是公安民警终身教育与职业能力持续发展的主阵地，还是公安理论与警务实战研究的主阵地，为公安事业发展提供了不可或缺的人力支撑与智力保障。我国公安教育呈现以下主要特点。

一、政治建校是根本

党的二十大报告指出，“我们全面加强党的领导，明确中国特色社会主义最本质的特征是中国共产党领导，中国特色社会主义制度的最大优势是中国共产党领导”。坚持党对公安工作的绝对领导，是公安工作的根本政治原则，也是公安高等教育的本质要求。党的十八大以来，习近平总书记就教育改革发展、全面依法治国以及新时代公安工作，提出了一系列新理念、新思想、新观点，从根本上阐明了新时代中国特色社会主义教育发展的方向、道路、方针、原则等一系列方向性、根本性、战略性问题，并就新时代公安工作和公安队伍建设作出了重要战略部署，为新时代深化依法治国实践，加快建设社会主义法治国家提供了根本遵循。新时代公安高等教育的根本任务就是努力培养新时代人民公安事业的优秀建设者和可靠接班人、培养党和人民的忠诚卫士。

政治性是公安院校的第一属性、讲政治是第一要求。要从政治上建设公安院校，强化公安院校“姓党姓警”的政治属性，加强党的绝对领导、全面领导，确保党中央各项重大决策部署在公安院校得到不折不扣贯彻落实。公安院校都必须牢牢把握“警校姓党”的根本政治属性，始终坚持党对教育工作的绝对领导，把“政治建警”“政治建校”作为公安教育的指导方针。增强“四个意识”，坚定“四个自信”，做到“两个维护”，把“四个铁一般”作为人才培养的根本标准，把总书记“对党忠诚、服务人民、执法公正、纪律严明”总要求和重要训词精神贯穿到本科教育教学全过程。政治过硬作为首要标准，把绝对忠诚作为第一要求，贯穿于办学育人的全过程，公安职业素养和职业精神培育作为最重要的人才培养内容，确保公安院校培养的人才绝对忠诚、绝对纯洁、绝对可靠。

忠，在现代汉语词典中，是崇敬、恪守的意思；诚，是言而有信、言行一致的意思；忠诚，指尽心尽力、全力以赴。公安机关、公安院校都要筑牢政治忠诚，始终把“两个维护”作为最大政治责任、最高政治原则、最起码的政治纪律，在任何时候任何情况下都坚决听从习近平总书记命令、服从党中央指挥。强化理论武装，坚持不懈用习近平新时代中国特色社会主义思想凝心铸魂，打牢高举旗帜、听党指挥、忠诚使命的思想根基。严守政治纪律和政治规矩，坚持以习近平新时代中国特色社会主义思想为指导，深入学习贯彻习近平法治思想特别是习近平总书记关于新时代公安工作的重要论述，贯彻落实新时代党的建警治警方针。

习近平总书记提出的“对党忠诚、服务人民、执法公正、纪律严明”是公安工作发展进步的基本遵循，是公安队伍建设成长的前进方向，是建警治警的总方略，是公安院校人才培养的总目标。公安机关是党和人民手中的“刀把子”，公安院校是公安机关的重要组成部分，特殊的性质和特殊的职责，决定公安院校政治建校和政治建警的特殊性、政治性。作为公安院校，人才培养的过程也是思想政治工作的过程。忠诚教育是公安院校思想政治教育的重要内容，是做好公安院校思想政治工作的永恒主题。公安院校教师兼具教师和警察双重身份，不仅要持续学习专业知识、潜心教书育人，还要做到育人者自育，最重要的是要忠诚于党的公安教育事业，成为培养“四个铁一般”公安预备人才的中坚力量。强化公安院校教师双重身份意识，以教师为主体，以忠诚教育为抓手，把忠诚教育贯穿铸魂育人全过程，确保“刀把子”永远掌握在党和人民手中。

根据全国35所公安院校官网对各自学校情况的介绍，所有公安院校都将“忠诚”作为人才培养的第一要务，很多学校校训的第一词就是“忠诚”，如中国人民公安大学、中国刑事警察学院、南京森林警察学院等，而校训中没有明确列出该词的公安院校，在字义解释中也都明确了对党忠诚的要求。公安院校作为公安机关的重要组成部分，不仅承担着为公安工作培养输送高素质专门人才的重要使命，决定着未来公安队伍的素质和发展，同时也承担着公安队伍正规化、革命化、专业化、职业化重要使命，公安高等教育与公安院校的改革发展在政治建警治警的总框架下进行，因此，公安院校相对于普通高等院校人才培养而言，坚持政治建校、政治建警是其本质特征。

二、特色凸显警察职业

警察是一种职业，公安教育服务于公安工作和公安队伍建设，公安专业的人才培养严格意义上属于职业教育，因此，凸显出公安教育的警察职业特色，也就是公安特色鲜明。公安机关肩负着维护国家政治安全、确保社会大局稳定、促进社会公平正义、保障人民安居乐业的职责任务，公安院校要强化主动服务公安工作的责任和担当，把政治建警、改革强警、科技兴警、从严治警落实到办学治校的全过程，彰显公安教育在公安工作中的先导性、基础性、全局性地位。

第一，警务化管理实现警察职业养成教育。公安院校都实现严格的警务化管理，注重学生日常行为规范，学习、训练、生活、内务全方位贯彻始终进行职业养成教育，从最初对警察的职业认知开始，再形成认同感、归属感，最终对职业产生荣誉感、责任感。警务化的日常管理模式，让公安专业人才培养职业特色明显。同时，结合警务化管理，公安院校对学生进行经常性的思想政治工作和忠诚意识的培养，加上严格的组织纪律性和集体观念以及令行禁止的作风培养，使学生在校期间就能具有鲜明的警察意识，强烈的政治责任感和娴熟的专业技能。

第二，公安院校参与警察职业培训。公安院校一方面要做好全日制本专科教育，做好公安专业人才培养。另一方面，公安院校也要增强对在职民警培训的供给能力，把握公安队伍素质和战斗力提升的新要求，突出实战实用实效，强化院校对在职民警培训的功能，在公安队伍训练上发挥更大的作用。

第三，校局企合作服务公安实战。从公安本科院校的建设现状中可以发现，当前我国公安院校都根据公安教育职业化特点，健全完善公安院校与公安机关深度合作、共担育人职责的长效机制，将服务公安实战作为教学建设和改革的重点工作。公安院校充分发挥自身优势，为公安机关和公安实战工作提供智库人才支持，反哺人才培养和科学研究。另一方面，积极推动公安机关全方位参与公安院校的教学训练、人才培养和公安研究。公安院校与公安机关在公安专业招生计划、人才培养目标制定、课程体系构建、专业课程建设、实践教学组织与开展、教学质量管理与考核各方面、各环节加强合作、联动，实现教战双赢。如通过校局合作育人，落实教官驻校授课和教师警务实践的双向交流常态化机制，实现教学、科研的共商共建共享共赢，促进公安院校教育教学工作更好地贴近实战、融入实战、服务实战。除了校局合作之外，不少公安院校积极探索校企合作，如中国人民公安大学、中国人民警察大学、南京森林警察学院和浙江警察学院等。通过校局企合作，促进产学研结合，更好地服务公安实战。

第四，双师型教师体现警察职业要求。公安院校的教师本身具有警察和教师的双重身份，懂公安业务、善教书育人是公安院校教师的基本要求。参考教育部对职业教育“双师型”教师认定标准，公安院校“双师型”教师应紧跟公安改革发展趋势和行业人才需求，具有公安机关相关工作经历，或积极深入公安一线进行警务实践，具备“能战会教”的双师素质。无论是从学校师资队伍的整体结构还是教师个人的知识能力素养来看，公安院校的教师应同时兼顾好人民警察与高校教师的双重身份。

三、培养应用型人才

我国公安院校的办学层次虽然覆盖了专科、本科、硕士研究生、博士研究生层次，但研究生培养的比例不高，公安院校的主责主业还是本科人才培养。本科教育是高等教育的基础，是大学展示办学质量、服务社会和履行使命的最重要平台。中央部委制定的关于公安教育改革发展的政策文件中，多次强调公安院校要培养“应用型”专门人才。因此，公安院校无论是本科还是专科层次，都是培养应用型人才。中国人民公安大学是全国公安系统唯一开展博士研究生教育的高等学府，也是唯一入选国家“世界一流学科建设高校”的公安院校，属于公安行业综合性大学，其本科人才培养目标也是培养胜任公安事业的高素质应用型公安人才。公安本科院校，尤其是地方省属公安本科院校，其定位主要是应用型本科院校，立足地方经济社会发展、服务公安实战需求，在专业设置、课程设置、课堂教学上都要注重职业能力的培养和训练，坚持理论与实践的紧密结合。

公安教育以服务公安实战为宗旨，以培养忠诚、可靠的公安事业接班人为主要目标，在遵循高等教育一般规律的基础上，人才培养目标更加突出知识、能力、素质的统一，要求围绕公安实战需求培养高素质应用型警务人才。应用型公安专业人才培养目标主要体现为：

第一，实战需求导向专业设置。公安院校的专业设置与公安机关的工作以及警种、部门和岗位具有直接关联性。这种关联性体现出学科专业对专业警种和岗位的智力支持与人才保障。例如，近年来很多公安院校增设“网络安全与执法”“涉外警务”专业，申报“数据警务技术”专业，源于随着信息化快速发展，以电信网络诈骗为代表的新型犯罪加速滋生发展，利用区块链、虚拟货币、人工智能等新技术新业态，迭代升级犯罪手法，打不胜打、防不胜防，给公安工作带来很大挑战，公安一线迫切需要相关领域的专业人才。可见，实战工作指引着公安院校的新增专业或专业方向，二者之间的关联性明显。

第二，建构以实战为导向的专业课程体系。公安本科院校作为应用型高等院校，在课程设置和课程体系上，体现出通识教育课程与专业教育的充分结合，突出岗位核心能力的理念构建警察通用的基础的知识、能力、素质教育体系。公安院校在课程设置上与其他普通高校区别较大，突出的特点是强调动手能力，强化实验实训教学和实践教学环节。

第三，紧跟实战更新教学内容。根据警务改革和公安工作的发展及时更新教学内容，课程内容的选取与组织紧跟公安热点、难点和重点，授课内容坚持源于实战、高于实战、服务实战。

第四，创新实战化教学。“实战化”是应用型警务人才培养的必然要求，在教学方式和手段上积极改革突出实战特点。“实战化”的表现主要包括采用实战典型案例、实战真实情境，以及实战化的考核标准等在教学过程中的应用，对实战化教学的学时比例有一定要求。公安院校以提高学生实战能力为教学目标开展教学活动，遵循“教为战、学为战、练为战”原则，构建教、学、练、战一体化的人才培养模式。

第五，注重能力考核标准。将检验教学效果与质量的重要标准设定为实战能力。公安院校以服务公安实战为宗旨，以培养应用型警务人才为目标，检验教学效果与质量的标准就是学生的实战能力。

第三章　当前我国公安教育存在的发展瓶颈

我国公安教育，尤其是公安高等教育在改革开放后经过了近四十余年的发展，取得了长足进步，形成了行业高等教育领域中最大的办学规模并独具特色。然而，随着我国高等教育事业和公安工作的发展，公安高等教育也存在着一些不容忽视的问题，如对公安教育的顶层设计规划缺位，公安院校的性质不一，办学定位不清，人才培养目标定位不细，教学和研究落后公安实战，对公安院校的办学质量和人才培养质量评价不高等等。于是，就出现了高等教育界对公安高校的办学质量认同程度较低，公安实务界对公安高校人才培养认可度不高的局面。下文对当前我国公安教育存在的发展瓶颈从宏观和微观二个维度进行分析探讨。

第一节　宏观层面的公安教育发展瓶颈

宏观层面是指从公安教育的整体设计、发展和布局上来看当前公安院校、公安教育事业发展存在的瓶颈和问题。

一、认知有偏差，公安教育整体规划欠缺

学界对我国公安高等教育体制与人才培养质量存有争议，我国公安高等教育发展不平衡，都与对公安教育的认知偏差，对公安教育欠缺整体规划有直接或间接的关系。公安行业传统的办学理念对公安职业教育和终身教育的认识不足，重职前、轻职后，重理论、轻实战，面对公安院校如何建设与发展的重大课题，往往选择“升本 ”“办新专业”等外延扩张的方式，忽视学校的内涵式发展，与服务公安工作和公安队伍建设的目标有一定距离。

（一）对公安教育的重要性认识不足

党的十九大以来，在以习近平同志为核心的党中央坚强领导下，公安改革实现了系统性重塑、整体性变革。着力构建符合新时代要求、体现实战化特点、具有中国特色的现代警务体系，取得了一系列具有标志性意义的成果。党的二十大之后，公安机关要准确把握党中央精神和战略部署，进一步加强组织领导，聚焦具有全局性、长远性、基础性的重大问题，加强调查研究、顶层设计，切实把新时代公安改革向纵深推进。党的二十大报告指出“教育、科技、人才是全面建设社会主义现

代化国家的基础性、战略性支撑”。新时代公安教育的根本任务就是努力培养新时代人民公安事业的优秀建设者和可靠接班人，培养的人才是公安队伍的未来，对我国公安工作的长远发展、公安改革的纵深推进，社会的稳定和国家安全的维护都具有基础性战略性支撑作用。但是，目前公安教育缺乏整体规划和顶层设计，并没有真正深刻纳入公安改革的一盘棋中，公安教育的发展受到一定的制约。

（二）公安教育的办学主体责任不清

首先，办学主管部门的认识存在偏差。公安教育的办学主管部门应该是公安部门还是教育主管部门，对此认识在现实中存在偏差，部省两级公安机关认为部属和省属公安院校的办学主体是各级教育主管部门，而教育部门则认为公安院校是行业教育。事实上，部属公安院校在接受公安部管理的同时，也要接受所在省、市教育部门的管理，省部共建的省属公安院校同时接受省级公安机关和省（市）教育厅的双重管辖。这种认知上的问题直接导致了对公安机关对公安院校的办学理念、目标、路径、方式方法认识不清、把握不准。

（三）公安院校的属性认识模糊

对公安教育在办学定位、发展方向等重大问题上分歧较大不够清晰准确，也会让学校管理者对学校的属性认知不同。一方面，作为普通高等学校，公安院校存在对大学培养人才的特点把握不准，不能按照大学的要求和规律办学的问题。行政干预人为降低了作为大学的办学标准，在教学科研水平上难以突破。另一方面，作为公安行业院校，与公安实战部门并没有真正融为一体，对公安教育的职业性、行业性把握不准，导致办学定位不准确，游离于公安实战体系之外，在实战能力培养上与现实差距较大。多数本科院校强调办成教学或教学研究型院校强调本科教育的基础性和主体性，而对公安院校在在职警察培训工作上的主导性和中心位置认识不足、重视不够。这种基本参照普通高校高等教育的办学模式按照国民教育的办学规律来实施公安教育，更多地披上了国民教育的色彩冲淡了本应强化的公安特色，与高等教育体系和公安实战体系都有关联，又保持距离，没有进行充分有机融合的办学模式，难以培养造就高素质的专业人才。

（四）教育发展布局的规划不清晰

对公安教育的发展规划不清，对于如何办好新时代中国特色社会主义公安高等教育缺乏顶层设计和思考。在发展方向上，面向实战、服务实战的办学理念没有得到很好贯彻，以警察职业教育特色不够清晰明确。

现有的 35 所公安高等院校有本科和专科办学层次，分为公安部直属和省属两种类型。公安部直属的 5 所院校目前在专业发展上有了一定的区别和不同定位，而且招生规模和专业设置都较多，可是部属公安院校和省属公安院校的办学定位和发展方向并不明确，不利于两种类型的公安院校协同发展。

另外，省属公安院校的发展严重不均衡。一是本科和专科办学层次不同，30

所省属公安院校中，有三分之一还是专科院校，且主要集中在西部省份。二是本科院校之间也存在发展不均衡。有的城市有两所公安本科院校，而有的省却没有一所公安本科院校。各省（自治区）公安队伍规模不同，经济发达省份以及地方公安机关重视的省份，公安院校发展较好，校园面积大，经费和招生规模有保障。在位置偏远、人口偏少的省份，其公安院校的招生规模也不大。部分公安院校在一定程度上存在为谋求生存而开办非公安类专业扩大招生规模。

二、缺乏规范标准，公安院校体制不一

公安部党委制定印发的《关于深入推进公安队伍正规化建设的意见》明确指出，全面深化公安改革的总要求，深入推进公安队伍正规化建设，努力打造一支高素质公安队伍，要严格、统一、规范公安队伍的组织管理、机构编制、职务序列、训练标准、纪律要求、职业保障，大力提升公安队伍正规化建设水平。公安院校应该也有相应正规化建设的基本标准和规范，与公安队伍正规化建设同频共振，但是目前公安院校的建设与发展并没有形成相对统一的规范和标准，这点从公安院校名称以及公安院校的性质上可以略窥一二。

（一）公安院校名称不统一

公安院校的名称上看难循规律，不能在同层级同体制上得到统一和规范。我国公安院校的名称以“警察”“警官”“公安”为主，本科院校采用其中一个词命名，而专科院校则重复多词的现象突出，显得非常不严谨。当前，公安院校名称有四种不同类型，一是采用“公安”命名的院校，即院校名称中含有“公安”字样，这类学校一共有 6 所，其中本科有中国人民公安大学（部属）、上海公安学院 2 所，专科有安徽、天津、黑龙江、河北等地的 4 所院校；二是采用“警察”字样命名的院校 22 所，包括中国刑事警察学院、中国人民警察大学、铁道警察学院、南京森林警察学院、山东警察学院等 19 所本科院校，还有甘肃、内蒙古、河北三地的 3 所专科院校。三是采用“警官”字样的 10 所院校，其中本科院校有 4 所，分别是湖北警官学院、江苏警官学院、广东警官学院、云南警官学院，专科院校有 6 所，分别是陕西、西藏、青海、宁夏、天津、黑龙江等地的专科学校；四是叠加混用的院校，即选择“公安”“警官”组合或“公安”“警察”组合命名，这类学校一共有 3 所，其中天津公安警官职业学院、黑龙江公安警官职业学院 2 所采用的是“公安”“警官”组合，河北公安警察职业学院 1 所院校采用“公安”“警察”组合，这三所院校都是高等职业院校，即公安专科院校。

经过对全国 35 所公安院校名称的统计分析，在全国 35 所公安院校中，选择“警察”字样命名的学校占比 62.86%，选择“警官”字样命名的院校占比 28.57%，选择“公安”字样命名的院校占比 17.14%。其中，10 所专科院校的名称较为复杂，有 3 所选择叠加方式命名，总体而言采用“公安”字样的校名较多，

占比 40%，采用“警察”或“警官”字样的专科院校各占 30%。25 所本科院校中，以“警察”命名本科公安院校居多，部属加上省属公安院校一共 19 所占比 76%，其中以升本后的省属院校居多，达 15 所且主要集中在 2004 年后升本的公安院校；以“警官”命名的本科院校有 4 所，这几所公安院校都是前三批升本的省属公安院校（2002 年—2004 年）；采用“公安”字样命名的本科院校仅 2 所，在本科院校中占比 8%。其中，2017 年升本的“上海公安学院”较为特别，作为最新升本的省属院校，它却没有跟随之前升本的公安院校以“警察”字样命名。2018 年 9 月 6 日，“中国人民武装警察部队学院”正式更名为“中国人民警察大学”，与 1998 年并入中国人民公安大学的“中国人民警官大学”一字之差。命名情况详见表 3-1。

表 3-1　**全国公安院校命名统计表**

	本科				专科				总和
	警察	警官	公安	合计	警察	警官	公安	合计	
部属	4	0	1	5	0	0	0	0	5
省属	15	4	1	20	3	6	4（单独 1+重叠 3）	10	30
合计	19	4	2	25	3	6	1+3	10	35
比例	76%	16%	8%	100%	30%	60%	40%		
学校总数	22	10	6	35					
总比例	62. 86%	28. 57%	17. 14%						

备注：天津公安警官职业学院、黑龙江公安警官职业学院、河北公安警察职业学院三所院校叠加命名，分别纳入各类的比例计算，但在学校总数统计中不重复计算。

综上，公安院校的命名并没有明确的规则可循，公安教育缺乏规范标准的问题从院校命名可窥一斑，“公安”“警察”“警官”三词之间如何界定，其异同在学界和实务界都难有定论和共识。无论是警察学院、警官学院或公安学院，其作为公安教育的主阵地，服务公安事业发展的宗旨并无区别。但是这些院校名称的区别，还是体现出各地公安机关或院校领导对“公安”“警官”和“警察”在语义理解上的差异，以及公安院校办学定位的差异，而对此的认识不统一，必然会影响到公安教育发展的规划和建设。

（二）公安院校的编制性质不同

目前我国公安院校的编制不尽相同，学校的性质各地不一。部属公安院校都是事业编制，属于公安部直属的事业单位。省属公安院校则各不相同，有公益二类事业单位如湖北警官学院，广西警察学院；在 2008 年的政法干警招录体制改革之后，陆续有很多省属公安院校转为公务员编制，或者转为参照公务员管理，前者如上海公安学院、浙江警察学院，后者如江苏警官学院。多年来，从公安教育学历教育和在职培训之争，到现在的多种身份并存，都反映出我国公安教育的发展思路不清楚，公安教育队伍建设缺乏正规化、规范化的标准和要求，最终对人才培养造成不利影响。

多类并存是造成当前公安院校发展不均的原因之一，甚至对公安院校未来的发展存在深层次影响，公务员、参公管理与事业单位的经费来源、人员待遇、运行管理不同，院校的发展必然会不同。公益二类的事业单位性质的公安院校不能享受全额财政拨款，部分省属公安院校不仅办学经费捉襟见肘，而且也不能建立起数量充足、专业水平高的师资队伍。于是，有些省属公安院校为生存与发展，不得不通过扩大非公安专业的招生规模来提高办学效益，在公安专业招生数量不多的情况下，必须向非公安专业寻找出路。在某些公安院校，非公安专业的招生规模要大于公安专业的招生规模。在转公务员的公安院校中，虽然经费有保障，但是因为不能评职称、不能发课酬，出现了教师不愿意做科研，不想上课的局面，这对于一个高等院校来说，无法保障人才培养质量。

另外，公安院校与公安实战部门的衔接不畅。身份归属不同，难以真正成为“一家人”，尽管公安部制定了双向交流机制，但是公安院校与公安实战部门并没有真正融为一体，教师的实战能力不足，警务实践制度难以落实到位，吸引教官到校任教的动力不够，对驻校教官没有晋升政策上的倾斜，导致基层优秀的公安干警不愿意到公安院校任教，公安院校也无法真正实现“校局合作”加强实训、实践教学的目的。在这方面做得比较好的代表有上海和山东，如上海公安学院承担本科专业课程的 102 名专任教师队伍中，“双师双能型”师资 76 名，占比 74.51%。2021—2022 学年，上海公安学院引进专任教师 10 人，其中，从公安一线实战单位引进 9 人，占比 90%。上海公安学院的院长都由上海市公安局局长兼任，山东警察学院的院长基本上都是山东省公安厅厅长兼任，从而确保了这两所院校与公安实战部门可以实现深度融合，学校的生存和发展没有面临大的危机。

办学方向不明，影响教师队伍的稳定性。2008 年，部分学校因为招生政策的变化，停止了学历教育，在这期间生源数量发生很大变化，学校发展前景遇到很大阻碍。以某公安学校为例，该校在 2009 年参加招录体制改革，并按照政策规定 3 年停止招录参加普通高考的高中毕业生，招录对象调整为普通高校毕业生和军队（拟）退役士兵，生源数量从第一年一千多人到第三年一两百人，学校公安专业老师基本没有课上。与此同时，在这三年期间，其他参加招录改革的公安院校发生了较大变化，很多学校重启普通高考招生，有的学校转为公务员编制，或者参照公务员管理，该校身份性质悬而不决，学校经历了一定彷徨期，教师普遍存在前途未卜的观望和彷徨，懈怠于教学和科研。这三年对该校的发展极为不利，到 2012 年恢复公安专业招生后，学校明确属于公益二类事业单位，属于高等学校体制范畴，教师才开始安心工作，重新开始重视教学科研工作。这种彷徨、观望、等待和反复的局面，直接影响到公安院校师资队伍建设，教师的不稳定势必会直接影响到人才培养的质量以及公安教育的发展。

三、国家标准不细，职业特色不够突出

2018 年 1 月教育部颁布包括公安学、公安技术在内 92 个专业类的本科教学质量国家标准。公安学类专业、公安技术类专业两个《本科教学质量国家标准》（以下简称" 国家标准" ）作为教育部、公安部联手制订的第一套公安高等教育的本科教学质量国家标准，为全国公安类本科专业准入、建设和评估的重要指引与依据，在公安教育发展史上具有里程碑的意义。《公安学类教学质量国家标准》明确了公安学类各专业教学质量的基本要求，并要求各个公安专业应高于其标准办学。国家标准中没有分别为各个专业规范具体的培养目标，但是明确公安学类专业的培养目标是“培养忠诚可靠、纪律严明、素质过硬，具有较强的社会责任感、法制意识、创新精神和公安实战能力，能够按照公安工作专业化、职业化、实战化以及相关政策法律法规等要求，系统掌握本类专业基本理论、基本知识、基本技能，具有从事本类专业相关领域实际工作的专业能力和一定的研究创新能力，在公安机关从事行政执法、刑事执法、公安队伍建设与管理等工作的公安专业人才。”可见，国家标准对公安学类专业的培养目标只作了大类统一规定，强调按照职业化要求开展公安教育，并没有对不同专业的职业标准进行细化。相同专业在不同院校接受教育，在人才培养质量上应求同存异，应有基于职业需求的人才培养规格和标准。每个专业的职业特色应有所体现，既有公安专业的共性，也有每个不同专业的个性。

以涉外警务专业为例，与其他公安学专业相比，涉外警务专业特色较为明显。尤其在 2018 年 4 月国家成立移民管理局之后，对机构和职能进行了梳理，囊括涉外行政执法和涉外刑事执法以及移民管理职能，该专业的人才培养应该更具有鲜明的职业特色。截至 2020 年，全国共有六所公安高等院校招收涉外警务专业，分别是中国人民公安大学（以下简称公安大学）、浙江警察学院、江苏警官学院、北京警察学院、中国刑事警察学院（以下简称刑警学院）、湖北警官学院。从六所院校的培养目标来看，存在明显不同，职业特点并不突出，体现专业特色、职业化需求的共性培养标准不够明确，人才培养的规格具有差异性。首先，在培养方案的培养目标中明确提到“职业”这一词汇的只有三所院校：公安大学、湖北警官学院、江苏警官学院。三校表述不同，分别使用“职业发展”“职业道德”和“职业核心能力”，对其内涵并没有进行解释说明，对职业化要求、职业特点也没有进行全面、清晰的表述和界定。而且，培养目标中对学生应具备知识、技能和能力并没有一个统一的共性标准。尤其是在与职业密切相关的必备能力方面，没有达成共识，

少有院校对职业核心能力的内容进行了诠释。第三，人才培养规格具有差异性，对毕业生从事工作岗位定位不同。公安大学、刑警学院和湖北警察学院的定位接近，是培养在“公安机关或者其他政法机关（领域、执法机构）的应用型专门人才”。浙江警察学院是适应“公安机关”需要的卓越警务人才。北京警察学院是培养“能够胜任国际性问题的警务人才”。江苏警察学院则是“既能适应基层公安工作，又能参与国际警务合作的专门人才”。其中六校提及“公安”“政法”部门以及“警务”“基层公安工作”与“国际警务合作”等表述，其标准不一、层次不清、职业特色不凸显。涉外警务专业人才培养的国家标准并没有明确相关用词的规范，作出明确界定。培养目标对人才培养具有引导作用，国家标准规定不够细致和明确，导致各个学校在课程设置、修业要求、考核监测等方面存在较大差异，从而造成不同学校同专业的人才培养质量参差不齐。

第二节 微观层面公安人才培养的困境

一、人才培养目标方面存在的问题

人才培养目标是人才培养的根本遵循。《本科教学质量国家标准》对培养目标做了相应的规定，各专业按此制定更为详尽的专业培养目标。然而不同主体对公安本科院校的人才培养目标的理解不一，对培养目标的差异分歧客观存在，导致公安院校的人才培养目标存在规定笼统，表述不清等问题。

（一）不同的观点分歧

第一种观点分歧存在于公安院校的行业主管部门与教育行政主管部门之间。公安院校具有鲜明的职业教育属性，主要为公安部门培养实战所需专业人才，从招生计划到人才培养方案，从课程设置到教学内容，从教学方法与考核评价都有明显的职业特色和要求。尤其是公安本科院校，作为从事本科教育的高等教育机构接受教育行政主管部门指导，其质量标准、专业设置、课程体系都必须遵守高等教育的规律与要求，接受本科教学质量评估和审核评估。而公安行业主管部门与教育行政主管部门立场不同，角度不同，要求不同，对公安本科院校的期待也必然有所不同。二个主管部门的观点分歧必然影响到人才培养模式、培养目标的确定。

第二种观点分歧存在于是公安院校与公安机关之间。多数公安本科院校认为人才培养目标是培养公安机关满意的人才，即培养的毕业生走上工作岗位后能够胜任各项业务工作。这是以业务工作达成度为标准的，而具体岗位和警种需要什么样的职业素养和职业能力，并没有细致量化，难以有具体可操作和衡量的标准与规范。而且，公安工作也在不断发展中，本科人才培养有四年的周期，个人职业素养的养成和职业能力的培养都有渐进过程。“培养公安机关满意的人才”或者是“胜任公安工作的人才”表述笼统，提升了公安机关对公安院校人才培养的期望值，公安机关希望公安院校的毕业生作为科班毕业的专业人才，一上班就能成为行家里手，可以调解纠纷、查办案件，还能解决各类新型犯罪的难题。对人才培养和高等教育的认识不同，导致会存在违背高等教育规律，为了迁就公安部门的个别意愿和要求，对培养目标的表述折中模糊处理，甚至反复调整人才培养方案，影响人才培养目标达成度。

（二）培养目标存在的不足

1. 目标笼统，表述不清

培养目标上存在的问题主要体现在各个公安院校的人才培养目标表述不太清晰、比较笼统，用词也不够规范，对人才培养的定位和目标达成指引性不强，难以量化和可视化。例如都是表述人才培养服务公安工作，服务区域对象，采用有“公安战线需要”“公安机关需要”“各级公安政法机关需要”“全区公安、政法系统需要”等词汇，相当笼统、模糊，也不能清楚把握到公安机关需要的到底是什么标准的人才。

2. 职业价值观的体现不足

培养目标对公安人才培养的新特点、新规律把握不够全面，对警察职业的价值观的要求涉及较少体现不足。职业价值观是指人生目标和人生态度在职业选择方面的具体表现，也就是一个人对职业的认识和态度以及他对职业目标的追求和向往。警察职业价值观决定了一个人对警察职业认同感、归属感以及纪律修养，决定了其发展方向和发展前景，从某种意义上说，比职业知识和能力更为重要。根据某市公安局纪检监察部门对全市违法违纪民警的调查，没有一起违法违纪事件是因为民警的从业知识或能力的原因而造成。可见，警察职业价值观是所有警种都应该具备的素养，职业价值观的要求在培养目标中不应缺位。警察职业精神以及警察核心价值观的养成，主要在于日常管理和任课教师的人格影响、教学熏陶与渗透，精神和价值观的培养与学校的校风、学风、师风建设息息相关。“忠诚、为民、公正、廉洁”的人民警察核心价值观，“令行禁止、英勇顽强、团结协作、无私奉献”的警察职业精神不是靠课堂讲授出来的，更多的是靠学生接触老师和警察，以及自己的亲身经历慢慢感悟、沉淀、固化而来。我国公安高等院校在这方面应凸显言传身教，进一步加强校风、学风、师风建设。

现在的人才培养普遍注重知识和技能的培养，对学生来说，只要修满多少学分即可毕业。现行学分制是课程、实训等教学环节的体现，并没有反映出对警察职业价值观的要求。公安教学改革创新和科学研究也多是围绕如何加强实践教学、突出实训、实战展开，对学生的德育，尤其是警察职业核心价值观的养成、培育强调不够，重视不足。同时，当前的警务化管理模式并没有凸显警察职业价值观的教育和培养，未渗透进学生日常行为规范约束，更没有纳入毕业考核的高度。很多国家和地区的警察学校特别重视学生精神、品德、操守方面警察素养的培养训练。现在公安院校对学生的核心价值观和品行教育缺乏详细的计划，没有将相关教育内容融入日常生活学习中，也没有制定严格的学生奖惩规定、对学生行为作出精细规范。只有严格细致的行为约束才能强化学生的职业素养，形成正确的价值观，养成良好的职业道德，提升职业素养。

3. 职业能力的界定不具体

在职业能力方面，培养目标中体现不够具体，界定缺乏明确标准。以治安学专业为例，根据笔者收集的全国22所本科院校治安学专业人才培养方案，仅广西警察学院对职业岗位能力进行了分析，并按照“知识-技能-素质”设置了课程模块，但也没有各项能力的考核细化要求。各个公安院校没有对治安学专业人才的职业能力进行科学、简短、明确的界定。尽管培养方案中“培养规格”对“能力”要素进行了阐述，但由于文字太长，其作为核心职业能力表述并不合适。职业能力是公安专业人才培养的特色，其培养过程必须有高效、实用的实践教学体系保障，与教师、教材和课程建设密切相关。公安招录改革的公安联考的公安专业知识科目类的考试题目明显强调对职业能力的考核，这也是公安教育改革的必然方向。如何紧密结合公安实战工作的需求，夯实公安专业基础课程，强化学生基本的职业能力，是公安高等院校在培养以本科为主的应用型人才需要去思考和解决的问题。

（三）培养目标的具体分析

1. 治安学专业的培养目标分析

（1）治安学专业开设情况

治安学专业在公安专业中占有非常重要的地位，作为公安传统专业，各个公安院校都开设了该专业。它是目前国内公安院校设置最多、学生招生人数最多的公安专业之一，也是成立最早的公安专业之一。在2016年11月的第二届公安部教学技能大赛中，治安类科目比赛除了一所公安现役部队没有参加，其他34所院校都派老师和学生参赛。以湖北警官学院为例，自1987年开设治安管理专业，为湖北省培养治安管理专门人才；2002年学校升格为本科层次，治安学专业被批准为本科专业开始招生至今。

我国在1984年开始治安学本科教育，治安学专业在1998年《普通高等学校本科专业目录》被列出，正式建立。2011年，教育部在《学位授予和人才培养学科目录》中，正式批准增列公安学和公安技术两个一级学科，治安学成为公安学下的二级学科。现在我国治安学专业已经有本科、研究生（硕士、博士）层次的招生培养。目前，设置治安学专业的院校不仅仅局限于公安院校，其他一些高等学校也开设有治安学专业，主要是政法类高等学校，如中南财经政法大学、西北政法大学、华东政法大学等。另外有些综合类高校也开设有治安学专业，如青海民族大学。由于地方高校开设治安学专业的师资、课程设置以及学生就业等问题，有些学校已经停止该专业的招生，如黑龙江大学在2008年暂停了治安学专业招生。目前全国共有30所院校开设治安学本科专业，其中6所非公安院校，分别是华东政法大学、西北政法大学、甘肃政法学院、中南财经政法大学、西南政法大学、青海民族大学；另外是24所公安院校，分别是中国人民公安大学、中国刑事警察学院、铁道警察学院、南京森林警察学院，北京、浙江、山东、河南、福建、江西、湖南、新疆、吉林、四川、辽宁、山西、广西、贵州、重庆警察学院，以及湖北、江苏、广东、云南警官学院和上海公安学院。即全国公安高等院校中，除了中国人民警察大学外，其他公安本科院校都开设了治安学专业。之前，公安海警学院作为公安现役部队学院也开设了治安学专业。

普通高校的平台与公安院校不同，在治安学专业的研究生层次培养上，地方省属的公安院校并没有太多取得治安学专业的硕士培养资格，而治安学的博士招生与培养，目前全国也只有中国人民公安大学具备资格。其他公安专业也存在类似的情况，以部属和地方公安高等院校为主开设公安学专业，且以本科教育为主要培养层次。

（2）治安学专业培养目标的比较分析①

以治安学专业为例，笔者收集到了21所开设治安学专业的本科院校培养方案，根据治安学专业培养方案中对培养目标的表述来进行比较分析。21所高校包括公安院校和非公安院校，各校培养目标的具体内容见表3-2。根据《关于公安院校公安专业人才招录培养制度改革的意见》，2016年开始公安院校公安专业学生参加全国联考进入公安机关，非公安院校不适用该政策，因此，公安院校和非公安院校的治安学人才培养模式有所区别。

表3-2 **21所高校治安学专业培养目标**

编号	学校名称	培养目标
1	中国人民公安大学	培养忠诚可靠、纪律严明、素质过硬，具有较强的社会责任感、法治意识、科学素养、创新精神和公安实战能力，熟悉党和国家的路线、方针、政策，能够按照公安工作专业化、职业化、实战化要求，系统掌握治安学专业的基本理论、基本知识、基本技能，掌握相关法律法规政策及相关的知识、方法，具有从事维护社会治安秩序等实际工作的专业核心能力和初步的研究能力，能够在各级公安机关从事相关工作以及在相关领域从事教学、科研工作的应用型高级专门人才。

① 资料来源于调研收集到的21所院校治安学专业培养方案，时间截止到2018年12月。

续表

编号	学校名称	培养目标
2	西北政法大学	培养德、智、体、美全面发展，专业基础扎实、知识面宽、素质高、警务技能突出，具有较强的适应能力和创新精神，能在公安、国家安全、海关、行政执法、军队、武警、边防和其他安全保卫部门，从事治安管理、交通管理、安全保卫、预防和控制犯罪等实际工作，以及从事治安学教学、科研工作的高素质、应用型本科人才。
3	华东政法大学	培养具有坚定正确的政治方向、严格的组织纪律观念、良好的职业道德，有为维护国家安全、社会安定而献身的精神；熟悉我国治安工作的路线、方针、政策和治安管理法律、法规；系统掌握治安学专业的基本理论、知识和技能；了解安全管理理论与实践，能在公安、边防、保安行业、社区等有关单位从事治安管理、安全保卫、预防和控制犯罪以及治安学教学、科研等方面工作的高级专门人才。
4	西南政法大学	培养德、智、体、美全面发展的，具有坚定正确的政治方向、严格的组织纪律观念、良好的职业道德，熟悉我国公安工作的路线、方针、政策和治安管理法律、法规，系统掌握治安学专业的基本理论、基本知识和基本技能，具备良好的科学文化素养、法治理念、实践能力和创新精神，能够在公安、边防、国家安全、海关等部门从事治安管理、出入境管理、道路交通管理、安全保卫、预防和控制犯罪工作以及治安学教学、科研等工作的务实创新人才。
5	青海民族大学	主要培养具有坚定的政治方向、严格的组织纪律观念、良好的职业道德，有为维护祖国统一、国家安全、社会稳定和长治久安、志愿在青海藏区艰苦环境工作的献身精神，具有维护社会治安秩序、创新社会管理的能力，熟悉我国公安工作的路线、方针、政策和治安管理法律、法规；系统掌握治安学专业的基本理论、基本知识和基本技能，同时又能熟练运用藏语，具备藏语交际能力和翻译技巧等双语使用技能，熟悉藏区传统、习惯和风土人情，能在基层藏区各级公安机关的业务部门工作或者在企事业单位从事安全保卫工作的应用型高级专门人才。
6	铁道警察学院	培养忠诚可靠、纪律严明、素质过硬，具有良好职业素养、科学素养和人文素养，系统掌握治安法律法规和相关政策，熟练掌握本专业基础理论、基本知识与基本技能，具备维护社会治安秩序和保障公共安全等实际工作所需的专业核心能力和可持续发展能力，能够从事治安管理和行政执法工作的高素质应用型专门人才。

续表

编号	学校名称	培养目标
7	南京森林警察学院	培养德、智、体、美全面发展，具有良好的思想政治素质、科学文化素质、警察职业素质，以及较扎实的治安学基础理论、基本知识和基本技能，具备从事社会治安管理工作需要的专业能力和初步研究能力，能够胜任基层公安机关、特别是森林公安机关需要的复合型、应用型专门人才。
8	北京警察学院	培养忠诚可靠、纪律严明、素质过硬，具有社会责任感、创新精神和警务实战能力，能够按照公安工作职业化、实战化以及相关法律、法规、政策和工作规范等要求，熟练运用本专业基本知识、基本理论和基本技能，在首都公安机关从事治安工作的应用型专门人才。
9	上海公安学院	培养具有良好政治素质、法律素质、业务素质、身体素质、心理素质，具有严明的组织纪律观念和良好的警察意识，熟练掌握警务实战技能，系统掌握治安学基础理论、基本知识和基本技能，具备治安防控、执法办案、人口管理、安全保卫等专业能力，具有较强的实践能力、创新精神、发展潜力和一定的国际视野，能够适应大城市社会治理体系建设需要，胜任公安机关治安管理系统相关工作的高素质应用型专门人才。
10	重庆警察学院	按照习近平总书记提出的“对党忠诚、服务人民、执法公正、纪律严明”总要求，培养系统掌握本专业基本理论、专业知识、业务技能，具备公安职业素养和创新精神，完成国民教育本科层次学业，能够从事治安管理、安全保卫相关工作的公安应用型警务人才。
11	湖北警官学院	治安学专业培养具有良好的政治素质、法律素质、人文素质、身体素质、心理素质，具有严明的纪律作风和良好的警察职业道德，具有“忠诚、荣誉、使命”意识，具备维护公共安全和社会治安秩序的职业核心能力以及创新能力，能在公安系统从事治安管理相关业务工作的应用型人才。
12	江苏警官学院	本专业培养忠诚可靠、纪律严明、素质过硬，具有较强的社会责任感、法治意识、创新精神和警务实战能力，能够按照公安工作职业化、实战化以及相关政策法律法规等要求，系统掌握治安学专业的基本理论、基本知识、基本技能，具备治安隐患辨识与纠正、治安纠纷调解、常见警情辨识与先期处置、常见案件办理等专业能力和一定的创新能力，能够胜任基层公安机关治安管理等部门工作的高素质应用型公安专门人才。

续表

编号	学校名称	培养目标
13	湖南警察学院	本专业培养政治可靠、作风优良、专业过硬、身心健康，系统掌握治安学专业基本理论、基本知识和基本技能，具有国际视野，具备创新能力，能在各级公安机关从事治安工作或在其他政法机关从事相关工作的应用型高级专门人才。
14	河南警察学院	本专业培养忠诚可靠、纪律严明、素质过硬，具有良好的科学素养、人文素养、法律素养、警务素养，具有较强的社会责任感、法治意识、创新精神和公安实战能力，能够按照公安工作专业化、职业化、实战化以及相关政策法律法规等要求，系统掌握本专业的基本理论、基本知识、基本技能，具有从事本专业相关领域实际工作的专业能力和一定的研究创新能力，在公安机关从事行政执法、刑事执法、公安队伍建设与管理等工作的高素质应用型公安专业人才。
15	辽宁警察学院	本专业培养政治坚定，具有良好职业素养和基本警务技能，熟悉党和国家的路线、方针、政策，熟悉相关法律法规，熟练掌握治安学专业基础理论、基本知识与基本技能，具有较强的实践能力和创新精神，能够在公安、国家安全、司法机关从事本专业（或相关专业）实际工作的高级应用型专门人才。
16	广西警察学院	本专业培养具有坚定正确的政治方向、严格的组织纪律观念、良好的职业道德，有为维护国家安全、社会安定而献身的精神，熟悉我国公安工作的路线、方针、政策和治安管理法律、法规，系统掌握治安学专业的基本理论、基本知识和基本技能，能在公安、边防、国家安全等部门从事治安管理、出入境管理、道路交通管理、安全保卫、预防和控制犯罪以及治安学理论研究等方面工作的应用型复合型高素质专门人才。
17	山西警察学院	本专业培养适应山西经济建设和谐社会发展需要，政治坚定、纪律严明、具有良好的科学素质、人文素质与警察的基本素质，熟悉我国公安工作的路线、方针、政策和治安管理法律、法规，全面系统掌握的治安学专业基本理论、基本知识和基本技能，能在公安部门从事治安管理、出入境管理、安全保卫、预防和控制犯罪等工作，以及在相关领域从事科研工作，具有创新精神和实践能力的高素质应用型专门人才。

续表

编号	学校名称	培养目标
18	四川警察学院	培养学生坚定的政治立场、严格的组织纪律、良好的警察职业道德、丰厚的人文社会科学和自然科学素养，心理健康，体魄强健，有为维护国家安全、社会安定而献身的精神，熟悉党和国家有关的路线、方针、政策，熟知专业相关法律法规，能系统掌握公安学类专业的基本理论、基本知识和基本技能。
19	贵州警察学院	培养适应经济社会发展和公安实践需要，忠诚可靠、纪律严明、素质过硬，具有良好的社会责任感、职业素养、科技素养和人文素养；熟悉相关政策法律法规；系统掌握治安学专业基本理论、基本知识、基本技能；具有较强的创新精神与警务实战能力；具备开展基层治安管理工作的职业核心能力和可持续发展能力，胜任公安机关治安管理工作等相关岗位的高素质应用型人才。
20	云南警官学院	贯彻国家教育方针，培养德、智、体等全面发展，能适应新时期社会治安工作需要，符合“大公安、厚基础、精专业、重实战”要求，具备“五个能力”和专业优势的合格人民警察。“五个能力”既要熟悉公安工作的路线、方针、政策和相关法律法规，系统掌握治安学专业必需的基础理论、基本知识，具备执法能力；掌握治安管理专业必要的基本技能、方法和相关知识，具备实战能力；树立坚定的宗旨意识和掌握群众工作的知识，具备群众工作的能力；掌握突发事件应对的相关知识，具备驾驭复杂局势的能力；掌握警务沟通的基本知识，具备在工作中与社会公众沟通的能力。专业优势即本专业培养系统地掌握治安学专业必需的基础知识，具有从事治安管理专业实际工作的能力、研究工作的初步能力、群众工作的能力和实战能力，能在公安机关或相关部门从事治安管理工作，适应治安管理工作需要的本科层次专业人才。
21	浙江警察学院	本专业培养政治立场坚定、职业品质优良、专业基础扎实、警务技能过硬，掌握治安工作必需的基本理论、基础知识、基本方法和实战技能，具有严明的纪律作风和良好的职业道德，具有从事治安实际工作所需要的防范、管理与服务、行政执法以及初步调查研究等核心能力，适应基层公安机关治安工作需要，治安业务适应性和知识拓展能力兼备的应用型、创新型卓越警务人才。

从21所院校对培养目标的表述来看，研究型大学和教学型大学的培养目标侧重点有所不同，而公安院校与政法院校也有所区别，所有的培养目标都指明了将来

的就业行业，应该具备的知识、技能，但是对于治安学专业的职业核心能力并没有作出清晰明确的界定。

第一，同样是公安院校，中国人民公安大学和地方公安院校的目标设置不同，即使是分属公安院校和非公安院校，但同为教学型大学的培养目标有相同之处，围绕“应用型”人才，各校做出了不同的目标设定。例如，中国人民公安大学的2017版治安学专业培养方案对能力和最终目的的表述为“能够在各级公安机关从事相关工作以及在相关领域从事教学、科研工作的应用型高级专门人才。”公安大学其治安学专业在全国处于领先地位，作为研究型大学，它的培养目标明确是“能够在各级公安机关从事相关工作”以及“从事相关教学、科研工作”的应用型高级专门人才。作为省属公安院校，都是教学型为主的大学，因此在人才培养目标上更侧重“从事治安相关工作”的应用型人才，如湖北警官学院培养方案中的培养目标为“能在公安系统从事治安管理相关业务工作的应用型人才。”江苏警官学院的培养目标是“能够胜任基层公安机关治安管理等部门工作的高素质应用型公安专门人才”。

第二，作为非公安院校的政法类大学，与公安大学同为教学型大学，其培养目标有相同之处，他们都提到了“培养教学、科研人员”，但是在就业前景表述上，非公安院校比公安院校的涉及面更广，除了公安系统外，还有边防、国家安全、海关、社区等部门。但是职业核心能力的内容方面，非公安院校在培养目标中基本都没有涉及。如西南政法大学的治安学专业培养目标为“具备良好的科学文化素养、法治理念、实践能力和创新精神，能够在公安、边防、国家安全、海关等部门从事治安管理、出入境管理、道路交通管理、安全保卫、预防和控制犯罪工作以及治安学教学、科研等工作的务实创新人才。”华东政法大学的培养目标是“系统掌握治安学专业的基本理论、知识和技能；了解安全管理理论与实践，能在公安、边防、保安行业、社区等有关单位从事治安管理、安全保卫、预防和控制犯罪以及治安学教学、科研等方面工作的高级专门人才。”西北政法大学治安学专业的培养目标是“具有较强的适应能力和创新精神，能在公安、国家安全、海关、行政执法、军队、武警、边防和其他安全保卫部门，从事治安管理、交通管理、安全保卫、预防和控制犯罪等实际工作，以及从事治安学教学、科研工作的高素质、应用型本科人才。”

教育部和公安部并没有明确规定治安学专业人才培养目标，各所高校结合本地本校的实际情况，对培养目标进行了相应的阐述，表述不一但大致相同。主要都是围绕“治安”展开，表明应当具备的知识、技能，最终目的都是培养具有警察职业特色的应用型人才。当然各校培养目标的侧重点有所差异，笔者对其中涉及的高频关键词进行的统计（详见表3-3），直观反映出当然治安学人才培养目标的侧重点。从“治安学专业培养目标关键词比例表”中可看出，治安学人才培养目标中，最重视的是“技能”，其次是对专业归属“治安”“知识”的凸显，对政治性也很重视，91%的学校都用“忠诚”或者“政治”规定警察职业的政治特点。排第三位的是“能力”和“应用型”，充分体现了公安专业的特点以及公安教育改革的要求。紧跟其后的是“职业”和“纪律”，这两个关键词其实从本质上讲，也是警察职业的特色要求。使用过半的最后两个词是“创新”与“素质”，体现了我国高等教育发展和改革的趋势。

表 3-3 **治安学专业培养目标关键词比例表**

排名	关键词	数量	比例	备　注
1	技能	21	95%	
2	治安	20	91%	2 所公安院校未提及，但其中一所使用了“行政执法”
	知识	20	91%	
	忠诚	9	91%	1 所普通高校和 1 所公安院校二者都没有使用。2 所公安院校重叠使用两个词汇。因二者同一性质，其中两所高校重叠使用，故按照实际 20 所院校计算比例。
	政治	13		
3	能力	18	82%	
	应用型	18	82%	
4	职业	17	77%	
5	纪律	16	73%	
6	创新	15	68%	
7	素质	12	55%	

第三，某些学校的培养目标具有明显的地域和行业特点。由于公安院校招录体制改革明确规定所有公安院校学生参加生源地的招警职位报考，尽管学生还可以通过其他途径在外地就业，但是在某些省市在培养目标中明确规定了人才培养的区域限制。如上海公安学院突出了“大城市”和“国际视野”的特点，其培养目标为“具有较强的实践能力、创新精神、发展潜力和一定的国际视野，能够适应大城市社会治理体系建设需要，胜任公安机关治安管理系统相关工作的高素质应用型专门人才。”北京警察学院是“在首都公安机关从事治安工作的应用型专门人才。”山西警察学院规定“本专业培养适应山西经济建设和和谐社会发展需要”的人才。

而有些区域特点，并不是根据地域限制，而是根据行业、语言等来进行约束。如南京森林警察学院作为林业部门院校，其培养目标自然具有明显的行业特点，培养“能够胜任基层公安机关、特别是森林公安机关需要的复合型、应用型专门人才。”西部地区的综合性大学——青海民族大学，承担了藏汉双语的治安学专业人才培养任务，其培养目标也具有明显的地域性，其表述为“有志愿在青海藏区艰苦环境工作的献身精神，能在基层藏区各级公安机关的业务部门工作或者在企事业单位从事安全保卫工作的应用型高级专门人才。”

第四，缺乏对专业人才培养的核心职业能力的界定。各个学校结合本地本校的实际情况，对培养目标进行了各自的界定，总体都是为公安系统及相关工作培养人才，如国家安全、边防、安全保卫等，都提到了学生必须掌握的知识、技能和警察的政治素质，纪律作风等，但是对治安学专业职业核心能力并没有做出相对规范和认可界定，基本是笼统的概括为“维护社会治安秩序”“维护公共安全”的能力，或者“实战能力”。个别学校把具体的治安行政管理业务能力进行了分述，整体概述职业核心能力的学校居多，如公安大学对能力的表述为“维护社会治安秩序等实际工作的专业核心能力和初步的研究能力”，湖北警官学院是“具备维护公共安全和社会治安秩序的职业核心能力以及创新能力”，江苏警官学院是“具有较强的社会责任感、法治意识、创新精神和警务实战能力”，北京警察学院为“具有社会责任感、创新精神和警务实战能力”。对核心能力进行的具体阐述的学校以上海和浙江为代表。如上海公安学院“具备治安防控、执法办案、人口管理、安全保卫等专业能力，具有较强的实践能力”，浙江警察学院为“具有从事治安实际工作所需要的防范、管理与服务、行政执法以及初步调查研究等核心能力”。

然而，无论是哪种表述，在培养目标中都没有对治安学专业人才培养的目标，尤其是核心职业能力达成初步的共识。培养方案中“培养规格”对培养的人才目标进行比较详细的表述，各校基本围绕“知识”“能力”“素质”三个要素展开，主要涉及政治、文化、法律、业务等方面，但由于其文字太长，其作为核心职业能力表述并不合适。

从21所院校的培养方案来看，治安学专业人才目标到底应该具备哪些要素，本专业的人才应该具备怎样的职业核心能力，体现不够明显、界定和规范的不够清楚、简练和统一。要培养出优秀的人才，培养目标和核心职业能力定位需要清晰、准确、科学。目前治安学专业人才培养目标基本满足为公安机关培养基层所队的人才，这个定位比较片面和偏低。从国家整体安全观的层面，从公安工作发展的方向和需求、从国际视野等三个维度来看，我们的人才培养目标还不够具有前瞻性和科学性，我们必须思考如何改革创新治安学专业人才培养体系，以警察核心价值观的养成为根基，以能力和素质为中心，注重治安警察的综合职业素养，以提升人才培养质量。

2. 涉外警务专业的培养目标分析

（1）涉外警务专业开设情况

党的二十大报告明确提出要“加强基础学科、新兴学科、交叉学科建设”。涉外警务专业属于新兴科学和交叉学科的建设范畴，从国家发展战略来看，迫切需要加强建设与发展。虽然对比治安学等传统公安专业而言，涉外警务专业相对小众，但是从国家发展战略来看，涉外警务专业培养的涉外执法人才，作为国家紧缺的涉外法治人才的重要组成部分，其重要性不言而喻。

根据教育部公布的高等学校专业设置通知统计，截至目前我国共有10所公安高等院校获批涉外警务专业，分别是中国人民公安大学、浙江警察学院、江苏警官学院、北京警察学院、新疆警察学院、中国刑事警察学院（以下简称刑警学院）、湖北警官学院、中国人民警察大学、河南警察学院、吉林警察学院。其中，中国人民公安大学是最早开设该专业的公安院校，在2008年开始招收第一批涉外警务专业本科生。各校增设涉外警务专业的年份不一，江苏和浙江是2012年，北京和新疆在2013年，刑警学院和湖北则分别在2014年和2016年，河南警察学院是2021年经教育部批准增设的涉外警务专业，同年开始招生，吉林警察学院是2022年获批新增的涉外警务专业。根据网上公布的2022年各校普通招生计划，10所院校中除了新疆警察学院和吉林警察学院之外，其他8所院校的涉外警务专业都在招生。在2019年，公安大学招生计划是210人，刑警学院招收84人，浙江、江苏和湖北都招收50人，北京招收40人。2022年，招生规模较大的有中国人民公安大学、中国人民警察大学，省属院校中浙江警察学院和湖北警官学院的招生规模扩大明显，浙江警察学院除了省内80个招生计划外，在省外还招收50名涉外警务专业的本科生。全国公安院校涉外警务专业的基本情况详见表3-4。

表3-4　**全国公安院校涉外警务专业基本情况汇总**

编号	学校名称	专业获批时间	是否招生	招生人数		是否国家一流专业
				2019年	2022年	
1	中国人民公安大学	2008	是	210	135	是
2	江苏警官学院	2012	是	50	50	否
3	浙江警察学院	2012	是	50	130	是
4	北京警察学院	2013	是	40	40	否
5	新疆警察学院	2013	否	无	无	否
6	中国刑事警察学院	2014	是	84	80	是
7	湖北警官学院	2016	是	50	100	否
8	中国人民警察大学	2020	是	无	124	否
9	河南警察学院	2021	是	无	44	否
10	吉林警察学院	2022	否	无	无	否

从 2008 年涉外警务专业在公安大学首次设立到 2021 年底，13 年时间内共有 10 所公安院校成功申报了该专业，8 所院校招生培养专业人才，1 所院校同时开展了研究生教育。在 20 个公安学类本科专业中，相对于公安传统专业，涉外警务专业的招生院校和招生规模所占比例不大，专业人才培养起步晚。而且，除中国人民公安大学外，其他几所公安院校是在 2012 年后才开设该专业，也就是说，公安大学的涉外警务专业“一枝独秀”经营四年后，其他院校才开始进行相应的人才培养，至今近十年时间。这对人才培养、专业建设和课程建设而言，时间不算充裕，成果还不算丰厚，研究的广度和深度以及投入的力度都有很大的发展空间。当然，经过多年的建设和努力，各院校取得了一定的成绩，有 3 所学校已经将涉外警务专业成功申报为国家一流专业建设点。

（2）涉外警务专业的培养目标①

涉外警务专业的专业定位和培养目标并没有在各个学校之间完全达成基本共识。根据调研收集掌握的资料来看，截至 2019 年底，当时招收涉外警务专业的 6 所公安院校的培养方案、培养目标以及课程设置有重合交叉的内容，但各自侧重点还是明显有区别（详见表 3-5）。

表 3-5　**涉外警务专业培养目标和主要课程表对照表**

学校名称	培养目标	主要课程
中国人民公安大学（2008 年设立涉外警务专业，2019 年计划招生 210 人）	培养忠诚可靠、纪律严明、素质过硬，具有较强的社会责任感、法治意识、科学素养、创新精神和公安实战能力，熟悉党和国家的路线、方针、政策，系统掌握涉外警务专业的基本理论、基本知识、基本技能及初步的研究方法，具有全球视野，通晓国际规则和职业发展潜力，能够在公安机关从事涉外警务工作以及在其他政法机关从事相关工作的应用型高级专门人才。	涉外警务法律基础、国际移民概论、出入境证件制度与证件鉴别、边防检查概论、涉外案（事）件处置、公安外国人管理、国（境）外出入境管理制度、出入境边防检查信息系统、维和警务、国际警务执法合作、跨国犯罪对策、国际反恐战略与对策、边境管理学、中外警察执法比较、国际法律文件选读、警务英语视听说、警务英语阅读与翻译、国际关系与外交概论、涉外警务人文地理等

① 资料数据来源各校官网，调研收集到的培养方案，时间截止到 2019 年 12 月。

续表

学校名称	培养目标	主要课程
中国刑事警察学院（2014 专业获批，2019 年招生计划 84 人）	根据社会和公安机关对人才的需求，依托学院侦查学、刑事科学技术等学科专业优势，培养适应新时期社会主义建设需要，政治坚定，作风优良，具有良好的科学素质、人文素质与警察基本素质，具有扎实的法学、公安学基础理论知识，具有较强的实践能力和较高的外语水平及跨文化交际能力，能在公安机关及政法领域独立从事出入境管理、边防检查、涉外案件办理和国际警务合作活动或教学科研工作的高级应用型专门人才。	涉外警务概论、涉外案件处置、出入境管理、国际司法与警务合作、中外司法制度、中外警察执法比较、在华外国人管理、出入境边防检查、证照检验、国际关系、刑事案件侦查、侦查措施、犯罪现场勘查、刑事科学技术、查缉战术、国际法、刑法、刑事诉讼法、英语听力、英语口语、英语精读、英文写作、警务英语、英语翻译等
浙江警察学院（2012 年专业获批，2019 年招生计划 50 人）	培养拥护党的基本路线，系统掌握涉外警务与执法合作所必需的基础理论、基本知识、基本技能，具有较高的英语听、说、读、写能力以及警务专业英语知识背景，具备从事涉外警务与执法合作工作所需的实践能力和初步研究能力，适应公安机关需要的德、智、体、美全面发展的高素质、复合型、国际化卓越警务人才。	出入境管理、国际警务执法合作（双语）、国际法（双语）、国际关系学、外交学概论、当代世界警务比较（双语）、犯罪学（英语）、刑事司法系统导论（英语）、刑事司法研究方法概论（英语）、刑法基础（英语）、警务体系与实践（英语）、被害者研究（英语）、犯罪、司法和社会多样性（英语）、联合国维和概述（双语）、非传统安全概论、国际反恐形势及政策等[2]
江苏警官学院（2012 年专业获批，2019 年招生计划 50 人）	着重培养政治坚定，忠于党、忠于祖国、忠于法律、忠于人民，具有良好职业素养、科学素养和人文素养，熟悉党和国家的路线、方针、政策，掌握本专业基础理论、基本知识与基本技能，具备开展涉外警务管理的职业核心能力，既能适应基层公安工作，又能参与国际警务合作的“忠诚、勇敢、智慧、奉献、廉洁”的应用型高素质专门人才。	中外警察执法比较、国籍与出入境管理、中外移民理论与实践、涉外案件办理、跨国犯罪研究和国际警务执法合作等

续表

学校名称	培养目标	主要课程
北京警察学院（2013年专业获批，2019计划招生40人）	培养德、智、体全面发展的，忠于祖国、立场坚定，能够胜任跨国文化的沟通和管理，能运用国际法、国际警务合作机制处置涉外案（事）件等国际性问题的复合应用型的本科警务人才。	出入境管理学、涉外案（事）件处置、国际警务合作、国际大型活动安全保卫、国际移民概论等
湖北警官学院（2016年专业获批，2019招生计划为50人）	培养适应社会主义现代化建设需要，德、智、体、美全面发展，忠于党和人民，具有社会主义法治理念，严格的组织纪律观念和良好的职业道德素养，具备扎实的涉外警务基础理论和基本知识，具备出入境管理、涉外案件查处、国际警务执法合作等方面专业技能，具有较高外语水平，能在公安机关及相关执法部门从事出入境管理、维和警务、国际警务联络、涉外案件查处等工作的应用型专门人才。	国际关系与外交概论、警务英语视听说、警务英语阅读与翻译等。专业主干课程有涉外警务总论、涉外警务法律基础、边防检查概论、出入境管理、跨国犯罪与防治、维和警务、国际警务执法合作、涉外案件处置等

从表中可以看出来，6所招收涉外警务专业的公安院校的培养目标存在明显的不同，职业化的特点并不突出，体现出专业特色职业化目标的共性培养标准不够明确，人才培养的规格具有差异性。首先，在培养方案的培养目标中明确提到“职业”这一词汇的只有三所院校：公安大学、湖北警官学院、江苏警官学院。三校表述不同，分别使用“职业发展”“职业道德”和“职业核心能力”，对其内涵并没有进行解释说明，对职业化要求、职业特点也没有进行全面、清晰的表述和界定。其次，培养目标中对学生应具备的知识、技能和能力并没有一个统一的共性标准，尤其是在与职业密切相关的必备能力方面，没有达成共识，少有院校对职业核心能力的内容进行了诠释。最后，人才培养规格具有差异性，对毕业生从事工作岗位定位不同。公安大学、刑警学院和湖北警院的定位接近，是培养在“公安机关或者其他政法机关（领域、执法机构）的应用型专门人才”。浙江警院是适应“公安机关需要的卓越警务人才”；北京警院是培养“能够胜任国际性问题的警务人才”；江苏警院则是“既能适应基层公安工作，又能参与国际警务合作的专门人才”。其中提及“公安”“政法”部门以及“警务”“基层公安工作”与“国际警务合作”等工作表述，其标准不一、层次不清、职业化特色不凸显。培养目标对

人才培养模式具有引导作用，目标不同会导致各校在课程设置、修业要求和培养重点上存在差异，从而造成各校人才培养质量参差不齐。

二、综合评价体系存在的问题

公安院校都制定了教学管理办法，出台相关教学评价办法，也作了改革尝试。但是评价体系的淘汰机制缺位，现有的评价标准不高、制度不全、内容不细。对“培养什么人”和“怎么培养人”标准还不够科学、全面，对人才培养规格的精细化程度不够高。

（一）淘汰机制缺位

根据人社部发〔2015〕106号文件，公安院校的公安专业学生参加全国统一联考，为其进入公安机关提供更多便利条件，畅通了就业渠道提供了入警就业保障。但是，该制度带来的弊端也日益突出，招录改革解决了出口瓶颈，却没有建立科学严格的考核淘汰机制以确保人才培养质量水平。

根据调查了解，在教育部取消清考制度之前，有的院校为了保证学生的毕业率，在临近毕业的特殊时期，放松对学生的要求。对缺课、不在校、不参加考试等行为，不但没有惩罚措施，甚至还出现倒挂现象，学生不着急考试，对能否顺利毕业不上心，反而是辅导员着急，一直催促学生参加补考。并且，学校提供的补考机会不止一次，补考试卷质量不做严格要求，其目的就是为了完成毕业率的指标。无限制地降低要求，必须保证所有学生都毕业的情况，这种情况下培养出来的公安后备人才质量堪忧，对公安队伍的长期发展和建设十分不利。这种本末倒置的教育管理方式，加上淘汰机制惩戒制度的缺位，不但无法培养出优秀毕业生，更不可能培养出优秀的警察。

尽管学校都制定了相关学业修业管理规定，其中惩罚机制并没有真正发挥作用。公安院校的公安专业在校接受警务化管理，也有各类课程考核，但无论是日常行为操守，还是课程考核的要求都不高，相对普通高校，公安院校的学生毕业淘汰率基本没有，学生的学业压力不大。在就业基本有保障的情况下，还产生一系列的问题。首先，学习动力不足，难以全面发展。学生进了“保险箱”后缺乏深度学习的动力，对知识的渴望和追求不积极，导致知识面不广，视野不够开阔，综合素质不高，发展潜力和后劲不足。第二个弊端是专业学习不精。联考制度导向下，一张卷子一个分数定前途，学生只追求毕业前的联考成绩，对专业知识分类对待，淡化与联考无关的课程学习，使得专业不专，学业不精，难以达成人才培养目标。第三个弊端是奉献精神不足，对公益类事务的关注淡漠，对与联考无关、不利的事情一律“事不关己高高挂起”，无心班级集体事务，成为典型的“精致利己主义者”，这与培养“以人民为中心”理念的人民警察相去甚远。

（二）现有评价制度存在的问题

现有的评价制度主要存在以下问题：

第一，评价对象单一。在评价对象方面，将“评价”替换成立“评教”。公安院校由于要接受教育部本科教学质量的评估考核，因此都非常注重教学质量的监督，但是这个监督主要是侧重于对教师教学质量的评价，以保障教师的教学质量与水平，对学生的综合评价则比较少，因此评价的对象知识只是重视了“教”，轻视了“学”。

第二，评价主体不够权威。在评价主体方面，多以学校教学督导团、学生为主。督导团的成员构成各校不一，多以退休教师和在校老师兼职组成，但是对教学督导的遴选资质并没有明确的标题，督导是否帮助教师提升了教学水平，加强了教学管理，也没有相应的评价考核标准，有的更多是为了督导而督导，完成学时和形式就可以。学生对老师的评价，多数学校采取学生全员评价教师授课，舍去最高和最低分的方式来保证结果的公平，而有的学校在此基础上优化学生评价办法，选择成绩好的学生群体来给老师评教，以保证评教的公平和公正，让评教分数更有可参考意义。这两个不同的评教主体和评教模式都不能起到专家评价的作用，对一门课程一个老师的教学评价，缺乏同行专家的评价维度。

第三，评价标准不够细致和严格。公安院校的评价内容主要包括教学和科研，科研可以通过文章、项目、著作等来量化，但是教学评价则主观因素更多，主要涉及考勤、课堂纪律、警容风纪，教学方法和手段、板书等方面，很少涉及具体的教学过程指标，比如课堂语言的使用、课堂的组织、教学的设计、学生掌握程度、知识内容的拓展更新等。评价标准不够严格，对评价指标分类不够细致，对评价的把控不够科学和严谨，最终导致评价意义不大。评价体系的引导性作用自然无法有效发挥。

第四，实践教学评价缺失。公安院校的实践教学环节对于职业能力的培养非常重要，基本都有课内实训、校外参与社会实践活动，以及统一安排的实习教学。无论是校内的实训，还是到校外实习基地进行集中实习，这种实践教学是否产生了设定的育人效果、效果具体如何，锻炼提升了哪些实践能力，由于缺乏相应的评价指标体系来衡量则不得而知。实践教学在哪些方面还需要进一步改进，以后从哪些方面去弥补，也无从实现，有效评价的缺失使得实训和实习很容易成为一种“走过场”或“走形式”的活动。

三、课程体系与设置上存在的问题

课程体系是指按照各专业所设置课程相互间的分工与配合而构成课程系统。课程体系是人才培养的基础，也是人才培养差异的具体体现。一般来说课程体系包括基础课程和专业课程、理论课程与实践课程、选修课程和必修课程等。尽管目前公安本科院校已经有 25 所，但是整体在人才培养理念上与高水平本科教育要求还有一定的差距，现行的培养模式不能满足培养未来社会对高素质警务人才的需求。

（一）课程体系存在的突出问题

1. 基础课程相对薄弱，厚基础宽口径体现不明显。对通用基础知识类课程和专业类课程的开设门数和学时学分的比例科学性不强，普遍存在强调专业和方向、削弱通识与基础的倾向，学生的综合能力培养力度不够，人文和自然科学基础知识都较薄弱，在“上手快”和“后劲足”之间不能寻求到好的平衡。对培养方案的制定、修订，课程体系的设置缺乏深入和广泛的论证、研讨，重视必修课忽视选修课。选修课板块的课程，尤其是基础课类别的公共选修课的课程开设多流于形式，满足于形式上的学分条件，并没有真正起到提升人文科学、社会科学、自然科学和艺术素养的人才培养目的。

2. 特色课程模块不突出，职业化专业化体现不明显。课程的开设较多采用学科型课程结构，课程类型并未按照专业进行“模块式”细分，理论课与实践课、基础课与专业课呈现“大杂烩”的布局。不同公安专业的基础课程的共性与个性没有区别，专业课程也缺乏特色，警察职业化和专业化的体现不明显。在专业课程中，没有按照分级递进，即“从事公安工作的职业基础能力”“从事公安业务工作的职业通用能力”“从事专业岗位的职业核心能力”的思路设置课程体系来，较少开设体现学校服务面向和办学定位的课程，如带有地域特点、时代热点、警务前沿的专业课程模块，难以凸显人才培养课程的精细度与科学化。

3. 课程设置相近，专科本科区别不明显。本科教育与专科教育是两个层次的高等教育，理论上讲，二者的人才培养目标、规格，以及与之相适应的课程体系应当具有明显的区别。本科教育以学科体系为中心构建专业课程体系，而专科教育一般以工作任务为导向构建专业课程体系。然而，很多升本后的公安本科院校与原来在公安专科学校时期相比，关于人才培养目标与课程体系的描述并没有明显的层次感，课程设置并没有太大区别。现在还同时承担本科和专科教育的公安院校，在课程设置和教学模式上也没有明显区别。

（二）课程设置问题的具体分析

课程是人才培养的关键所在，是培养人才的主阵地。目前我国 25 所本科院校开设了 35 个公安本科专业，包括 23 个公安学类本科专业和 12 个公安技术类本科专业。不同院校培养同一专业人才时，在课程体系和设置上应求同存异，兼顾共性要求和个性需求，以保障人才培养的通用标准和各校特色。可是当前各个专业的人才培养标准不清，培养规格上有明显不同，共性特征不明，个性特征不突出。下面以治安学专业和涉外警务专业为例展开具体分析。

1. 治安学专业课程设置的主要问题

以治安学专业为例，以前文提到的 21 所开设治安学专业的本科院校的培养方案为依托，对课程设置进行比较分析。

在课程设置上，各个公安院校按照必修课和选修课（有的称为拓展课）分别开设，从课程类别上大致分为通识类（有的称为公共基础类或平台、职业核心素养），专业基础类（有的称为法律基础类、核心知识结构）和专业课（有的称为专业主干课、专业核心课、核心职业能力）三大部分，除此之外各校都设有专门的实践环节。第一，学分和学时的区别较大。首先，毕业学分的要求差距大。重庆警察学院最高，要求修满 186 学分方可毕业，而河南警察学院毕业学分却是 136.5，二者的差距为 49.5 学分。另外，学时也有较大不同。比较必修课的学时，最高的广西警察学院与最少的浙江警察学院相差 1526 学时。因为有的学校选修课只有学分，没有学时要求，比较选修课的学分比，最高的浙江警察学院达到 40%，辽宁警察学院以 7.06%位列最低，两校相差接近 33 个百分点。同样的四年学制，学时和学分要求差距如此之大，是不应该出现的现象。各校之间的差距应该控制在合理的范围之内，以保证人才培养质量的一致性。

第二，课程门数设置不同。与学时和学分相呼应，广西警察学院是开设必修课门数最多的学校，有 49 门，而浙江警察学院仅 26 门。另外，从选修课开设门数看，北京警察学院开设 135 门选修课（120 门通识选修，15 门专业选修），是开设选修课门数最多的学校，其次为湖北警官学院，开设 56 门选修课要求选满 200 学时，根据教学计划学时显示，推算应选 7 门。然而，需要注意的一点是，开设选修课门数多，并不意味着在毕业学分（学时）中占有较高的比例，北京警察学院的选修课在总学时中的比例为 19%，湖北警官学院的选修课的学时比例为 9.78%，对选修课真正作出较高比例要求的是浙江警察学院，学时比达到了 51.73%。不同的课程，培养的人才规格自然也不同，这也是同一专业人才培养缺乏相应的基本要求而导致的结果。

第三，课程层次不清晰，名称不统一

综合性高校的治安学专业课程较多添加了侦查学的课程以弥补，专业的特色凸显不足。而公安类高校的专业课程虽然开设较多，但是存在课程层次不清晰，开设顺序不合理，部分内容交叉，相互间缺乏逻辑衔接等问题。例如，有的学校在学生实习后再开设专业课，有的是先开专业课再开设法律课程，这都不符合课程设置的逻辑顺序。再如，涉及人口管理的内容至少在“公安人口管理”“社区警务”“涉外警务”三门课程中出现，“治安勤务”的内容与警务技能类课程也存在交叉，如果对课程内容进行整合，学生明显感觉重复。课程名称部分，如专业课中开课数量排第二的“治安案件查处”课程。在 21 所开课学校中，分别有 1 所学校的课程名称是“治安案件调查”“公安行政案件查处”，2 所学校是“治安案件调查与处理”。作为一个主要的治安学专业课程名称不应该有明显的出入。

从专业课的设置来看，治安学专业课程主要围绕治安管理业务展开，主干课程的变化不大，无论是课程设置，教材体例，还是教学方式，在职业能力的培养和思维能力的拓展上都还有明显不足。而且，还存在课程名称不统一，选修和必修比例差距较大的情况，导致人才培养的差别也较大。选修课和专业课可以体现出学校对学生职业能力和知识的培养。从 20 余所院校治安学培养方案分析发现，选修课比例在各校差距较大，浙江警察学院选修课的学时比达到了 51.73%，最低的是湖北警官学院 9.78%，二者相差 41.95%，按学分比计算，两校差距也在 32.5%。再看专业课的比例，专业课（含选修）在总课时（学分）中占比 30%以下的学校有 6 所，30%~40%的有 5 所，50%~60%有 6 所，60%~70%有 3 所。16 所学校的专业选修课在选修课中占 50%以上，3 所学校在 40%~50%之间，1 所学校在 10%以下（详见表 3-6）。由此可见，课程的设置比例各校认识差距较大，对人才培养的目标、定位、职业核心素养等关键要素并没有达成统一。专业课和实践教学是职业核心能力和知识培养的主要体现，通识课是学生人文素养和综合能力的培养基石，其比例分配如何才合理，课程开设怎样才能满足职业核心素养培养的要求，都是需要认真思考的问题。

表 3-6　**治安学专业课程比例表**

序号	学校	选修课学分比	专业必修课 比例（在必修课中）	专业选修课 比例（在选修课中）
1	西北政法大学	21.35%	56%	60%
2	青海民族大学	21.25%	59%	67.00%
3	西南政法大学	27.5%	46%	50.00%
4	华东政法大学	18.75%		
5	铁道警察学院	17.61%	22%	64.00%
6	森林警察学院	16.22%	72%	47.00%
7	公安大学	20.45%	26.85%	66.67%
8	北京警察学院	16%	34%	42.86%
9	上海公安学院	12.5%	58%	61.90%
10	重庆警察学院	12.9%	30%	50.00%
11	四川警察学院	14.63%	29%	66.67%（学分）
12	浙江警察学院	40%	72%	51.52%（学分）； 52.11%（学时）
13	江苏警官学院	22.22%	30%	66.67%（学分）

续表

序号	学校	选修课学分比	专业必修课比例（在必修课中）	专业选修课比例（在选修课中）
14	河南警察学院	21.61%	20%	66.10%（学分）；58.48%（学时）
15	湖南警察学院	17.8%	44%	64.29%（学时）
16	辽宁警察学院	7.06%	25%	66.67%
17	广西警察学院	9.55%	21%	9.55%
18	山西警察学院	13.61%	38%	70.00%
19	云南警察学院	17.22%	59%	41.94%
20	贵州警察学院	11.76%	47%	50.00%
21	湖北警官学院	7.5%（未做规定，折算）	50%	

对专业核心（主干）课进行分析，能更加凸显各校对治安学专业职业核心能力的认识。21 所学校一共开设的专业课 30 多门，其中 10 所及以上院校都开设的治安学专业核心（主干）课程有 8 门，分别是治安学导论，治安案件查处、公共安全危机管理、治安秩序管理、公安人口管理、危险物品管理、社区警务、涉外警务。部分学校开设的课程有 6 门，分别是安全技术防范、保卫学、治安勤务、消防管理学、社会治安防控、道路交通管理概论。这些基本都是传统的治安学课程，对新的治安问题涉及不多。而且即便是大家基本认同的专业核心课程，课程名称不统一的问题十分突出。以“治安案件查处”课程为例，有 4 所学校使用“治安案件调查”“治安案件调查与处理”“公安行政案件查处”名称。再以“治安秩序管理”课程为例，有三所学校分别使用了“行业场所管理”，“场所行业管理”，“公共秩序管理”作为课程名称。而“公安人口管理”课程，有 4 所学校使用“户政与人口管理”名称（详见治安专业核心课程表）。由此可见，同一专业的人才培养，因为课程设置的不同，人才培养质量区别会很大。而且，从课程中没有看出对学生职业素养和统一认识和突出培育。治安学专业核心课程在各个高校开课数量详见表 3-7。

表 3-7　　　　**治安学专业核心课程开课情况**

序　　号	课 程 名称	开课学校数量
1	治安学导论	21
2	治安案件查处	20

续表

序　号	课 程 名称	开课学校数量
3	公共安全危机管理	19
4	治安秩序管理	17
5	公安人口管理	14
6	危险物品管理	14
7	社区警务	13
8	涉外警务	10
9	安全技术防范	9
10	保卫学	8
11	治安勤务	6
12	消防管理学	6
13	社会治安防控	5
14	道路交通管理概论	5

2. 涉外警务专业课程设置的主要问题①

《公安学类教学质量国家标准》规定涉外警务专业的专业课程应涵盖涉外警务导论、涉外警务法律基础、涉外案（事）件处置、出入境证件制度与证件鉴别、国际警务执法合作、中外警察执法比较等知识和技能单元。以前文所提收集到的9所开设涉外警务专业的公安院校为例，专业课程的设置与国家标准相距较大，《涉外警务导论》没有学校开设，《涉外警务法律基》础和《出入境证件制度与证件鉴别》都只有2所学校开设。6所院校都开设的专业课程只有“国际执法合作”一门课程，“出入境管理”“涉外案件查处”各有5所院校开设，“国际关系与外交概论”和“中外警察执法比较”有3所院校开设，另外各有1所学校开设相近课程“国际关系”和“当代世界警务比较”。可见，国家标准的规定并没有成为6所院校专业课程的权威范本，各校根据自身的情况对专业课程进行了设置，六校共有专业课20多门，公安大学和浙江警院数量最多。专业课程开设情况的统计见表3-8。

① 资料及数据来源是各学校官网，以及调研收集到的涉外警务专业培养方案，截止时间是2019年12月。

表 3-8 **涉外警务专业的专业课程开设情况统计**

序号	课 程 名 称	数量	其中类似的课程名称和数量
1	国际警务执法合作	6	国际司法与警务合作（1）
2	出入境管理	5	国籍与出入境管理（1）
3	涉外案件处置	5	涉外案（事）件处置（2），涉外案件办理（1）
4	中外警察执法比较	4	当代世界警务比较（1）
5	国际关系与外交概论	4	国际关系（1）
6	跨国犯罪对策	3	跨国犯罪与防治（1）；跨国犯罪研究（1）
7	维和警务	3	联合国维和警务（1）
8	国际移民概论	3	中外移民理论与实践（1）
9	边防检查概论	3	出入境边防检查（1）
10	涉外法律基础	2	
11	涉外警务总论	2	涉外警务概论（1）
12	出入境证件制度与证件鉴别	2	证照检验（1）
另有十余门课程只有一所公安院校开设，公安大学和浙江警察学院各约有5门以上特色课程。			

专业课程的开设门类是一方面，更为突出问题是课程内容之间的重复交叉现象，部分内容在不同课程中多次出现。例如，出入境管理的内容，在“出入境管理”“在华外国人管理”“边防管理”中都有涉及；“涉外警务概论”“涉外警务总论”与“涉外法律基础”课程中都要讲授国籍、涉外案件等内容。“涉外案件处置”与专业基础课程中的一些内容也会有重复。尤其是“涉外警务总论”课程，第一，“总论”与“概论”是否一样，能否与“导论”画等号，课程名称有待商榷；第二，目前从教材和教学内容来看，都没有脱离公安实务工作来谈该门学科专业的前沿理论研究，也没有太深厚的学科基础积累内容，主要还是以涉外警务工作为主，它与后面所开设的多门专业课程都有交叉，没有起到真正的专业课“导论”的引导作用。课程名称上的混乱、内容的重复，讲授上的单调，必然导致学生在学习中失去兴趣，缺乏活力，丧失学习的能动性。

课程体系不同，人才定位不同，必然采取差异性的培养方式，进而导致培养规格和培养质量上的差距。六所院校中，条件好的院校已经采取中外合作办学的方式，学分互认，涉外警务专业学生可以同时得到中外学位。例如浙江警察学院涉外警务专业与美国和韩国合作，学生第一、二学年在国内接受基础课程及部分专业课程学习，其中第二学年由外教讲授部分专业课程；第三学年通过托福考试选拔部分学生赴美国山姆·休斯敦州立大学刑事司法学院学习一年；通过韩语等级考试选拔部分学生赴韩国顺天乡大学国际学院学习一年，第三学年暑期赴公安机关实习。刑警学院与英国和澳大利亚合作，采取“2+1+1 人才培养模式”，涉外警务专业学生入校后在学院学习两年基础课程，然后到英国奥斯特大学或澳大利亚查尔斯特大学留学一年，再回到学院学习一年专业课，毕业后获得国内外两个学士学位①。公安大学也采取交换生、国际班等方式加强国际化办学，与韩国警察大学和加拿大英属哥伦比亚省刑事司法学院建立合作关系。浙江警察学院涉外警务专业经过多年的经营，已经成为“十二五”省级普通本科高校新兴特色专业，并依托国家级“国际警务合作人才培养模式创新实验区”，采取“以卓越国际警务合作人才培养为目标，以中外合作、校局合作为培养方式，以国际化师资团队为保障，以国内外警务实习基地为平台”的学科交叉、多元文化、多导师制的人才培养新模式，辐射该校整体的教育工作，推动了公安教育国际化的步伐，取得很好的示范作用。有的学校还没有建立常态化的国际合作办学机制，只能利用现有条件让学生参与对外交流，如外警培训交流座谈，形式较为单一，时间较为短暂，效果不够明显。在各校培养目标不一，培养规格缺乏基本标准的情况下，院校之间在培养方式上的视野、观念、做法差距日益加大，人才质量不均衡的差异日趋明显。

四、教材建设方面存在的问题

教材是教学的保障和载体。教材建设目前主要存在以下几个问题：一是教材内容落后于警务改革的步伐，内容普遍陈旧；二是理论体系和学术水平不能满足公安实战工作的需要，教材体系老套，内容缺乏创新；三是与公安实战脱节，对实战工作的总结提炼升华不够，不能满足实践教学需求；四是新业态的教材形式少，配套的教辅教参以及实训项目空缺。

公安部政治部在 2014 年组织了公安院校本科教材的编写工作，距今也有好几年的时间，教材已经远远落后于公安机关深化改革和创新的节奏。以涉外警务教材为例，当时浙江警察学院牵头主编了《涉外警务》教材作为全国公安高等教育（本科）规划教材，但是这一本教材无法满足涉外警务专业的人才培养，缺乏系列教材的支撑，只能作为非涉外警务专业的公安专业使用。由于涉外警务专业起步晚，学科基础薄弱，研究成果较少，教材建设相对于传统公安专业也明显存在不足。以开设数量排名第一的“国际警务执法合作”课程为例，该课程得到六所院校的一致认可，却没有统编教材，基本都是各校自编教材或讲义授课。“涉外案件处置”作为核心专业课程，同样没有统编教材，笔者所在院校在今年开设该课程，一度为教材所困，到处寻找查询适合的教材，屡屡受阻。目前，全国性的规划教材

① 苏可馨、耿梅英：《我国高级涉外警务人才培养存在问题及改进办法探析》，载《理论界》2017 年第 12 期。

主要有两种，一是公安部组编的全国公安高等教育（本科）教材，与涉外警务相关的主要有《涉外警务》《出入境管理学》，由中国人民公安大学出版社出版；二是中国高等教育协会的普通高等教育“十二五”应用型本科规划教材，有《公安外国人管理》《国际移民概论》《涉外警务法律基础》三本，由中国人民大学出版社出版。这些统编教材在实际中也并没有真正被各校全部采用。自编教材中，浙江警察学院以双语教材为特色，自编了《涉外警务与执法合作》《中美警务比较》等双语教材①；中国人民公安大学、中国刑事警察学院、江苏警官学院也都自编教材和讲义授课。湖北警官学院采取的方式是，有全国统编教材尽量选用统编教材，没有统编教材的课程逐步启动自编教材编写，并且已经将涉外警务专业的专业课教材全部纳入了学院规划教材编写计划之中。

总体来看，各校在涉外警务专业的人才培养中，专业课教材建设明显不能满足职业化的需求，自编教材虽然可以满足教学，但是毕竟缺乏统编教材的权威性和认可度。

五、师资队伍方面存在的问题

师资队伍的水平直接关系教学质量，目前公安本科院校高职称、高学历师资总体数量不足，师资队伍的学历、年龄、职称等结构与公安本科教育需求不匹配，短板主要体现在以下两个方面：

第一，公安专业的师资队伍不够强大，尤其是双师型教师明显不足。

公安院校的教师公安专业知识与实战经验相对匮乏。目前国内还没有一所专门培养公安院校师资的院校或专业，公安院校公安专业师资绝大多数都是来自地方院校非公安专业，他们通过下派锻炼或进修后，开始主讲公安专业课程，其公安基本理论知识和实战经验明显不足。即使在警务实践期间，公安专业的教师并没有真正深入到公安实战工作一线，由于各种原因，公安实战部门也并没有把交流的教师当作自己真正的一员，教师难以真正融入一线岗位体验专业相关的实战工作。缺乏警察职业素养的老师，不仅仅对公安专业知识和能力的把握不会很牢固，主要是在教学过程中引领现代警务理念创新、塑造学生的警察意识职业素养、培养公安应用型人才等方面还不能很快适应“教、学、练、战”一体化人才培养模式的要求。同时，教师的教育理论知识与教学技能不足。公安本科院校从公安实战单位遴选的驻校教官因为缺乏专门的教育理论知识与教学技能训练，其专业知识与能力的传授以经验分享为主，其教学水平和实践指导能力不适应职业化应用型公安专业人才培养要求。而且，公安机关与公安院校的双向交流机制不畅，基层公安机关专家到校担任驻校教官在机制上尚未理顺，驻校教官在选拔任用、职称评定、管理考核、相关

① 金诚：《国际警务合作人才培养模式的构建与实践》，载《公安教育》2013年第2期。

待遇等方面的制度措施还没有具体落到实处。目前仅有少数公安院校将驻校教官制度执行落实到位，给予了相应保障，驻校教官在学校能承担常规性的教学任务，真正实现了校局合作的融合共建共育。

以涉外警务专业为例，该专业教师绝大多数起源于治安学专业，从治安系中发展而来，如中国人民公安大学、浙江警察学院、河南警察学院；中国刑事警察学院将机构设在公安情报学系下，从侦查学专业发展而来；江苏警官学院是依托公安行政管理专业开展建设。湖北警官学院则最初是在英语教研室基础上筹建国际警务教学部，从英语专业开始，然后再申报获批涉外警务专业。成立专门的国际警务系后，从治安系和法律系抽调业务教师与原来的英语教研室共同组成专业系部。由于涉外警务工作具有特殊的职业性，既要懂传统公安业务知识还要能处理涉外事务，对师资的要求更高更全面，单纯具有治安、侦查、法律或英语专业背景的教师不足以应对教学需要。具有出入境管理、边防检查、涉外案件查处和国际警务执法合作经历的双师型教师才是提高人才培养质量迫切需要的人才。公安系统现行的教官制和双向交流机制，在实施中由于体制上的瓶颈和现实中的障碍等因素，实际效果一般，教师下派或警务实践浮于表面，难以深入公安一线；实务部门的警察缺乏政策红利和保障，到公安院校任教的积极性不高，难以形成长效、常态、科学的教官轮换机制。公安机关的移民管理（出入境管理）部门主要负责具体的涉外警务工作，该警种数量和机构规模在公安系统中所占比例不大，也造成事实上的教官缺乏问题。因此，基于职业化和专业化的要求，涉外警务专业的师资队伍建设任重道远，专业教师能“涉外”会“警务”，胜任专业课的课堂教学同时还具备较强的公安实务能力，可以开展涉外警务工作相关的实战教学。

六、专业设置方面存在的问题

公安院校的专业设置问题也客观存在。在 2012 年教育部颁布的《普通高等学校本科专业目录》中（以下简称《本科专业目录》），公安学一级学科下设置了治安学、侦查学、犯罪学等 15 个专业（二级学科），这些专业都是开设时间较长的专业，如治安学、侦查学、刑事科学技术等。整体来看，专业设置过细，内容重叠，如以管理学为基础，设置边防指挥、消防指挥、公安管理学、警务指挥与战术等 4 个专业；以侦查学为基础，设置侦查学、技术侦查、经济犯罪侦查、禁毒学和警犬技术等 5 个专业。这样的专业划分方式口径过窄，内容交叉重复，不仅与目前公安机关大部制、大警种制改革的要求相背离，也不利于公安高校学生就业和专业发展。

从 2015 年到 2017 年，全国新设了技术侦查学、海警执法 2 个公安学类本科专业，消防海警舰艇指挥与技术 1 个公安技术类专业。2018 年到 2021 年的三年时间内，一共新增设了 8 个新的本科专业，其中公安学专业新增了 6 个专业，公安技术类新增加了2个专业。6个公安学专业分别是公安政治工作、移民管理、出入境管理、反恐警务、消防政治工作、铁路警务，2个公安技术类专业分别是数据警务技术、食品药品环境犯罪侦查技术。多申请专业可以提高学校的综合实力，还有机会成为全国优秀公安院校，在政策、财政等方面得到更多支持。但是，应该科学合理慎重地确立公安学一级学科下各专业，一个新专业的设置，应该经过充分论证，即公安院校组织专门机构深入公安一线调研，邀请相关专家学者和公安政法界领导共同、多维度展开多轮的论证。

从目前专业设置的情况和趋势来看，学界还没有建立规范的与时俱进的学科体系，对公安学、公安技术下二级学科研究不足。现有的公安专业是否都是必需的，是否存在人才培养的重复、交叉困扰，对现实中的系列问题缺乏调查研究，目前还远远没有做到优化公安本科专业结构为开办新兴专业奠定基础，没有对公安高等教育沉下心来做细致认真地研究探讨和论证，还不能按照知识分类的逻辑与公安工作的需求科学划分二级学科，需要在今后的工作中加强与其他学科交叉、融合，寻找学科新的增长点，科学设置公安专业。

综上所述，各类问题交织后导致公安院校的人才培养质量并不能满足日益发展的时代要求，与新时代公安改革发展不能匹配，公安专业毕业生的职业发展后劲不足，知识面不广，面对各类新型犯罪和社会问题在处理时，知识储备不足，尤其是信息素养严重滞后，不能满足现代信息化高速发展的步伐。学生的知识、能力和技能不能通过学习、实训在四年期间并没有得到很好的锻炼，某些方面还存在明显不足。通过长期的教学经历反馈，发现很多学生在毕业前的综合模拟实训、毕业论文制作过程中，明显存在对基本的电脑办公软件操作不熟，对信息收集、检索、分析和研判的能力不够，对新型犯罪行为的了解不够，对案件办理的全流程掌握不够，对现场执法处置的程序细节把握不尽如人意。这些现象都是上述问题的综合后果，需要积极探索寻找解决路径。

第四章　公安教育发展面临的时代背景与挑战

第一节　总体国家安全观与公安教育

总体国家安全观是习近平新时代中国特色社会主义思想的重要内容。党的二十大报告首次以专章阐述和部署国家安全，充分彰显新时代国家安全在党和国家工作全局中的重要地位，也为新征程的国家安全工作提供了根本遵循。党的二十大报告明确指出：国家安全是民族复兴的根基，社会稳定是国家强盛的前提。必须坚定不移贯彻总体国家安全观，把维护国家安全贯穿党和国家工作各方面全过程，确保国家安全和社会稳定。公安机关是维护国家安全和社会稳定的主力军，在打击犯罪、维护社会治安、保障人民安全等方面发挥着重要作用，为构建新安全格局提供坚实保障。公安院校承担培养人民警察的职责，是公安队伍人才建设的基地，为落实总体国际安全观提供有力支持。公安教育在人才培养过程中必须全面贯彻总体国家安全观，践行建设更高水平的平安中国，以新安全格局保障新发展格局的二十大报告精神，坚决维护国家安全和社会稳定。

一、总体国家安全观的内涵

总体国家安全观第一次被提出是在 2014 年 4 月 15 日，习近平总书记主持召开中央国家安全委员会第一次会议，首次提出了总体国家安全观，强调必须坚持总体国家安全观，以人民安全为宗旨，以政治安全为根本，以经济安全为基础，以军事、文化、社会安全为保障，以促进国际安全为依托，走出一条中国特色国家安全道路。据此，总体国家安全观概况为“五大要素”：人民安全，政治安全，经济安全，军事文化社会安全，国际安全，并在 2015 年新《国家安全法》中明确下来。

会议同时强调必须既重视外部安全，又重视内部安全；既重视国土安全，又重视国民安全，坚持国家安全一切为了人民、一切依靠人民；既重视传统安全，又重视非传统安全；既重视发展问题，又重视安全问题，发展是安全的基础，安全是发展的条件；既重视自身安全，又重视共同安全，打造命运共同体。这段话阐述了总体国家安全观的“五对关系”：外部安全和内部安全、国土安全和国民安全、传统安全和非传统安全、发展问题和安全问题、自身安全和共同安全。

“五大要素”与“五对关系”，共同构成了总体国家安全观最初提出的内涵。在此之后，总体国家安全观的内涵不断丰富、发展和完善，在其引领下，构建集政治安全、国土安全、军事安全、经济安全、文化安全、社会安全、科技安全、网络安全、数据安全、生态安全、生物安全、资源安全、核安全以及太空、极地、海洋、海外利益等各个领域的安全于一体的国家安全体系。

（一）总体国家安全观的要素及相互关系

在2014年总体国家安全观最初提出来时，其五大要素包括的是人民安全、政治安全、经济安全、军事安全、文化安全、社会安全和国际安全共七个方面，其中军事、文化和社会安全列在一起，与其他安全并列。2019年，党的十九届四中全会上提出健全国家安全体系，增强国家安全能力，在原来基础上增加了“科技安全”，即要以军事、科技、文化、社会安全为保障。这是对国家安全保障手段的重要补充，顺应了大国科技竞争日益激烈的新形势。科技安全是国家安全的重要保障，作为国家安全的重要组成部分，它是塑造中国特色国家安全的物质技术基础。当前，科技越来越成为影响国家竞争力和战略安全的关键要素，在维护相关领域安全中的作用更加凸显，科技兴则国家兴，科技强则国家强。2022年10月，在中国共产党第二十次全国代表大会报告中，再次强调要坚持以人民安全为宗旨、以政治安全为根本、以经济安全为基础、以军事科技文化社会安全为保障、以促进国际安全为依托。因此，总体国家安全观的核心要素体现为八个方面：人民安全、政治安全、经济安全、军事安全、科技安全、文化安全、社会安全、国际安全。

总体国家安全观的要素之间的关系是：以人民安全为宗旨，以政治安全为根本，以经济安全为基础，以军事、科技、文化、社会安全为保障，以促进国际安全为依托。

首先，以人民安全为宗旨，其主体是广大人民，就是要坚持以民为本、以人为本，坚持国家安全一切为了人民、一切依靠人民，真正夯实国家安全的群众基础。人民安全主要指人民的生命与财产安全，体现在国家安全工作的各方面，与中国共产党全心全意为人民服务的根本宗旨一脉相承。

其次，以政治安全为根本，其主体是执政党，就是要坚持中国共产党的领导和中国特色社会主义制度不动摇，坚持把政权安全、制度安全、意识形态安全放在首要位置，为国家安全提供根本政治保证。

第三，以经济安全为基础，就是要确保国家经济发展不受侵害，促进经济持续稳定健康发展，提高国家经济实力，为国家安全提供坚实物质基础。

第四，以军事、科技、文化、社会安全为保障，就是要注意这些领域面临的大量新情况新问题，遵循不同领域的特点规律，建立完善强基固本、化险为夷的各项对策措施，为维护国家安全提供硬实力和软实力保障。

第五，以促进国际安全为依托，就是要始终不渝走和平发展道路，在注重维护本国安全利益的同时，注重维护共同安全，推动建设持久和平、共同繁荣的和谐世界。上述五大要素，清晰反映了国家安全的内在逻辑关系。

（二）总体国家安全观的内涵界定

总体国家安全观的内涵从最初的“五对关系”关系基础上，不断完善和丰富形成了“七对关系”或者是“七对统筹”。2017 年中国共产党第十九次全国代表大会提出新时代坚持和发展中国特色社会主义十四条基本方略，其中的第十条是“坚持总体国家安全观”，要求统筹外部安全和内部安全、国土安全和国民安全、传统安全和非传统安全、自身安全和共同安全，涉及有四对关系。2018 年召开的十九届中央国家安全委员会第一次会议上，习近平总书记在讲话中提出“五个坚持”，其中包括“坚持统筹发展和安全两件大事”“坚持维护和塑造国家安全”。2020 年召开的党的十九届五中全会审议通过了《中共中央关于制定国民经济和社会发展第十四个五年规划和二〇三五年远景目标的建议》，首次设置“统筹发展和安全，建设更高水平的平安中国”专章，强调把安全发展贯穿国家发展各领域和全过程，筑牢国家安全屏障。2021 年 11 月，党的十九届六中全会通过的《中共中央关于党的百年奋斗重大成就和历史经验的决议》强调“统筹发展和安全，统筹开放和安全，统筹传统安全和非传统安全，统筹自身安全和共同安全，统筹维护国家安全和塑造国家安全”。这“五个统筹”是对总体国家安全观“五对关系”的新发展，新增加了统筹开放和安全、统筹维护国家安全和塑造国家安全。

2022 年 10 月，中国共产党第二十次全国代表大会报告指出：统筹外部安全和内部安全、国土安全和国民安全、传统安全和非传统安全、自身安全和共同安全，统筹维护和塑造国家安全，夯实国家安全和社会稳定基层基础，完善参与全球安全治理机制，建设更高水平的平安中国，以新安全格局保障新发展格局。由此可见，总体国家安全观从提出至今，共包括了七对关系，即“外部安全和内部安全、国土安全和国民安全、传统安全和非传统安全、自身安全和共同安全、发展和安全、开放和安全、维护国家安全和塑造国家安全”。

贯彻落实总体国家安全观必须正确处理和统筹好这七对关系。

1. 外部安全与内部安全。既重视外部安全，又重视内部安全，对内求发展、求变革、求稳定、建设平安中国，对外求和平、求合作、求共赢、建设和谐世界。这是强调外部安全与内部安全彼此联系，相互影响。

2. 国土安全与国民安全。既重视国土安全，又重视国民安全，坚持以民为本、以人为本，坚持国家安全一切为了人民、一切依靠人民，真正夯实国家安全的群众基础。这是强调国土安全与国民安全存在有机的统一。

3. 传统安全与非传统安全。当前我国国家安全内涵和外延比历史上任何时候都要丰富，时空领域比历史上任何时候都要宽广，内外因素比历史上任何时候都要复杂。既重视传统安全，又重视非传统安全，构建集政治安全、国土安全、军事安全、经济安全、文化安全、社会安全、科技安全、信息安全、生态安全、资源安全、核安全等于一体的国家安全体系。这是强调传统安全威胁与非传统安全威胁相互影响，并在一定条件下可能相互转化，既要在传统安全议题中更多考虑非传统安全的因素，又要把握非传统安全威胁带来的传统安全影响，统筹应对各个领域的安全问题。

4. 自身安全与共同安全。既重视自身安全，又重视共同安全，打造命运共同体，推动各方朝着互利互惠、共同安全的目标相向而行。这是强调全球化和相互依赖使得中国和世界的安全已密不可分，也就是说，国家安全是一个不可分割的安全体系，每一要素虽各有侧重，但是都必然、必须与其他要素相互联系、相互影响。

5. 发展与安全。发展和安全是对党治国理政纷繁复杂工作的高度概括，统筹发展和安全则是确保民族复兴行稳致远的关键。既重视发展问题，又重视安全问题，发展是安全的基础，安全是发展的条件，富国才能强兵，强兵才能卫国。这是强调发展和安全是一体之两面，只以其中一项为目标，两个目标均不可能实现。发展和安全两件大事，并行不悖、相互促进。把安全发展贯穿国家发展各领域和全过程，筑牢国家安全屏障。安全发展是对中国既有和平发展的重要补充，因为和平不等于安全，而应注重安全发展，其核心是统筹发展和安全。

6. 开放与安全。树立底线思维，守住对外开放的安全底线。对外开放是我国的基本国策，以开放促改革、促发展是我国现代化建设不断取得新成就的重要法宝，是国家繁荣发展的必由之路。实践证明，融入世界经济发展是历史大方向，在经济全球化深入发展、各国经济加速融合的时代，只有打开国门搞建设，坚定不移实施对外开放基本国策，实施更加积极主动的开放战略，才能获得更多推动发展所必需的资金、技术、资源、市场、人才，才能不断为经济发展注入新动力。与此同时，越是开放越要重视安全。当今世界正经历百年未有之大变局，国际经济、科技、文化、安全、政治等格局都在发生深刻调整，世界进入动荡变革期，经济全球化出现逆流，外部环境越来越复杂多变。我们必须增强忧患意识、始终居安思危，处理好自立自强和开放合作的关系，处理好积极参与国际分工和保障国家安全的关系，处理好利用外资和安全审查的关系，统筹开放和安全，在确保安全前提下扩大开放。

7. 维护和塑造国家安全。塑造是更高层次更具前瞻性的维护，推动构建人类命运共同体。既维护国家安全又塑造国家安全，不仅要具备维护国家安全的能力，更要具备塑造国家安全的主动意识和强大能力。一方面，运用科技提升维护和塑造国家总体安全的能力。科技发展拓展了国家安全的时空领域，科技创新处在国家发展全局的核心位置，统筹发展与安全加快提升创新能力和科技实力，全面增强科技维护和塑造国家总体安全的能力。另一方面，运用法治思维维护和塑造国家安全。加强法治思维，国内法治和涉外法治工作两手抓，进一步完善国家安全领域的立法，构建系统完备、科学规范、运行有效的国家安全制度体系，是实现国家长治久安的重要保障。

五大要素和七对关系是理解总体国家安全观的关键所在。必须全面地、准确地理解总体国家安全观的丰富内涵，辩证地看待国家安全外延的创新发展，从全局和战略的高度审视国家安全问题，统筹好不同领域、不同性质的安全工作，形成维护国家安全的强大合力。

新的风险、新的挑战对国家安全工作提出了新的课题，也为推进国家安全工作的实践创新、理论创新提供了新的机遇。贯彻落实总体国家安全观，需要健全国家安全体系，切实提高防范和抵御安全风险能力。国家安全涵盖了人民安全、政治安全、国土安全、军事安全、经济安全、文化安全、社会安全、科技安全、信息安全、生态安全、资源安全、核安全等重点领域，以及太空安全、深海安全、极地安全、生物安全、海外利益安全等新型领域在内的方方面面。总体国家安全观为健全国家安全体系，加强国家安全能力建设，统筹推进新时代国家安全各项工作，坚定不移走中国特色国家安全道路，构建新安全格局提供了基本遵循。

二、总体国家安全观的形成与发展

总体国家安全观是对我国传统安全战略文化的传承，也是对中华人民共和国成立以来国家安全战略思想的发展和升华。

（一）确立形成时期

1992 年，中国共产党第十四次全国代表大会的报告首次使用了“国家安全”术语，并四次出现了“安全”一词，但这些论述都集中在“军队建设”部分。很长一段时间，国家对传统安全的重视程度更高。2002 年 11 月，中国共产党第十六次全国代表大会的报告中对于国家安全的表述已不局限于军事和政治的传统安全观，而是在安全构成、安全威胁和安全保障等方面，全面形成了一种既包括传统的军事、政治，又包括非传统的经济、恐怖主义威胁在内的综合性国家安全观以及“互信、互利、平等、协作”的新国际安全观，由此构建出全面的非传统安全观。

经过多年发展，我国对传统安全和非传统安全的认识逐渐清晰和深刻，安全理论也不断得以丰富和完善。2004 年，党的十六届四中全会审议通过加强党的执政能力建设决定，首次提出“完善国家安全战略”。2007 年，党的十七大提出“健全国家安全体制”。2012 年党的十八大提出“完善国家安全战略和工作机制”。

2013 年 11 月，党的十八届三中全会决定成立中央国家安全委员会；2014 年 1 月，中共中央政治局召开会议，研究决定中央国家安全委员会设置。2014 年 1 月，中央国家安全委员会成立。2014 年 4 月 15 日，中共中央总书记、国家主席、中央军委主席、中央国安委主席习近平主持召开中央国家安全委员会第一次会议，并首次正式提出并全面论述了“总体国家安全观”。会议指出，必须坚持总体国家安全观，以人民安全为宗旨，以政治安全为根本，以经济安全为基础，以军事、文化、社会安全为保障，以促进国际安全为依托，走出一条中国特色国家安全道路。

总体国家安全观系统回答了中国特色社会主义进入新时代，如何既解决好大国发展进程中面临的共性安全问题，同时又处理好中华民族伟大复兴关键阶段面临的特殊安全问题这个重大时代课题，是我们党历史上第一个被确立为国家安全工作指导思想的重大战略思想。

（二）日趋完善时期

2015 年 7 月 1 日，第十二届全国人民代表大会常务委员会第十五次会议通过并施行《中华人民共和国国家安全法》。以此为代表，《反间谍法》《反恐怖主义法》《网络安全法》《国家情报法》《境外非政府组织境内活动管理法》《核安全法》《英雄烈士保护法》《密码法》《数据安全法》等一系列国家安全领域法律法规出台，涵盖了国家安全多个重要领域，使中国特色国家安全法律体系日趋完善，为国家安全执法、司法和守法提供了制度遵循。

2017 年党的十九大召开，坚持总体国家安全观成为新时代中国特色社会主义基本方略之一。党的十九大将坚持总体国家安全观纳入新时代坚持和发展中国特色社会主义的基本方略，并写入党章，反映了全党全国人民的共同意志。2018 年 4 月，十九届中央国家安全委员会第一次会议上，习总书记强调要加强党对国家安全工作的集中统一领导，对总体国家安全观进行了新阐释，提出了“坚持维护和塑造国家安全”的重大论断。2020 年 12 月 11 日，中共中央政治局就切实做好国家安全工作举行第二十六次集体学习，习近平总书记就贯彻总体国家安全观提出 10 点要求。2020 年 10 月，党的十九届五中全会通过的《中共中央关于制定国民经济和社会发展第十四个五年规划和二〇三五年远景目标的建议》，首次把统筹发展和安全纳入“十四五”时期我国经济社会发展的指导思想，并列专章作出战略部署，突出了国家安全在党和国家工作大局中的重要地位。

2021 年 11 月 18 日，中共中央政治局召开会议审议《国家安全战略（2021—2025 年）》。会议指出，新形势下维护国家安全，必须牢固树立总体国家安全观，加快构建新安全格局。构建新安全格局，需要统筹国内国际两个大局、发展和安全两件大事，需要兼顾传统安全和非传统安全领域、需要实现新安全格局与新发展格局相适应。

（三）成熟发展时期

2022 年 10 月，中国共产党第二十次全国代表大会报告总结了十年来在国家安全方面取得的成就：国家安全领导体制和法治体系、战略体系、政策体系不断完善，在原则问题上寸步不让，以坚定的意志品质维护国家主权、安全、发展利益，国家安全得到全面加强。共建共治共享的社会治理制度进一步健全，民族分裂势力、宗教极端势力、暴力恐怖势力得到有效遏制，扫黑除恶专项斗争取得阶段性成果，有力应对一系列重大自然灾害，平安中国建设迈向更高水平。同时，报告就国家安全在第十一部分进行了主题为“推进国家安全体系和能力现代化，坚决维护国家安全和社会稳定”的专门论述，主要包括四个方面的内容：

1. 健全国家安全体系。坚持党中央对国家安全工作的集中统一领导，完善高效权威的国家安全领导体制。强调协调机制、法治体系、战略体系、政策体系、预警体系、应急管理体系，保障体系、协调指挥体系，安全保障体系建设。要求健全相关机制，完善国家安全力量布局，构建全域联动、立体高效的国家安全防护体系。

2. 增强维护国家安全能力。坚定维护国家政治安全，加强重点领域安全能力建设，确保粮食、能源资源、重要产业链供应链安全，加强海外安全保障能力建设，提高防范化解重大风险能力，加强国家安全教育，筑牢国家安全人民防线。

3. 提高公共安全治理水平。要求建立大安全大应急框架，完善公共安全体系。推进安全生产风险专项整治，加强重点安全监管。提高防灾减灾救灾和重大突发公共事件处置保障能力，加强国家区域应急力量建设。强化食品药品安全监管，健全生物安全监管预警防控体系。加强个人信息保护。

4. 完善社会治理体系。健全共建共治共享的社会治理制度，提升社会治理效能。完善正确处理新形势下人民内部矛盾机制，加强和改进人民信访工作，完善基层治理平台，健全城乡社区治理体系。加快推进市域社会治理现代化，提高市域社会治理能力。强化社会治安整体防控，建设人人有责、人人尽责、人人享有的社会治理共同体。

党的十八大以来，以习近平同志为核心的党中央在国家安全方面做出一系列战略性布局，全面加强国家安全工作，健全了以“中央国家安全委员会”为标志的国家安全体制机制，创新以“总体国家安全观”为内容的国家安全思想理论，形成以新《国家安全法》为基准的国家安全法律体系，完善以《国家安全战略纲要》为框架的国家安全方略，推进以“国家安全教育日”为载体的国家安全宣传教育工作，明确了推进国家安全体系和能力现代化，坚决维护国家安全和社会稳定的目标。践行总体国家安全观是为全面建设社会主义现代化国家，实现中华民族伟大复兴的重要保障。为了更好适应我国国家安全面临的新形势新任务，必须深刻把握国家安全工作的理论和实践，坚持和加强党的全面领导，增强忧患意识，坚持底线思维，贯彻新发展理念，着眼于长远和未来主动布局，坚定不移贯彻总体国家安全观，健全国家安全体系，增强维护国家安全能力，提高公共安全治理水平，完善社会治理体系，建设更高水平的平安中国，以新安全格局保障新发展格局，推进国家治理体系和治理能力现代化实现国家长治久安。

三、总体国家安全观引领公安教育的重要性

总体国家安全观有着丰富的意涵，是推进国家治理体系和治理能力现代化的重大理论成果。全面坚持和践行总体国家安全观，不仅仅可以健全我国国家安全治理体系，提高国家安全治理能力，还对引领我国公安教育的发展和方向具有重要的现实意义。公安教育必须坚持总体国家安全观，服务国家安全战略，其根本原因在于总体国家安全观对国家安全和发展的重要性。

（一）总体国家安全观是中国国家安全理论的最新成果

总体国家安全观是新形势下党中央对我国面临的各种安全问题和安全挑战的系统回应，是马克思主义时代化、中国化在安全领域的最新体现，标志着党和国家对国家安全问题的理论认识提升到了新的高度，具有系统性、全面性、持续性三个重要特征。

总体国家安全观的关键是“总体”，强调做好国家安全工作的系统思维和方法，注重科学统筹。总体国家安全观的系统性揭示了与国家安全相关的方方面面，构成相互联系的一个整体系统。不同领域的安全是相互联系、相互影响和相互作用的，维护国家安全，不但要维护各个领域的安全，也要维护整体和系统的安全。国家安全的不同领域相互联系、不可分割，维护安全就要统筹兼顾。例如，从系统的角度看传统安全与非传统安全相互联系、相互影响，并在一定条件下可能相互转化，发展与安全也存在相互联系与相互影响。对国家来说，发展是根本，但发展又离不开安全，国家必须统筹兼顾，处理好它们的关系，以发展为本，以安全保发展，以发展促安全。总体国家安全观要求“既重视外部安全，又重视内部安全”“既重视自身安全，又重视共同安全”，蕴含的是一种系统性战略安排。我国所面对的安全问题，很多是全球性问题，或者是与别国利益相关的问题，这些问题都不是我国可以独自解决的，必须开展国际合作，参与全球治理，谋求共同安全。

总体国家安全观的全面性体现了党中央对安全问题领域、影响安全因素和维护安全手段的全面认知和部署。科学的国家安全观必须是总体的、全面的。只有全面认知安全的问题领域，才能够真正理解国家安全的属性与特点。总体国家安全观具有明显的完整性，所涵盖的领域、对影响安全的因素的认识、实现国家安全的途径都体现了全面性特点。总体国家安全观强调国内安全问题，涵盖了传统安全领域和非传统安全领域也体现了全面性。而且，随着时代的进步，总体国家安全观的内涵还将不断丰富，外延将不断拓展。

总体国家安全观的持续性，首先，体现在实现国家安全的总体设想上，即国家谋求安全，不是权宜之计，而是为了长治久安。其次，追求国家安全状态的可持续性是总体国家安全观的重要目标。统筹现在和未来的国家安全工作，实现国家安全状态的可持续必须有前瞻性地针对各种安全问题，开展机制化和常态化的治理。第

三，总体国家安全观的持续性，也体现在对可持续发展的重视。习近平指出：“可持续，就是要发展和安全并重以实现持久安全。”发展是安全的基础，要实现可持续安全，就必须实现可持续发展。为了实现安全的可持续，总体国家安全观强调对人民安全需求的持续回应和长久关注。

（二）总体国家安全观是指导国家安全工作的强大思想武器

总体国家安全观是指导我国国家安全工作的思想指引。总体国家安全观系统回答了中国特色社会主义进入新时代，如何既解决好大国发展进程中面临的共性安全问题，同时又处理好中华民族伟大复兴关键阶段面临的特殊安全问题这个重大时代课题，是我们党历史上第一个被确立为国家安全工作指导思想的重大战略思想。在党的十九大上，总体国家安全观的思想得到进一步升华，成为习近平新时代中国特色社会主义思想的重要内容。报告指出“坚持总体国家安全观，必须坚持国家利益至上，以人民安全为宗旨，以政治安全为根本，统筹外部安全和内部安全、国土安全和国民安全、传统安全和非传统安全、自身安全和共同安全”。党的十九届六中全会进一步提出“统筹发展和安全，统筹开放和安全，统筹传统安全和非传统安全，统筹自身安全和共同安全，统筹维护国家安全和塑造国家安全”。由于“发展和安全”越来越关乎党和国家事业全局与民族复兴前途命运，党的二十大报告将其上升为治国理政的重大原则；对国家安全工作的统筹表述则是在回归十九大相关表述的基础上，增加了统筹维护和塑造国家安全，表述为“统筹外部安全和内部安全、国土安全和国民安全、传统安全和非传统安全、自身安全和共同安全，统筹维护和塑造国家安全”，彰显国家安全工作的辩证法与科学方法论，是指引我国国家安全领域所有工作的思想武器。

“统筹发展和安全”日益成为党中央统筹国内国际两个大局的治国理政新方略，包括加快构建新发展格局和新安全格局、实现高质量发展与高水平安全的动态平衡。2021 年 9 月 21 日，在第七十六届联合国大会一般性辩论上，习近平主席发表《坚定信心 共克时艰 共建更加美好的世界》为题的重要讲话，提出全球发展倡议。2022 年 4 月 21 日，习近平主席出席博鳌亚洲论坛 2022 年年会开幕式发表《携手迎接挑战，合作开创未来》主旨演讲时，提出全球安全倡议。习近平对外先后提出了全球发展倡议与全球安全倡议，彰显对统筹全球发展和安全的引领担当。党的二十大报告提出“完善参与全球安全治理机制”，强调“加快构建以国内大循环为主体、国内国际双循环相互促进的新发展格局”，并首次提出要“以新安全格局保障新发展格局”，加快构建新安全格局进一步提上议事日程。坚持总体国家安全观的思想指引，推进国家安全体系和能力现代化，坚决维护国家安全和社会稳定，既是全面建成社会主义现代化强国、实现中国式现代化的安全保障，也是防风险、抗危机的必然要求。

在新形势下，我国国家安全和社会安定面临的威胁和挑战增多。作为公安教育战线的一员，首先要树立总体国家安全观，保持忧患意识强化底线思维，能对国家安全有基本的意识和认识，才能有效防范、管理、处理国家安全风险，有力应对、处置、化解社会安定挑战。其次，要全面正确认识总体国家安全观，学习掌握国家安全观，并在教学科研活动中贯彻实施。总体国家安全观明确了国家安全工作的战略目标和工作思路，统筹发展与安全、统筹国内国际两个大局、兼顾内部安全和外部安全。无论是公安机关还是公安院校，一方面要准确把握我国国家安全形势变化的新特点新趋势，与相关职能部门在工作上密切配合、通力合作；另一方面，努力提高全民国家安全意识，全方位形成维护国家安全和社会安定的强大合力。

（三）总体国家安全观是实现中国式现代化的保障

践行总体国家安全观，是推进中国式现代化，实现中华民族伟大复兴的中国梦的坚强保障。安全是国家生存与发展的必要条件，国内环境和谐稳定、国际环境和平安宁、国家发展壮大，遇到的外部战略压力就可能越大。新形势下加强党对国家安全工作的集中统一领导，要注重运用系统思维和全局观念，加强前瞻性思考、全局性谋划、战略性布局、整体性推进，不断提高党把方向、谋大局、定政策、促改革的能力和定力。要在国家安全上建立健全坚持和加强党的领导的组织体系、制度体系、工作机制，实现党对国家安全的领导纵到底、横到边、全覆盖的工作格局。从十八大以来国家安全领域的丰富实践来看，国家安全体系现代化的内涵，就是以高效权威的国家安全领导体制为中枢，建立现代化的法治体系、战略体系、政策体系和工作体系，构建起系统完备、科学规范、运行有效的国家安全制度体系，全面提升国家安全制度执行水平，提高运用科学技术维护国家安全的能力，不断增强塑造国家安全态势的能力，实现综合效能最大化。

习近平总书记强调，要坚持国家安全一切为了人民、一切依靠人民，动员全党全社会共同努力，汇聚起维护国家安全的强大力量，夯实国家安全的社会基础，防范化解各类安全风险，不断提高人民群众的安全感、幸福感。推进国家安全体系和能力现代化，安全已经成为保障国家现代化发展的基本条件和重要前提。对国家安全进行全面布局，要求公安机关把维护社会安全稳定贯穿到公安工作的全过程各方面，并以二十大精神新安全格局观引领公安社会治理创新。

根据党的二十大最新部署，未来五年，要着力强化国家安全工作协调机制，更好发挥统筹国家安全事务的作用，抓好国家安全方针政策贯彻落实。要完善国家安全法治体系，加强国家安全法治保障，统筹推进国内法治和涉外法治，坚持依法应对重大挑战、抵御重大风险、克服重大阻力、解决重大矛盾。要完善国家安全战略体系和政策体系，坚持原则性和策略性相统一，加强战略谋划和前瞻布局，贯彻落实《国家安全战略（2021—2025）》，掌握国家安全的战略主动权。要加强风险监测预警体系、国家应急管理体系，完善重点领域安全保障体系和重要专项协调指挥体系等工作体系建设，强化经济、重大基础设施、金融、网络、数据、生物、资源、核、太空、海洋等安全保障体系建设。健全反制裁、反干涉、反“长臂管辖”机制。完善国家安全力量布局，构建全域联动、立体高效的国家安全防护体系。

(四) 总体国家安全观的要求是未来公安教育的重点

党的二十大报告对提升国家安全能力和应对相关安全风险的能力作出了明确要求，这是未来公安教育工作的重点，指引公安教育的办学理念和教学内容。在提升国家安全能力方面，一是明确了未来五年国家安全能力建设的重点方向。政治安全是国家安全的根本，政权安全、制度安全、意识形态安全是政治安全的主要内容，国家安全能力建设必须坚定维护政治安全，防止其他领域安全风险向政治安全领域传导，打赢意识形态攻坚战摆在能力建设的首要位置。同时，当前形势下，要突出重点领域安全能力建设，加强海外安全保障能力建设，维护我国公民、法人在海外合法利益。二是明确了能力建设的重点内容和打击目标。要提高防范化解重大风险能力，将严密防范系统性安全风险作为国家安全能力建设的重点内容，将严厉打击敌对势力渗透、破坏、颠覆、分裂活动作为能力建设的重点内容。三是明确提出要加强党员领导干部维护国家能力建设。党的领导干部维护国家安全能力，是国家安全能力建设的重要组成部分。党的二十大报告明确提出要全面加强国家安全教育，提高各级领导干部统筹发展和安全能力，增强全民国家安全意识和素养，筑牢国家安全人民防线。这就要求通过系统化的国家安全教育和培训，努力提升党员干部见微知著能力、分析研判能力、隐患排查防范能力、突发事件应对能力、复杂局面驾驭能力。

新形势下我国公共安全和社会治理面临的威胁和挑战增多，特别是各种威胁和挑战联动效应明显。各种矛盾风险挑战源、各类矛盾风险挑战点是相互交织、相互作用。党的二十大报告对新形势下进一步加强我国公共安全与社会治理作出了明确要求，关键是抓住新要点、新特点，推动相关机制框架、工作体系、工作模式的创新完善，切实提升应对相关安全风险的能力。健全共建共治共享的社会治理制度，提升社会治理效能。加强公共安全与社会治理的重中之重是要坚决防范公共安全和社会治理风险通过多种渠道向政治安全领域传导。在全球化的数字时代，总体国家安全观以保障国家安全、推进中国式现代化、实现中国梦为重要目标，是实现中华民族伟大复兴的基本前提。总体国家安全观对安全主体、安全治理领域、对安全关系的认知都发生了根本性的变化，要求我们更好地践行总体国家安全观，为实现中华民族伟大复兴的中国梦提供安全保障，维护国家安全。

第二节　高等教育的发展改革与公安教育

百年大计，教育为本。高等教育发展水平是一个国家发展水平和发展潜力的重要标志。党的十八大以来，我国高等教育与时代同行，建成世界最大规模高等教育体系，高等教育进入世界公认的普及化阶段；一批大学和一大批学科跻身世界先进水平，整体水平进入世界第一方阵；人才培养范式全方位改革；中国特色的高校学位授予体系、专业目录体系和管理制度不断完善；培育了一大批高素质专门人才，为民族振兴、经济建设、社会发展、科技进步发挥了极端重要作用，高等教育事业取得历史性成就，发生格局性变化。公安教育是我国高等教育的重要组成部分，如何办好新时代中国特色社会主义公安高等教育，必须将公安教育置于高等教育发展的大背景下，紧跟高等教育发展的步伐。

一、高等教育内涵式发展的推动与实现

党的十八大以来，我国高等教育由以数量规模为追求的外延式发展，进入了聚焦高质量的内涵式发展阶段。这一时期，我国高等教育的发展模式发生了重大变化，高等教育的资源配置模式产生了整体性变化，高等教育的学科专业与课程结构进一步调整和优化，高等教育的活力不断增强。这得益于党中央、国务院高度重视高等教育事业，习近平总书记指出：“我们对高等教育的需要比以往任何时候都更加迫切，对科学知识和卓越人才的渴求比以往任何时候都更加强烈。”深刻阐释了新时代高等教育的重要战略地位和作用。十年来，习近平总书记先后20余次到高校视察并发表重要讲话，20余次给高教领域师生回信，彰显了习近平总书记对高等教育事业的关心、重视，更为高等教育改革发展指明了前进方向，提供了根本遵循。

（一）推动高等教育内涵式发展

2012年11月，党的十八大明确指出“教育是民族振兴和社会进步的基石”，提出“推动高等教育内涵式发展”，确立了新的历史时期高等教育科学发展的方向。当时，我国的高等教育存在的问题突出表现在：人才培养质量与经济社会发展的要求有差距；学科专业结构与区域发展和产业转型升级的要求有差距；自主创新能力与国际竞争的要求有差距；高校自主办学和自我管理的能力与建设现代大学制度的要求有差距，等等。存在这些问题的根本原因是发展不够科学，要害是质量不高。为了解决这些问题，必须严格按照党的十八大对高等教育的要求落实，更加坚定地走中国特色高等教育发展道路，以提高质量为核心，推动高等教育内涵式发展；扎实贯彻党的教育方针，以立德树人为根本，全面提高高校党的建设科学化水平，培养德智体美全面发展的社会主义建设者和接班人。提高质量是高等教育的生命线，是高等教育改革发展最核心最紧迫的任务，必须以改革创新推动高等教育质量提升，坚定不移地走内涵式发展道路。

为了推动高等教育内涵式发展，2015年10月，国务院印发《统筹推进世界一流大学和一流学科建设总体方案》，一批以“中国特色、世界一流”为核心的世界一流大学和一流学科逐步形成。2017年1月底，教育部、财政部、国家发展改革

委发布《统筹推进世界一流大学和一流学科建设实施办法（暂行）》。教育部主要做了以下努力：一是为了全面提高创新人才培养水平，优化调整专业结构以适应经济社会发展对人才培养的新要求，抓教育教学突出本科教学的基础地位，抓质量保障，进一步改进本科教学评估。二是深化人才培养模式改革，加大力度推进协同育人、合作育人，如实施卓越法律人才教育培养计划，落实高校与实务部门人员互聘“双千计划”，共建法学实践教学基地，致力调动行业部门参与人才培养的积极性，吸引更多社会资源投入人才培养，逐步形成教育部门和行业部门协同推进、高校和企事业单位深入合作的局面。三是围绕立德树人的根本任务，全面提高高校党建和思想政治工作科学化水平，深化高校辅导员队伍专业化职业化建设。四是围绕深化平安学校建设重点，切实维护高校和谐稳定。党的十八大报告提出，要深化平安建设，完善立体化社会治安防控体系。高度警惕和坚决防范敌对势力的分裂、渗透和颠覆活动，确保国家安全。教育部门要按照中央的部署要求，更加注重加强政治安全，注重加强统筹协调，注重科学依法管理，努力实现高校系统从小平安向大平安、治标的平安向治本的平安转变。高校加强平安校园的基础建设、预警研判和应急处置，开展“平安高校”建设活动，通过教育部门、公安机关、高校之间协调配合的工作平台，建立警校联动的维稳工作机制，合力解决影响高校政治稳定和校园安全的突出问题。围绕“内涵式发展”，提高教育质量，经过几年的建设和改革，取得了一定成效。

（二）实现高等教育内涵式发展

2017 年 10 月，党的十九大报告提出“实现高等教育内涵式发展”。高等教育的内涵式发展从“推动”变为“实现”是高等教育发展方式的升级换挡，也是面对一些高校还没有适应发展方式换挡的背景下的必然要求。

十九大之后，《关于新时代振兴中西部高等教育的意见》《关于加强基础学科人才培养的意见》《中国教育现代化 2035》“新时代高教 40 条”《关于加快建设高水平本科教育　全面提高人才培养能力的意见》等重要文件先后印发，教育部先后召开新时代全国高等学校本科教育工作会议、全国研究生教育会议、全国职业教育大会，人才培养“连续剧”接续全面展开，充分证明了党中央对建设高等教育强国的极端重视。教育部瞄准当前高校人才培养工作中存在的突出问题，明确了高水平本科教育建设的重点任务和工作要求。狠抓本科教学秩序。全面整顿本科教育秩序，淘汰“水课”、打造“金课”，取消“清考”，推动高校切实加强教学过程管理，把振兴本科的各项举措抓到位，抓出实效。2018 年，召开第一次地方应用型本科高校发展工作座谈会。引导新建本科院校坚持走地方应用型大学的发展之路，瞄准服务域，紧紧围绕应用型人才培养这个中心，突出合作办学、合作育人、合作就业、合作发展的核心，走从“新建”到“新型”的建设发展之路，建设神形兼备的一流地方应用型大学。

2021 年 12 月，习近平总书记在主持召开中央全面深化改革委员会第二十三次会议时发表重要讲话强调：办好世界一流大学和一流学科，必须扎根中国大地，办出中国特色。要坚持社会主义办学方向，坚持中国特色社会主义教育发展道路，贯彻党的教育方针，落实立德树人根本任务。要牢牢抓住人才培养这个关键，坚持为党育人、为国育才，坚持服务国家战略需求，瞄准科技前沿和关键领域，优化学科专业和人才培养布局，打造高水平师资队伍，深化科教融合育人，为加快建设世界重要人才中心和创新高地提供有力支撑。2022 年 1 月，教育部、财政部、国家发展改革委印发《关于深入推进世界一流大学和一流学科建设的若干意见》，以“双一流”建设为引领，中国高等教育大步走上了坚持特色发展、强调多样化探索、追求“中国特色、世界一流”的高质量发展道路。

我国高等教育走内涵式发展道路是必由之路，把握高质量内涵式发展要求，要从关注硬指标的显性增长向更加关注软实力的内在提升转变。经过十年的建设，高等教育事业发展成效显著①。第一，我国建成世界最大规模高等教育体系，高等教育毛入学率从 2012 年的 30%，提高至 2021 年的 57.8%，提高了 27.8 个百分点，实现了历史性跨越，高等教育进入世界公认的普及化阶段。第二，高等教育实力增强，中国高等教育整体水平进入世界第一方阵。形成了慕课与在线教育发展的中国范式。截至 2022 年 2 月底，我国上线慕课数量超过 5.25 万门，注册用户达 3.7 亿，已有超过 3.3 亿人次在校大学生获得慕课学分，慕课数量和应用规模世界第一。建成“国家高等教育智慧教育平台”，发起成立世界慕课与在线教育联盟。持续深化高校创新创业教育改革，创新创业教育领跑世界，推动形成了新的人才培养观和质量观。高等教育服务国家能力显著提升。高等教育主动将自身发展“小逻辑”服务服从国家经济社会发展“大逻辑”，高校服务国家重大战略能力持续增强，支撑引领文化强国、人才强国、体育强国、健康中国、美丽中国、平安中国建设。第三，高等教育培养质量提高。以一流专业和一流课程建设“双万计划”为牵引，有效激励、引导广大教师提升教学能力、潜心教书育人。全面启动基础学科拔尖计划 2.0，探索基础学科拔尖人才培养“中国范式”，累计吸引 1 万余名优秀学生投身基础学科，形成了基础学科拔尖人才的“梯队网络”，为走好自主人才培养之路，为建设世界重要人才中心和创新高地筑牢基础。第四，高等教育结构优化。中国特色的高校学位授予体系、专业目录体系和管理制度不断完善。积极主动融入国家战略和行业发展，对接新发展格局调整优化学科专业布局，针对解决现实问题推进学科交叉融合。人才培养对新技术新产业新业态的适应度明显增强。第五，党对高校的全面领导更加坚实。中共中央修订印发《中国共产党普通高等学

① 历史性成就，格局性变化——高等教育十年改革发展成效，http：//www.moe.gov.cn/fbh/live/2022/54453/sfcl/202205/t20220517_627973.html，2022 年 12 月 30 日。

校基层组织工作条例》，为加强高校党的工作提供了重要制度保障。高教战线以党的政治建设为统领，引领带动党的建设质量全面提高，党委领导下的校长负责制更加完善，学校党建与事业发展深度融合，推进全面从严治党向纵深发展、向基层延伸。思政体系建设全面推进，牢牢把握用习近平新时代中国特色社会主义思想铸魂育人这一主线，推动各类课程与思想政治理论课同向同行，形成协同效应，将价值塑造、知识传授和能力培养融为一体。推出课程思政示范课程699门、课程思政教学名师和团队699个、教学研究示范中心30个，研制普通本科专业类课程思政教学指南，培训文理工农医不同学科专业教师67万人。

二、加快建设教育强国与公安教育

2022年10月，党的二十大召开，习近平总书记所作的党的二十大报告首次将“实施科教兴国战略，强化现代化建设人才支撑”作为一个单独部分，充分体现了教育的基础性、战略性地位和作用，并对“加快建设教育强国、科技强国、人才强国”作出全面而系统的部署，为到2035年建成教育强国指明了新的前进方向。

（一）特别强调了教育的战略地位

二十大报告对于教育的战略地位进行了充分的肯定和强调。在党的十八大报告中，科技与教育分别在第四部分“加快完善社会主义市场经济体制和加快转变经济发展方式”和第七部分“在改善民生和创新管理中加强社会建设”加以论述。党的十九大报告则分别在第五部分“贯彻新发展理念，建设现代化经济体系”和第八部分“提高保障和改善民生水平，加强和创新社会治理”加以阐述，即，科技与创新驱动是作为经济问题，教育是作为民生问题加以考虑的。但是，党的二十大报告把教育与科技单列，以“实施科教兴国战略，强化现代化建设人才支撑”为题进行讨论，而且位置前移到第五部分，把科技、教育、人才作为一个整体性的重大问题单独论述，有着特别的深意，特别强调了教育的战略地位。

二十大报告明确提出，教育、科技、人才是全面建设社会主义现代化国家的基础性、战略性的支撑，科技是第一生产力，人才是第一资源，创新是第一动力。教育是国之大计、党之大计，要坚持教育优先发展，建设教育强国，坚持为党育人，为国育才，全面提高人才自主培养质量。着力造就拔尖创新人才，聚天下英才而用之。明确指出了教育在社会主义现代化强国建设和中华民族伟大复兴征程中的重要使命。在我们面临经济发展转型、科学技术“卡脖子”等问题的背景下，再次强调科教兴国和人才强国有特别重要的意义。

（二）新时代加快建设教育强国的重大战略意义

党的十八大以来，以习近平同志为核心的党中央对新时代党和国家事业发展作出科学完整的战略部署，作出“建设教育强国是中华民族伟大复兴的基础工程”的重大论断和决策，坚持教育在社会主义现代化建设中的优先发展地位，党的二十大报告再次强调教育强国建设并提出新的更高要求，意义重大而深远。

1. 加快建设教育强国，是全面建设社会主义现代化国家的必然要求。改革开放以来特别是党的十八大以来的实践表明，全面建设社会主义现代化国家，科技是关键，人才是基础，教育是根本。以习近平同志为核心的党中央在统筹推进“五位一体”总体布局、协调推进“四个全面”战略布局的进程中，始终高度重视对教育、科技、人才事业发展的战略引领。党的二十大报告明确提出：“深入实施科教兴国战略、人才强国战略、创新驱动发展战略，开辟发展新领域新赛道，不断塑造发展新动能新优势”，对“坚持教育优先发展、科技自立自强、人才引领驱动，加快建设教育强国、科技强国、人才强国”进行整体谋划，并将“建成教育强国、科技强国、人才强国”纳入2035年我国发展的总体目标。这一承前启后、继往开来的重大部署，充分体现了马克思主义中国化时代化的探索与创新，充分彰显和发挥教育的基础性、先导性、全局性地位和作用，对坚定不移向着实现第二个百年奋斗目标和中华民族伟大复兴中国梦奋勇前进，具有非常重要的战略指导意义。

2. 加快建设教育强国，是顺应广大人民群众对更好教育期盼的重要途径。党的十八大以来，中国特色社会主义进入新时代，习近平总书记深刻指出：“中国将坚定实施科教兴国战略，始终把教育摆在优先发展的战略位置，不断扩大投入，努力发展全民教育、终身教育，建设学习型社会，努力让每个孩子享有受教育的机会，努力让13亿人民享有更好更公平的教育，获得发展自身、奉献社会、造福人民的能力。”并强调“加快推进教育现代化、建设教育强国、办好人民满意的教育，努力培养担当民族复兴大任的时代新人，培养德智体美劳全面发展的社会主义建设者和接班人”。习近平总书记的重要论述，是党和国家教育决策的重要遵循，集中体现了坚持人民至上、把实现人民对美好生活向往作为奋斗目标的重要理念。踏上实现第二个百年奋斗目标新征程，党的二十大报告突出强调加快建设教育强国，进一步彰显了中国特色社会主义教育制度的优越性，必将有力解决教育发展不平衡不充分的问题，使教育同人民群众期待更加契合，在更高水平上满足人民群众对教育的需求。

党的十八大以来，我国教育事业取得历史性成就、发生历史性变革。教育普及水平全方位提高，教育事业中国特色更加鲜明，教育发展实力和服务实力增强。党中央提出“德智体美劳”的总体要求，创造性地发展了党的教育方针，坚定社会主义办学方向，健全立德树人落实机制，扎根中国大地办教育，中国特色社会主义教育发展道路越走越宽广，为加快建设教育强国打下了坚实的基础。

（三）新时代加快建设教育强国的总体方向和重点任务

1. 全面贯彻党的教育方针，把坚持为党育人、为国育才落到实处。习近平总书记在党的二十大报告中强调：“培养什么人、怎样培养人、为谁培养人是教育的根本问题。育人的根本在于立德。全面贯彻党的教育方针，落实立德树人根本任务，培养德智体美劳全面发展的社会主义建设者和接班人。”其中，劳动教育是十年来第一次写进党代会的报告。习近平总书记这些重要论述，立足基本国情，遵循教育规律，是马克思主义中国化在教育领域的最新发展，作为党的二十大报告的新部署新要求，具有统领性、引领性的重要意义。

在贯彻落实过程中，必须深刻领悟“两个确立”的决定性意义，增强“四个意识”、坚定“四个自信”、做到“两个维护”，持续完善党对教育工作的全面领导、德智体美劳全面发展、全员育人全过程育人全方位育人体制机制。坚持用习近平新时代中国特色社会主义思想铸魂育人，将社会主义核心价值观融入教育全过程，着力培养担当民族复兴大任的时代新人。

2. 教育强国、科技强国、人才强国建设相互支持配合，共同聚焦贯彻新发展理念、构建新发展格局。全面提高人才自主培养质量，着力造就拔尖创新人才，聚天下英才而用之，是教育、科技、人才强国建设协调推进的共同任务。围绕人力资源深度开发和创新驱动发展，加快建设世界重要人才中心和创新高地，重点是统筹职业教育、高等教育、继续教育协同创新，推进职普融通、产教融合、科教融汇，优化职业教育类型定位。坚持高等教育内涵式发展，加强基础学科、新兴学科、交叉学科建设，加快建设中国特色、世界一流的大学和优势学科。优化国家科研机构、高水平研究型大学、科技领军企业定位和布局，加强企业主导的产学研深度融合，尽快形成与国家发展战略、生产力布局和城镇化要求相适应的多层次、多样化教育发展新高地，更好地服务和融入新发展格局。

3. 深化教育领域综合改革，增强教育改革的系统性、整体性、协同性，为教育强国建设激活力、增动力。建设教育强国，必须继续破解深层次体制机制障碍，不断把制度优势更好转化为治理效能。重点是加强教材建设和管理，全面落实教材建设国家事权。完善学校管理和教育评价体系，健全学校家庭社会育人机制，更加重视体育、美育、劳动教育、心理健康教育。加强师德师风建设，培养高素质教师队伍，不断提高广大教师的思想政治素质和业务水平，弘扬尊师重教社会风尚。全面推进依法治教、依法治校、依法办学，引导规范民办教育发展。加大国家通用语言文字推广力度，深入开展铸牢中华民族共同体意识教育。

4. 推进教育数字化，建设全民终身学习的学习型社会、学习型大国。根据党的二十大报告关于加快建设数字中国的系列部署，教育系统将积极深入实施教育数字化战略行动，将国家智慧教育平台打造成教育领域重要的公共服务产品，不断推动教育变革和创新，构建网络化、数字化、个性化、终身化的教育体系，加强部门地区政策协调，促进学校社会资源共享，形成方式更加灵活、资源更加丰富、学习更加便捷的全民终身学习推进机制，扎根中国大地，建设人人皆学、处处能学、时时可学的学习型社会、学习型大国，奋力谱写新时代教育强国建设的新篇章。

（四）在建设教育强国背景下加强公安教育发展和创新

党的二十大报告对全面建设社会主义现代化国家开局起步关键时期的未来5年目标任务和重要举措进行新的部署，着眼实施科教兴国战略、强化现代化建设人才支撑，立足办好人民满意教育的大局，对加快建设教育强国的总体方向和重点任务提出新的更高要求。新时代加快建设教育强国的总体方向和重点任务是全国教育系统在今后一段时间工作的重心，也是公安教育要改革和发展的方向。公安教育属于国家教育体系中的重要组成部分，在建设教育强国的时代背景下，公安院校要主动作为，不等不靠，积极融入，让公安教育和训练得到实质性进步。

三、“四新”建设与公安教育

“四新”建设，即新工科、新医科、新农科、新文科建设。由于公安高等教育涉及的公安学类和公安技术类专业主要是文科和工科，因此，此处只选取“新工科”和“新文科”介绍。

（一）“四新”建设的意义

教育部、科技部等13个部门于2019年4月底正式联合启动“六卓越一拔尖”计划2.0，全面推进新工科、新医科、新农科、新文科建设。以“四新”建设加快推进教育现代化、实现高等教育内涵式发展，开展一流本科教育，全面提高高等教育人才培养质量。“四新”建设是新时代全面振兴本科教育的重要内容。新工科建设是应对新经济的挑战，从服务国家战略、满足产业需求和面向未来发展的高度，在“卓越工程师教育培养计划”（简称“卓越计划”）的基础上，提出的一项持续深化工程教育改革的重大行动计划。新工科建设具有反映时代特征、内涵新且丰富、多学科交融、多主体参与、涉及面广等特点。2017年2月以来，教育部积极推进新工科建设，先后形成了“复旦共识”“天大行动”和“北京指南”，并发布了《关于开展新工科研究与实践的通知》《关于推荐新工科研究与实践项目的通知》等文件，全力探索形成领跑全球工程教育的中国模式、中国经验，助力高等教育强国建设。一般来理解，“新工科”对应的是新兴产业，指针对新兴产业的专业，如人工智能、智能制造、机器人、云计算等，也包括传统工科专业的升级改造。新文科建设方面，主要是适应新时代哲学社会科学发展的新要求，推进哲学社会科学与新一轮科技革命和产业变革交叉融合。

“新文科”是相对于传统文科进行学科重组文理交叉，把新技术融入哲学、文学、语言等诸如此类的课程中，为学生提供综合性的跨学科学习。也有学者认为新文科的本质内涵是中国特色哲学社会科学，理念是推动“学科融合”。2018年12月20日，教育部经济和管理类教指委主任委员联席会议暨工商管理类专业教指委第一次全体会议在苏州召开，会议聚焦“新时代 新文科 新经管”，对新文科建设和卓越拔尖经管人才培养进行了部署。2021年3月2日，中华人民共和国教育部发布《教育部办公厅关于推荐新文科研究与改革实践项目的通知》，为深入学习贯彻习近平新时代中国特色社会主义思想，贯彻落实全国教育大会精神，落实新文科建设工作会议要求，全面推进新文科建设，构建世界水平、中国特色的文科人才培养体系，教育部决定开展新文科研究与改革实践项目立项工作。

（二）新文科和新工科建设取得的成就

党的十八大以来，教育部层层递进、环环相扣、久久为功推进“四新”建设，从教育思想、发展理念、质量标准、技术方法、质量评价等人才培养范式进行全方位改革。面对新一轮科技革命和产业变革，面对社会主义现代化建设，面对世界高等教育发展作出了教育应答、时代应答、主动应答、中国应答。

新文科建设取得的成就。全面深化新文科建设，明确构建世界水平、中国特色文科人才培养体系总体目标。面向6大选题领域，22个选题方向设立1011项新文科项目，适应经济社会需求，新增3000余个文理、文工等学科交叉融合专业点。布局关键领域人才培养，在29所高校设立70个文科类基础学科拔尖人才培养基地，加快涉外法治、国际传播、国际组织等相关人才培养。全面推出中国政法实务、新闻传播、经济、艺术四大讲堂，打造“中国金课”，推进文科教育与社会实务紧密结合。

新工科建设取得的成就。全面深化新工科建设，全面推进组织模式创新、理论研究创新、内容方式创新和实践体系创新，累计实施1457项新工科项目，探索构建产学研用多要素融合、多主体协同的育人机制，累计支持1100多所本科院校与近800家企业合作立项3.7万项，企业提供经费及软硬件支持约112亿元。以院系组织模式创新为抓手，推进建设28所示范性微电子学院、11个一流网络安全学院、50个现代产业学院、33个特色化示范性软件学院、首批12家未来技术学院，推动工程教育深层次变革。

（三）新文科和新工科建设对公安教育的挑战

2018年我国提出新文科的概念，与当前世界进入数字时代不无关系。大数据、云存储、人工智能、元宇宙等数字技术的迅猛发展，数字时代的信息通信等技术革命性地改变了人们的生产与生活，带来了根本性的社会变迁，为社会学研究创造了跳跃式发展的历史性机遇。根据中共中央、国务院印发的《中国教育现代化2035》，中共中央办公厅、国务院办公厅印发了《加快推进教育现代化实施方案（2018-2022年）》的文件精神，教育现代化要大力推进教育信息化，着力构建基于信息技术的新型教育教学模式、教育服务供给方式以及教育治理新模式；促进信息技术与教育教学深度融合，支持学校充分利用信息技术开展人才培养模式和教学方法改革。新文科需要通过“跨界”方式进行革新，这种“跨界”不仅仅发生在文科的各学科之间，甚至出现在文科和理科、工科、医科等学科之间，需要多学科之间的交叉和深度融合。新文科运用的是跨界思维，使用文文互鉴、文理交叉、文工融合的思维方法解决问题，将为高校人才培养和评价体系的变革带来新希望。

随着中国特色哲学社会科学学科体系的构建应准确把握时代脉络，消化吸收现代数智技术，加快数智文科建设步伐。2022 年全国教育工作会议明确提出我国要“实施教育数字化战略行动”。为了应对信息技术、人工智能的数字时代对高等教育提出的挑战和要求，需要积极探索学科之间的交叉和融合。尤其是对新文科而言，挑战更为严峻。目前，学术界对新文科的研究主要集中在新文科内涵特征、建设必要性和实现路径等领域，对新文科建设的实质、专业人才培养方面也进行了积极探索，提出新文科的本质内涵是中国特色哲学社会科学，新文科理念是推动“学科融合”，新文科建设首先要落实到具体学科和课程的建设中。然而，目前围绕新文科展开的学术研究分布不均衡，尤其是公安院校的新文科建设理论研究和实践探索比例不高，教学研究和改革成果的数量和质量还不能与数字时代下新文科建设的需求相匹配。

新文科建设在公安院校体现在公安学专业上，新工科建设则在公安技术类的专业中。警察职业面对的社会治安治理、犯罪打击、纠纷调解、移民管理与服务等工作，都需要警察宽广的知识面、良好的人文素养、扎实的专业知识、法治素养以及信息素养，只有复合型人才才能做好新时代的公安工作。公安院校培养的公安专业人才应该具备复合型、交叉型知识结构，只有抓住新文科、新工科建设的机遇，促进学科融合、专业交叉，才能造就公安战线的时代新人。在新的时代背景下，公安院校要深入思考研究如何以“新工科”“新文科”建设为牵引，加快新文科、新工科的学科创新与建设，推动以公安学为代表的新文科和以公安技术为代表的新工科之间，以及与其他学科之间的交叉融合，重构公安高等教育的学科专业结构。

四、职业教育发展与公安教育

警察是一种职业，公安专业的人才培养严格意义上属于职业教育，公安院校既承担全日制普通高等教育的任务，还同时担负在职民警教育培训的职责。即公安教育兼顾了高等教育、职业教育和继续教育三种类型教育形式。

（一）我国职业教育取得的成绩

2022 年 5 月 1 日起施行的修订后的《中华人民共和国职业教育法》，是职业教育法制定近 26 年来的首次修订。职业教育法共八章六十九条，明确职业教育是与普通教育具有同等重要地位的教育类型，着力提升职业教育认可度，深化产教融合、校企合作，完善职业教育保障制度和措施，更好推动职业教育高质量发展。并通过推进普职融通等顶层设计，真正实现职业教育从“层次”到“类型”的转变。

为向世界介绍中国职业教育发展经验，2022 年 8 月 20 日，教育部发布《中国职业教育发展白皮书》。白皮书介绍，职业教育是国民教育体系和人力资源开发的重要组成部分。发展职业教育，已经成为世界各国应对经济、社会、人口、环境、就业等方面的挑战，实现可持续发展的重要战略选择。进入新时代，中国政府高度重视职业教育，把职业教育摆在经济社会发展和教育改革创新更加突出的位置。经过长期的实践探索，中国形成了独具特色的现代职业教育发展范式。

2012年以来，中国政府把职业教育作为与普通教育同等重要的教育类型，不断加大政策供给、创新制度设计，加快建设现代职业教育体系，构建多元办学格局和现代治理体系。十年来，统筹把握规模与内涵两个维度，相继迈上了3个相互衔接、层层递进的大台阶：一是立足自身审视职业教育，提质培优，增值赋能，以质图强。二是立足整个教育体系审视职业教育，加快建设现代职业教育体系，确立类型教育的定位。三是立足经济社会发展审视职业教育，创造性地提出了建设技能型社会的战略任务。中国职业教育实现由参照普通教育办学向相对独立的教育类型转变，进入提质培优、增值赋能新阶段，从层次走向类型、从政府主体走向多元参与、从规模扩张走向内涵发展，建成了全世界规模最大的职业教育体系。

据统计，十年来，淘汰落后专业108种，升级和补充专业1007种，更新幅度超过70%①。2021年高职学校招生557万人，相当于十年前的1.8倍；中职学校（不含技工学校）招生489万人，招生规模企稳回升。中高职学校每年培养1000万左右的高素质技术技能人才，新增劳动力的平均受教育年限达到13.8年，为经济社会发展提供了有效的人才支撑②。目前，全国职业学校共开设1300余个专业和12万余个专业点，基本覆盖了国民经济各领域，使人才培养结构调整与需求结构变迁更好地对接起来，有力支撑我国成为全世界唯一拥有全部工业门类的国家。调查数据表明，在现代制造业、战略性新兴产业和现代服务业等领域，一线新增从业人员70%以上来自职业院校毕业生。③

（二）职业教育发展对公安教育带来的机遇

党的二十大报告指出“统筹职业教育、高等教育、继续教育协同创新，推进职普融通、产教融合、科教融汇，优化职业教育类型定位。加强基础学科、新兴学科、交叉学科建设，加快建设中国特色、世界一流的大学和优势学科。”其中，“职普融通”和“优化职业教育类型定位”，都是第一次出现在党代会的文件中，显示出国家对职业教育的重视。我国把职业教育定位于国民教育体系和人力资源开发的重要组成部分，充分发挥中国特色社会主义制度优势，政府主导与市场引导相

---

① 我国已建成世界最大规模高等教育、职业教育体系，https：//i. ifeng. com/c/8K3rWoBnlgt，2022年10月12日。

② 教育部：十年来，职业本科教育稳步发展 http：//www. moe. gov. cn/fbh/live/2022/54487/mtbd/202205/t20220524_630029. html，2022年10月12日。

③ 我国已建成世界最大规模高等教育、职业教育体系，https：//i. ifeng. com/c/8K3rWoBnlgt，2022年10月12日。

结合、发展经济与服务民生相结合、教育与产业相结合，构建了现代职业教育发展的制度体系，形成了职业教育发展的中国模式，为中国式现代化道路注入了强劲的职教力量。树立开放包容融合的大教育观，为学生不同成长阶段提供多样化的选择、多路径成才的畅通渠道，推动职业教育和其他教育类型有机衔接、协调发展。职业教育是一种面向人人的终身教育，是服务全民终身学习体系的重要支柱，形成学历教育与培训并举并重的职业教育办学格局，为人人尽展其才创造条件。

警察职业教育是推进警察职业化的必经之路，公安队伍的教育培训工作非常重要，岗前培训、晋升培训、业务培训等多种形式的培训伴随警察职业生涯。目前公安教育和职业培训衔接不畅，警察职业教育培训部门的定位和发展方向不够清晰，在师资队伍建设、训练课程设计、训练模式和训练方法的创新以及考核评价等方面都存在一定的问题。如何在二十大报告精神指引下，抓住职业教育发展的机遇，统筹公安高等教育、职业教育、在职民警培训的衔接，推进公安领域的职普融通渗透，是推动高质量教育体系的基本要求，也是提供更加公平、更高质量教育的客观要求，更是公安教育和公安队伍建设的迫切需求。

第三节　公安工作现代化与公安教育

中国共产党第二十次全国代表大会全面把握新时代新征程党和国家事业发展新要求，人民群众新期待，制定行动纲领和大政方针，指引全党全国各族人民迈上全面建设社会主义现代化国家新征程、向第二个百年奋斗目标进军。今后一段时期，是贯彻党的二十大精神，全面建设社会主义现代化国家开局起步的关键时期。公安工作是政法工作的重要组成部分，公安工作现代化是全面建设社会主义现代化国家的有机组成部分，是国家治理体系和治理能力现代化的重要实践领域。在新时代，要奋力推进公安工作现代化，为全面建设社会主义现代化国家、全面推进中华民族伟大复兴作出新的更大贡献。新时代公安教育的改革发展，必须置于政法工作现代化和公安工作的现代化背景下推进，与全国新时代公安改革同频共振。

一、推进新时代新征程政法工作现代化

推进政法工作现代化，最根本的就是要深刻领悟“两个确立”的决定性意义，坚决做到“两个维护”。旗帜鲜明讲政治，坚决贯彻落实习近平总书记重要指示精神，坚决听从党中央指挥，严明党的政治纪律和政治规矩，推进新时代新征程的政法工作现代化。为了坚决落实党的二十大部署要求，政法战线各个部门谋划推进本部门现代化建设规划，研究制定贯彻落实的具体举措。今后一段时间，推进政法工作现代化的重点工作包括以下内容。

（一）全面贯彻习近平法治思想，推动法治化

全面建设社会主义现代化国家，实现高质量的发展必须依靠法治提供牢固的基础、持久的动力、公平公正的环境。政法机关作为制定法律的重要力量和实施法律的职能部门，全面推进立法、执法、司法和守法工作，让人民群众在每一项法律制度、每一个执法决定、每一宗司法案件中都感受到公平正义。

第一，推进科学立法，强化立法意识，围绕数字经济、人工智能、无人驾驶等新兴领域，及时提出立法建议，制定完善司法解释。第二，推进严格执法。加快建立权责统一、权威高效的依法行政体制，推进法治政府建设。公安机关要加大关系群众切身利益的重点领域执法力度，全面推行行政裁量权基准制度，推动执法办案管理中心提质增效。第三，推进公正司法。人民法院要坚持以事实为根据、以法律为准绳，以公开促公正、以透明保廉洁，依法审理教育、就业、医疗、住房、婚姻家庭、社会保障等涉民生案件。人民检察院要全面履行“四大检察”职能，加强法律监督工作，“实质性化解”群众合理合法诉求，深化落实“群众信访件件有回复”，解决好人民群众的操心事烦心事揪心事。第四，推进全民守法。全面落实“谁执法谁普法”普法责任制，完善典型案例定期发布、重大案件庭审直播等制度。司法部要推动实施“八五”普法规划，建立健全领导干部应知应会法律法规清单制度，加快建设覆盖城乡的现代公共法律服务体系。第五，统筹推进国内法治和涉外法治，推进域外适用法律体系建设，主动服务保障“走出去”，加快推进涉外法治话语体系建设。

（二）坚决贯彻总体国家安全观，维护国家安全

国家安全是民族复兴的根基。第一，进一步健全国家安全体系，增强维护国家安全能力，坚决维护国家安全。有力捍卫政治安全。第二，全面加强国家安全教育，筑牢国家安全人民防线。第三，有力维护网络安全。加大对电信网络诈骗、网络贩枪、网络黄赌毒等打击力度，坚决遏制网络违法犯罪多发势头。加强关键信息基础设施安全保护，加强个人信息保护，全力保卫网络空间安全。

（三）积极推动完善社会治理体系，确保社会稳定

加快推进社会治理现代化，健全新形势下维护社会稳定责任制，确保社会稳定。坚持和发展新时代“枫桥经验”，进一步健全党组织领导的自治、法治、德治相结合的城乡基层治理体系，提高市域社会治理能力。深入开展“百万警进千万家”等活动，排查解决上学就业、劳资债务、家庭邻里等矛盾隐患。构建调解、信访、仲裁、行政裁决、行政复议、诉讼等多种方式有机衔接的工作体系，及时把矛盾纠纷化解在基层、化解在萌芽状态。善于运用司法建议、检察建议等方式，推动深化源头治理。

强化社会治安整体防控。以社会治安防控体系建设示范城市创建为牵引，提高驾驭社会治安局势的能力。推进扫黑除恶常态化，创新打击治理新型犯罪机制手段，依法严厉打击涉枪涉爆等突出违法犯罪，全力保障人民群众生命财产安全。深化危险化学品、交通运输等行业领域安全隐患排查整治，不断提高公共安全治理水平。落实党中央优化调整疫情防控措施部署，切实维护防疫秩序、医疗秩序、社会秩序。发展壮大群防群治力量，加强见义勇为激励保障。

（四）全面深化政法改革，推进政法工作现代化

全面深化政法改革，为推进政法工作现代化增添新动能。推动政法改革系统集成、协同高效、纵深推进。第一，全面准确落实司法责任制。推进员额和编制跨域统筹使用、动态调整，推进司法辅助人员招录、培养、使用机制改革，让最优秀的人留在办案一线。推进公安机关执法责任制改革。第二，全面优化政法机构职能体系。统筹研究专门法院规划布局，探索深化跨行政区划法院改革，持续推进四级法院审级职能定位改革，配套推进各级法院内设机构改革。推动检察公益诉讼专门立法，完善公益诉讼制度体系。推动出台地方公安机关机构编制管理改革指导意见，推进市县两级公安机关大部门大警种制改革。加强乡镇（街道）综治中心和人民法庭、检察室、公安派出所、司法所等标准化规范化建设，推动重心下移、资源下沉，夯实基层根基。第三，全面深化诉讼制度改革。深化以审判为中心的诉讼制度改革，构建诉讼以审判为中心、审判以庭审为中心、庭审以证据为中心的刑事诉讼新格局。发挥检察机关审前把关、过滤作用，加强对刑事立案、侦查活动的监督，推动侦查监督与协作配合机制实质化运行。深化诉源治理，深入推进民事案件繁简分流。

全面推进科技信息化建设。完善顶层设计，加强智慧法院建设，深入实施数字检察战略，实行科技兴警三年行动计划，加快“数字法治、智慧司法”建设，实现政法改革与科技应用双轮驱动。加快推进跨部门大数据办案平台建设。探索建立与现代科技深度融合的执法办案新模式，实现职能优化、流程再造、规则重塑。

（五）持续推进政法队伍专业化建设，锻造政法精兵

政法工作是政治性、业务性很强的工作，必须锻造政治过硬、本领高强、作风优良的精兵劲旅，将拥护“两个确立”、做到“两个维护”体现在攻坚克难、战则必胜的能力水平和实际成效上。持续推进政法队伍专业化建设，要做到：第一，从严正风肃纪。坚持严的基调不动摇，坚持不敢腐、不能腐、不想腐一体推进，最大限度预防减少违纪违法问题发生。强化党纪国法、警规警纪教育，定期通报典型问题，筑牢拒腐防变的思想防线。第二，在提升素质能力上久久为功。实施新时代政法领军人才培养计划，分系统建设高水平国家政法智库和业务专家库，推动政法专业人才发展。完善政法机关与高等院校合作培养人才机制，办好中国政法实务大讲堂，提高后备人才培养质量。第三，在健全保障机制上力求实效。健全政法干警身心健康保护机制，制定关爱扶助因公牺牲伤残干警家庭的意见。坚定支持干警依法行使职权，健全依法履职免责制度。

（六）加强党委政法委自身建设，坚持党的绝对领导

党委政法委是党委领导和管理政法工作的职能部门，是实现党对政法工作领导的重要组织形式。政法工作现代化，重在抓政治建设，以深入实施《中国共产党政法工作条例》为抓手，推动完善政治督察、工作述职、执法监督、纪律作风督查巡查等制度机制，确保党中央政令畅通、令行禁止；重在抓统筹协调，着力推进事关全局和长远的大事要事，着力抓好涉及法治建设和国家安全、社会稳定的重要工作；重在抓班子带队伍，协助加强政法单位领导班子和干部队伍建设。坚决落实党的干部政策，树立选人用人正确导向，激励广大政法干警担当作为、奋发有为。各级领导干部要讲政治、讲法治、讲学习、讲担当、讲纪律，当好示范和表率。

二、推进新时代公安工作现代化

新时代的公安机关应以习近平新时代中国特色社会主义思想为指导，全面贯彻落实党的二十大精神，坚持以人民为中心，坚持统筹发展和安全，把忠诚履职、忠诚尽责、忠诚担当作为鲜明标志和最亮底色，坚持总体国家安全观，忠实履行新时代使命任务，为推进中国式现代化作出应有贡献。

2023 年开始的五年，是全面建设社会主义现代化国家开局起步的关键时期。根据新时代全国政法工作的全面部署，公安机关应结合公安工作实际，抓好贯彻落实。全国公安机关紧紧围绕贯彻落实党的二十大精神、奋力推进公安工作现代化这一主题主线，聚焦聚力平安中国建设、法治中国建设两大战略部署，健全完善同国家安全体系和能力现代化要求相适应的捍卫政治安全体系、维护社会稳定体系、公共安全治理体系三大职能体系，大力加强法治公安建设、智慧公安建设、基层基础建设、过硬队伍建设四个基本建设，努力以新安全格局保障新发展格局、以高水平安全保障高质量发展。

（一）健全完善政治安全、社会稳定、公共安全治理三大职能体系

健全完善捍卫政治安全体系。筑就反渗透反颠覆坚固防线，巩固拓展反恐怖反分裂斗争主动态势，加强网络安全工作，着力维护国家政权安全、制度安全、意识形态安全。

健全完善维护社会稳定体系。坚持和发展新时代“枫桥经验”，完善矛盾纠纷常态化排查化解机制，着力防范化解经济社会领域各类风险。

健全完善公共安全治理体系。推进扫黑除恶常态化，创新完善打击治理电信网络诈骗、跨境赌博等新型犯罪机制手段，依法严厉打击涉枪涉爆、侵害妇女儿童权益等突出违法犯罪，纵深推进社会治安防控体系建设，常态化开展公共安全隐患排查整治，着力推进更高水平的平安中国建设。

（二）助力经济深化公安改革，服务党和国家重大战略部署

着力保障高质量发展。依法平等保护各类市场主体产权和合法权益，研究出台更多促进乡村振兴和区域协调发展的政策措施。积极会同相关部门，创新完善对新产业新业态新技术日常监管和联合执法机制，确保有序健康发展。要围绕出口贸易、引才引智等重点，推出更多便利政策措施，助力经济实现整体好转。聚焦群众生产生活需要，优化公安政务服务。

大力推动法治公安建设提档升级。健全执法制度体系，完善执法监督管理机制，推进执法责任制改革，改进执法方式方法，推动执法办案管理中心提质增效，着力提升公安工作法治化水平和执法公信力。

深入推进公安改革创新，在组织体系、警务运行机制、智慧公安建设等方面下功夫，着力塑造公安工作高质量发展新动能新优势。

（三）坚持全面从严管党治警，加强公安队伍建设

公安机关要毫不动摇坚持全面从严管党治警，着力锻造“四个铁一般”过硬公安队伍。同时，落实新时代党的组织路线和好干部标准，选优配强领导干部。在教育培训方面，要推进全警实战练兵常态化，提高一线民警法律素养和执法办案能力。持之以恒正风肃纪，严格执行铁规禁令，推动全警作风持续改进。加大监督执纪力度，清除一切侵蚀公安队伍肌体健康的病毒，打造让党和人民满意的公安队伍。

做好当前和今后一个时期公安工作，必须更加注重把握好以下原则和方法：突出政治引领，矢志不渝做党和人民的忠诚卫士；突出系统观念，加强对公安工作的前瞻性思考、全局性谋划、整体性推进；突出底线思维，强化风险预判、战略预置和应急处置；突出斗争精神，坚决战胜前进道路上的各种困难挑战；突出守正创新，着力破解制约公安工作高质量发展的深层次体制机制障碍。

三、公安工作现代化背景下公安教育改革的方向

政法工作现代化和公安工作现代化都需要强有力的人才支撑为保障。改革创新驱动新时代公安工作，需要持续深化公安机关机构改革和队伍管理改革，构建完善现代警务体系，大力公安队伍革命化、正规化、专业化、职业化建设，以公安教育的高质量发展保障公安工作的高质量发展。在今后一段时期，公安教育要主动适应公安工作现代化的要求，把握好改革发展的方向。

（一）坚持政治建警，加强党的政治领导

公安院校在开展公安教育的过程中，要坚持以人民为中心，坚持统筹发展和安全，坚持总体国家安全观，坚持稳中求进工作总基调，坚持政治建警、改革强警、科技兴警、从严治警、从优待警，以加强党的政治建设为统领，以防范化解重大风险为基点，以深化改革创新为动力，以锻造过硬公安队伍为保证，抓好防风险、保安全、护稳定、促发展各项工作，奋力推进公安工作现代化。

（二）加强人才培养和实战化训练

公安教育改革必须聚焦发挥素质强警、人才强警的先导性支撑性作用，持续加强专业人才培养和实战化教育训练。各级公安机关应认真落实公安部党委《关于加强和改进新时代公安人才工作的实施意见》，积极与公安院校协同育人，统筹推进高层次、实战化、急需紧缺、青年后备等人才建设。公安教育与培训必须坚持战斗力标准，立足实战化要求，加强专业化建设，巩固深化全警实战大练兵成果。深入推进公安院校实战化教学改革，学历教育与职业教育并重，做实政治训练、基础训练、专业训练，加快构建响应需求、适应实战、全面发展、覆盖职业生涯的民警素能培养体系，不断增强公安队伍政治素质和实战本领，着力锻造实战精兵、培育忠诚卫士，为公安机关忠实履行新时代使命任务提供了坚强有力保证。

（三）借力科技强警，助推科技兴教

科技是第一生产力、人才是第一资源、创新是第一动力。科技兴警是公安工作现代化的根本战略。当前，新一轮科技和产业革命蓬勃发展。公安机关必须紧跟现代科技发展前沿特别是数字化发展趋势，推进大数据战略行动，推动大数据理念、技术、手段和社会治理融合发展，打造“情指行”一体化实战警务运行机制，推动警务模式向智能型、主动型转变，全面推进公安工作质量变革、效率变革、动力变革，不断提升公安队伍核心战斗力。

为了充分发挥科技创新对公安工作的引领支撑作用，2023 年 2 月，公安部、科技部联合印发通知，部署推进科技兴警三年行动计划（2023—2025 年），旨在构建公安战略科技力量体系，优化公安科技创新平台布局，增强公安重大业务需求科技支撑能力，完善公安科技人才梯队培育体系，形成科技兴警协同工作格局，提升科技创新支撑平安中国建设的水平。

科技兴警三年计划包括，第一，深入推进创新平台建设行动，通过建设全国重点实验室、培育国家技术创新中心、推动地方科技创新平台建设等，科学规划和合理布局公安领域技术创新平台，探索警民创新主体有机融合模式，引导科技创新资源向公安基础研究领域集聚，建立面向公安场景应用的研发体系。第二，深入推进重大项目实施行动，通过关键核心技术攻关、共性应用技术研究等，布局智慧警务基础支撑、公共安全智能治理等领域重大项目，组织科技创新主体系统开展科研攻关，构建多维度、全过程的综合绩效评价体系。第三，组织实施“科技兴警 221 示范工程”，通过创建科技兴警示范区、科技兴警示范单位、科技兴警示范点等，加强对创新平台科研产出与重大项目研发成果的转化应用，加快形成科技兴警创新示范一体化发展格局。第四，组织实施“科技兴警 521 人才计划”，通过培育公安科技创新领军人才、创新团队、建设科技智库等，完善公安高层次人才培育机制，充分挖掘人才潜力，建设一支政治过硬、素质优良的高水平公安科技创新人才队伍。

科技兴警三年计划聚焦社会公共安全，以强化公安实战能力为导向，以建设科技创新平台为基础，以突破关键核心技术为重点，推进公安基础性、战略性、前沿性技术研发布局，持续深化高新技术在公安工作中的创新集成应用，打造公安科技创新体系。计划内容与人才培养密切相关，公安院校应积极融入科技兴警三年计划，积极参与创新平台建设，创新团队建设，发挥智库作用，助推公安教育变革推动科技兴教，为建设更高水平的平安中国、法治中国提供有力人才支撑。

第五章　公安教育改革：推进新时代公安教育现代化

第一节　公安教育现代化是新时代公安教育改革的必然道路

公安教育现代化是中国式现代化在公安教育领域的政策体现和自然延伸，是新时代公安教育改革的历史必然和发展道路。公安教育现代化是新时期我国公安工作现代化与教育现代化的有机融合。公安教育质量的好坏直接关系到公安队伍的战斗力。公安教育为新时代公安工作和公安队伍建设提供人才智力支撑和源头动力保障，起到基础性、先导性、全局性的作用。

一、教育现代化

现代化是人类进步和国家发展的综合性描述话语，是指自 17 世纪以来从传统经济向现代经济、传统社会向现代社会、传统政治向现代政治、传统文明向现代文明等社会变迁的过程，表现为“工业化”“城市化”“教育普及化”与“政治民主化”等。现代化标志着人类和社会向文明更进一步，是文艺复兴以来社会进步和经济发展使用最多的标志性语言，代表了生产力的进步、人口素质的提高、经济的增长、教育的发展等。20 世纪 60 年代后期以来，不少学者强调现代化是指整个社会生活的全面变化，至少包括建立现代国家、发展现代经济、建设现代社会三个方面，相互衔接又彼此重叠。一般来说，现代化既包括国家的现代化、社会的现代化、人的现代化，也包括教育、科技、农业、军事等特定领域的现代化。现代化不是某个时间节点，而是一个漫长的历史发展过程；不是静态的，而是动态的前进；不是片面的某个领域提升，而是全面的社会进步。随着社会的发展进步，人们越来越清楚地认识到，社会现代化的关键是人的现代化，并且不管何种现代化，均以人的现代化为前提和归宿。

教育现代化与社会现代化、人的现代化过程紧密相连，不能局限也不能脱离当前需要谈现代化。教育现代化是国家现代化的基础和先导。目前，在我们国家，中国特色社会主义进入新时代，教育的这一作用就更加凸显。加快向创新型国家迈进，建设现代化经济体系，建设富强、民主、文明、和谐、美丽的社会主义现代化强国，实现中华民族伟大复兴的中国梦，满足人民美好生活需要，必须加快教育现代化，把我国建设成为教育强国。

教育现代化是高水平教育形态的综合性称呼，是与教育形态变迁相伴的教育现代性不断实现和增长的过程，是利用科学技术对教育实施变革的过程，是超越传统教育向现代教育转变的过程。当教育具备了如自主性、多样性、法制性、民主性、生产性、人道性、专业性等特征时，就可认为教育实现了现代化的转变与深化①。每一个国家的教育现代化都是与本国的教育实际发展及经济文化相结合的，内涵各异，但又都是各国教育发展过程中最为紧迫、最为关键的问题②。教育现代化不是一个短暂的实现过程，而是一个漫长的发展过程；教育现代化不仅指教育手段和教育技术的现代化，更重要的是指教育发展能够反哺和提升本国经济、政治、社会、文化。在以中国式现代化全面推进中华民族伟大复兴的新征程中，我国教育现代化要使我国的教育制度、教育结构、教育质量都能够达到国际先进教育水平，提高教育服务经济和社会的能力，促进教育与人口、经济、社会发展的和谐进步。我们的教育必须把培养社会主义建设者和接班人作为根本任务，培养一代又一代拥护中国共产党领导和我国社会主义制度、立志为中国特色社会主义奋斗终身的有用人才。这是教育工作的根本任务，也是教育现代化的方向目标。

新中国成立后，我国持续探索教育现代化建设，坚持以人民为中心发展教育，以教育现代化支撑国家现代化发展，高度重视培养社会主义建设者和接班人。1983年10月1日，邓小平同志为北京景山学校的题词："教育要面向现代化，面向世界，面向未来"。"三个面向"首次提出了教育现代化的要求，开启了中国教育现代化的征程。"三个面向"具有国家战略发展方向的导向性，为随后我国教育体制的改革和发展指明了方向。在"三个面向"的指引下，中共中央在1985年5月颁发《关于教育体制改革的决定》，提出"教育必须为社会主义建设服务，社会主义建设必须依靠教育"。1992年10月，党的十四大明确建立社会主义市场经济体制，标志着改革开放迈入新阶段，并特别提出："必须把教育摆在优先发展的战略地位，努力提高全民族的思想道德和科学文化水平，这是实现我国现代化的根本大计。"此后，党和国家不断强化教育优先发展战略。1993年2月印发的《中国教育改革和发展纲要》提出，再经过几十年的努力，建立起比较成熟和完善的社会主义教育体系，实现教育的现代化。

21世纪初期，世界科学技术迅猛发展，加上我国改革开放过程中的矛盾逐渐

① 褚宏启：《教育现代化的本质与评价——我们需要什么样的教育现代化》，载《教育研究》2013年第11期。

② 冉华：《教育现代化评价指标体系的价值维度比较研究》，华东师范大学学位论文，2016年。

显露，教育和人才在国家发展中的重要性和紧迫性日益凸显。继“科教兴国战略”之后，党中央又提出了“人才强国战略”。2010 年 7 月召开的全国教育工作会议指出，要全面贯彻党的教育方针，培养德智体美全面发展的社会主义建设者和接班人。要求各级党委和政府要按照优先发展、育人为本、改革创新、促进公平、提高质量的工作方针，切实落实《国家中长期教育改革和发展规划纲要（2010-2020年）》，确保到 2020 年我国基本实现教育现代化，基本形成学习型社会，进入人力资源强国行列。

党的十八大以来，国家高度重视培养社会主义建设者和接班人，坚持把立德树人作为教育的中心环节，把思想政治工作贯穿教育教学全过程，实现全员育人、全程育人、全方位育人，努力开创我国教育事业发展新局面。党的十八大报告首次将“立德树人”确立为教育的根本任务。党的十九大报告进一步指出，要“落实立德树人根本任务”，“加快教育现代化，办好人民满意的教育。”2018 年 9 月 10 日，党中央召开新时代第一次全国教育大会。习近平总书记在大会上发表重要讲话，坚持把优先发展教育事业作为推动党和国家各项事业发展的重要先手棋，提出“坚持以人民为中心发展教育”的新理念，要求“努力构建德智体美劳全面培养的教育体系，形成更高水平的人才培养体系”。大会对加快推进教育现代化、建设教育强国、办好人民满意的教育作出了全面部署，向全党全国全社会发出了加快推进教育现代化的动员令。以人民为中心发展教育，办人民满意的教育，是党执政为民的内在要求，也是贯彻落实以人民为中心发展思想的重要体现，是我国走向教育现代化过程中的基本遵循和重要指南。

2019 年 2 月，中共中央办公厅、国务院办公厅印发了《加快推进教育现代化实施方案（2018-2022 年）》，中共中央、国务院印发了《中国教育现代化 2035》。《中国教育现代化 2035》是我国第一个以教育现代化为主题的中长期战略规划，其提出：“到 2035 年，总体实现教育现代化，迈入教育强国行列，推动我国成为学习大国、人力资源强国和人才强国，为到 21 世纪中叶建成富强民主文明和谐美丽的社会主义现代化强国奠定坚实基础。”当下，科技进步日新月异，教育现代化必然要求不断提高教育工作的科技含量和技术水平。 2018 年 4 月，教育部印发《教育信息化 2.0 行动计划》，使教育信息化发展从单纯技术应用转向深度融合创新。加快信息化时代教育变革，利用现代技术加快推动人才培养模式改革，创新教育服务业态，建立数字教育资源共建共享机制。推进教育治理方式变革，加快形成现代化的教育管理与监测体系，推进管理精准化和决策科学化。

党的二十大报告指出：“教育、科技、人才是全面建设社会主义现代化国家的基础性、战略性支撑”。报告以“科教兴国战略”为纲再次擘画蓝图，视教育、科技、人才为全面建设社会主义现代化国家的基础性、战略性支撑，坚持科技是第一生产力、人才是第一资源、创新是第一动力。在党的历次工作报告中，党的二十大报告首次把教育、科技、人才统筹谋划，前所未有地强调教育、科技、人才、创新的“四位一体”以及科教兴国、人才强国、创新驱动发展“三大战略”的一体化部署。这是对中国式教育现代化又一次高屋建瓴的顶层设计，有助于开辟发展新领域新赛道，不断塑造发展新动能新优势。教育现代化的发展目标要聚焦实现人的现代化。深化教育领域的‘放管服’改革，在教育结构、教学方式、课程体系、治理模式、教师队伍建设等方面系统推进教育的综合改革、开放和创新探索，为每个学习者实现美好生活及多彩人生提供有力帮助。教育现代化作为我国建设社会主义现代化国家的战略目标，是我国实现中华民族伟大复兴的必然要求。坚持把优先发展教育事业作为推动党和国家各项事业发展的重要“先手棋”，在更加公平和更有质量上狠下功夫，就一定能办好人民满意的教育，培育合格的社会主义建设者和接班人，为全面建设社会主义现代化国家新征程提供强有力的人才保障和智力支撑。

二、高等教育现代化

高等教育现代化是一个目标和过程的统一体。作为目标，现代化的高等教育实质上是促进人的价值实现和人的自由而全面发展的教育；作为过程，它是以各国传统文化和教育传统为基础的，向这一远大目标发展的过程。在这个过程中，科学技术教育先进的教学手段的采用，各种教育形式的拓展等都是为实现最终目标服务的。教育要适应社会主义现代化建设的需要，改变旧的教育思想、教育制度、教育内容和教育方法，达到现代教育的基本特性和基本要求。

高等教育现代化是由中国式现代化所推动达成的一种高等教育发展状态，是中国式现代化的重要内容。高等教育作为教育发展体系中的重要一环，是整个教育体系的龙头，其发展水平是国家发展水平和发展潜力的重要标志。强大的高等教育是一个国家经济硬实力、文化软实力、影响巧实力、技术锐实力、科学元实力的关键推动力、主要贡献者和重要策源地。因此，高等教育在实现中国式现代化中扮演着不可替代的战略角色，发挥着举足轻重的战略作用，必须加快改革创新发展，全面提高人才自主培养质量，着力造就拔尖创新人才，以高质量发展全面服务支撑中国式现代化。

党的二十大对教育、科技、人才工作的统筹与部署，为高等教育改革创新和高质量发展提供了前所未有的政策支持和历史机遇，也提出了新的更高要求。统筹推进科教兴国战略、人才强国战略、创新驱动发展战略，既要遵循中国式现代化发展规律，又要遵循教育现代化发展规律和人才发展规律，促进教育资本向人才、文化、科技、创新不断转化，高质量构建现代化高等教育体系。第一，推进高等教育现代化的关键是必须牢牢把握办学方向和属性，始终坚持社会主义办学方向和社会主义大学属性，毫不动摇地坚持和加强党对高等教育的全面领导。第二，要把握人的全面发展这一根本任务，高等教育是关乎意识形态的上层建筑，对培养社会主义建设者和接班人具有重要作用。社会主义现代化建设的目标包括并依托于人的现代化，教育是实现人的全面发展的重要手段，是个人与全社会共同发展不可或缺的关键环节。高等教育在助力社会主义现代化强国建设、助力中国式现代化的新征程中，最神圣的使命是为党和国家源源不断地培养社会发展、知识积累、文化传承、国家存续、制度运行所要求的人力资源。第三，牢牢把握高质量发展这一战略任务。高质量发展是全面建设社会主义现代化国家的首要任务，是中国式现代化的本质要求。高等教育现代化是推动高质量发展的现实需要，创新是从根本上打开发展之锁的钥匙。高校作为科技创新的生力军，必须主动顺应新一轮科技革命和产业变革深入发展的时代要求、现代化经济体系转型升级的现实需求、对各级各类高端人才的迫切需要、实现内涵式发展满足人民群众对高质量高等教育需求的热切期盼，支撑国家战略科技力量，以高水平科技自立自强推动经济社会高质量发展，提高我国综合实力和国际竞争力，以高等教育现代化服务高质量发展支撑中国式现代化。第四，把握人才自主培养这一关键路径。自主培养高水平创新人才、科技领军人才、高素质技术技能人才，加快建设世界重要人才中心和创新高地汇聚创新团队。第五，坚持中国特色办学。党中央立足我国社会环境、历史背景、发展阶段等现实实际，汲取世界各国高等教育模式优势，创造性地提出建设中国特色世界一流大学和一流学科这一战略举措。新时代新征程上，必须植根我国独特的历史、传承我国独特的文化、立足我国独特的国情，建设具有中国特色的高等教育制度、模式、治理体系等，构建中国自主的高等教育体系和评价标准，走出一条建设中国特色、世界一流大学的新路。

实现我国高等教育现代化应打造高等教育发展的“中国范式”，“四新”体现中国高等教育思想理论的创新，数字化战略体现中国高等教育形态的创新。高等教育创新与发展瞄准科技前沿和关键领域，将从教育思想、发展理念、质量标准、技术方法、评价等对人才培养范式进行全方位改革，引领高等教育创新发展。

三、公安教育现代化

公安教育作为高等教育的重要组成部分，也进入了以实现现代化为核心奋斗目标的新时代。公安教育现代化是特定行业领域的现代化，是公安现代化和教育现代化的有机结合，既具有现代化的一般特质和内在规定性，更具有特定领域的属性特征，具有丰富的内涵。公安工作和公安队伍建设现代化是贯穿公安现代化的两大核心主题。公安教育现代化是教育现代化的有机组成部分，是公安工作和公安队伍现代化建设的重要内容和根本支撑。公安教育现代化既符合教育现代化的基本内涵、遵循教育现代化的一般规律和普遍要求，又遵循公安教育的发展规律和公安人才培养的基本规律。从基本内涵来看，公安教育现代化主要指思想观念、体制机制、结构布局、人才培养体系（包括学科体系、教学体系、教材体系、过程模式、方法手段、考核评价、质量监控等）、治理能力、发展保障等公安专业人才培养的育人体系和育人能力的现代化，最为核心和关键的是教育思想和教育理念的现代化。从本质上来说，公安教育现代化是以培养人民公安事业优秀建设者和可靠接班人为根本任务的现代化，是以信息化为支撑基础的现代化，是以服务实战为基本面向的现代化，并体现为实现公安教育不断深化建设改革、转型升级、保持在世界警察教育发展先进水平的行为和过程。

2018 年 9 月，全国教育大会站在新时代党和国家事业发展全局的高度，科学回答了我国教育现代化的重大问题，对今后一个时期教育工作作出了重大部署。公安教育是党和国家教育事业的重要组成部分，在公安工作中处于基础性、先导性、全局性地位，需遵循全国教育大会的精神进行改革。为了贯彻习近平总书记在全国教育大会上的重要讲话精神，公安部党委随后作出了关于“全面贯彻落实党的教育方针，大力推进公安教育现代化，奋力开创新时代公安教育工作新局面”的重要决策部署。要求各级公安机关特别是公安院校应切实把思想和行动统一到党中央决策部署上来，切实加强党对公安教育工作的全面领导，始终坚持公安院校办学的正确政治方向，全面贯彻落实党的教育方针，真抓实干、开拓进取，大力推进公安教育现代化，奋力开创新时代公安教育工作新局面。自此，公安教育现代化进程正式开启，公安教育现代化的主要要求如下：

（一）公安教育现代化必须坚持“公安姓党”的根本政治属性

首先，公安院校要毫不动摇地坚持政治建警、政治建校方针，树牢“四个意识”，坚定“四个自信”，切实加强党对公安教育工作的全面领导，确保公安教育始终坚持正确的政治方向。其次，要全面加强公安院校思想政治教育，坚持用习近平新时代中国特色社会主义思想武装头脑，切实打牢高举旗帜、听党指挥、忠诚使命的思想根基。坚决按照习近平总书记提出的“对党忠诚、服务人民、执法公正、纪律严明”的总要求，教育引导广大民警和师生坚定理想信念，铸牢忠诚警魂，始终在政治立场、政治方向、政治原则、政治道路上与党中央保持高度一致。第三，要着力夯实公安院校党建工作，把抓好党建作为办学治校的基本功，把党的教育方针全面贯彻到学校工作各方面，使公安院校成为坚持党的领导的坚强阵地。要切实严肃公安院校政治纪律规矩，时时处处把纪律规矩挺在前面。第四，要坚决维护公安院校意识形态安全，毫不动摇地坚持党对意识形态工作的领导权，坚决反对和抵制各种错误观点，决不允许在公安院校讲台上出现违背党和国家大政方针、违背宪法法律的言行。

（二）立德树人，注重质量，全面提升公安教育化水平

公安教育要牢牢把握培养党和人民忠诚卫士的根本，紧扣质量提升的关键，坚持立德树人、教师为本、完善体系、突出实战，创新办学理念、培养模式、教学手段，全面提升公安教育现代化水平。

1. 立德树人

要坚决把立德树人作为根本任务，教育引导广大学生正确认识和把握人类社会发展的历史必然性，正确认识和把握中国特色社会主义的历史必然性，不断树立为共产主义远大理想和中国特色社会主义共同理想奋斗的信念和信心，加强品德修养、增长知识见识，传承奋斗精神。

2. 五育并举

通过五育并举推进公安人才现代化。习近平总书记在全国教育大会上要求构建德智体美劳“五育”并举的教育体系，通过德育、智育、体育、美育、劳动教育五种教育方式共同作用，多方面、全方位提高人的素质，开发人的潜能，促进人的全面发展。公安教育现代化的本质是实现公安人才现代化，公安院校要加强对学生综合素质的培养，努力锻造成为德智体美劳全面发展的社会主义建设者和人民公安事业可靠接班人。

3. 师资建设

坚持政治标准，突出办学特色，严把教师队伍“入口”关，加强优秀骨干教师培养，优化教师队伍结构，加大关爱教师工作力度，逐步健全具有公安院校特点的教师管理制度，努力使每一位教师都成为先进思想文化的传播者、党执政的坚定支持者、学生健康成长的指导者和引路人。

4. 培养体系

加强公安学科建设，科学设置公安专业，完善人才培养体系，把教育训练工作放在更加突出的位置，努力形成“全警育人”局面，培养高素质专门人才。积极争取党委、政府重视支持，不断改善公安院校办学条件，尊重教育发展规律，发挥院校主体作用，突出公安行业特色，创新完善“教、学、练、战”一体化人才培养模式。

5. 服务实战

聚焦新时代公安工作现代化的新要求，强化教学与实战对接，坚持“实战有所需、教学必有应”，要坚持贴近基层、贴近一线、贴近实战，着眼民警辅警素质能力短板，全面加强政治训练、专业训练和技战术训练，提升民警辅警履职能力和实战本领。

6. 数字赋能

根据数字时代的发展特点，充分运用信息化手段积极融入公安教育现代化，在教学手段和方式的创新、升级改造中，在教材编写和建设中，在实践、实训教学中，在教学管理和评价中，在教学质量监测中都应充分发挥大数据、人工智能等信息化手段的作用，实现公安教育数字化提升。

（三）建设平安校园，维护校园安全稳定

第一，充分发挥各级公安机关的职能作用，切实肩负起维护教育领域安全稳定的职责，加强与教育、综治等部门的协作配合，不断深化平安校园建设，严厉打击涉校违法犯罪，扎实做好维护公安教育领域安全稳定工作。

第二，推动完善校园内部安全管理，加强校园周边安全治理。构建措施严密、科学有效的校园安全防控体系，有效保护学校师生生命财产安全。健全完善相关工作机制，及时组织开展专项打击整治，对各类侵害师生人身财产安全的违法犯罪活动“零容忍”。增强政治敏锐性和政治鉴别力，坚决维护高校政治安全，努力为教育事业的健康发展创造良好社会环境。

（四）公安教育与公安工作现代化共同建设与发展

公安教育现代化的实现必须与公安工作现代化同向同行，同构同筑，共同建设，共同发展。各级公安机关党委要把公安教育改革发展和维护教育领域安全稳定纳入重要议事日程，加强领导研究、加强保障服务，加大工作力度。各级公安机关主要负责同志要切实承担起第一责任人职责，紧密联系实际制定任务清单和责任清单，层层传导压力、级级压实责任，确保落地落实，保障实现公安教育现代化。

新时代新征程中的公安教育现代化，在中国式现代化时代大背景下进行，需要综合考量教育现代化和公安工作现代化的要求，坚持以习近平新时代中国特色社会主义思想为指导，践行对党忠诚、服务人民、执法工作、纪律严明总要求，坚持总体国家安全观，服务国家安全和公安工作。为服务实战、适应信息社会的发展，守正创新探索协同育人、交叉融合的教育改革，树立先进教育理念创新人才培养，提升公安教育治理体系和治理能力，推进公安教育现代化。

第二节　协同联动：公安教育的守正之道

公安教育属于高等教育序列，同时具有鲜明的行业特色，多年来公安院校一直在教育行政主管部门和上级公安行政主管部门的共同领导下开展人才培养，其服务面向主要是公安机关，培养应用型警务人才。根据公安教育的服务面向，长期以来公安院校注重与公安机关的协同联动育人，取得了一定的成绩，但是在合作深度、广度、效益等方面存在问题。协同育人，是公安教育长期坚持和倡导的办学特色，是公安教育的守正之道，面对新时代高等教育现代化和公安工作现代化的新情况、新背景、新要求，应该进一步深化和拓展教育系统与行业部门联动，建立协同育人、育才、育警的机制，探索更多元更多层级的协同主体联动育警模式，将中国式现代化的总要求融入公安教育之中，深入推动公安教学理念和人才培养模式改革，实现公安人才培养与社会需求的结合，以推进公安教育现代化，提升人才自主培养的质量。

协同联动育警要依靠政府部门、教育主管部门、公安实战部门和社会的共同努力与广泛参与。协同育警不光要加强教育系统与公安部门的联动，还涵盖行业内与行业外，校内和校外，教师和学生之间的联动，主要包括以下方面的内容：

一、校局协同联动

校局协同在协同联动育警中占有最为重要的位置，是公安教育作为行业特色办学性质的突出表现和要求。公安院校培养的警务人才绝大部分就职于公安部门，公安专业人才的培养与公安队伍建设和公安工作现代化息息相关。在现实中，一直存在着公安教育优先发展的战略地位还没有得到完全落实、教育培训理论脱离实际的问题。有些公安机关的领导对公安教育有些没有真正把公安教育摆上重要议事日程，落实不到实际工作中或一时一事重视，不能一以贯之，公安教育的教学质量有待进一步提高。

校局合作协同育警是解决问题有效方法，公安院校与公安实战部门之间的合作是我国公安教育现代化建设过程的必由路径。校局协同，是指公安院校与公安机关同向同行，紧密合作、资源共享、责任共担的方式共同培养服务公安实战需求的高素质公安人才的协同育警教育模式。校局协同可以有效解决公安教育理论与实践脱节的问题。要服务好公安实战，必须在公安工作的发展大局中谋划布局公安教育，切实发挥公安教育的战略性、基础性、先导性作用；实现公安校与各层级公安机关、各警种实战部门的全面对接、协同育人；以实战为导向引领公安教育，在充分融入实战、有效服务实战的过程中引领公安工作的开展。

校局协同不仅局限在公安院校为主体与公安机关之间的合作，还包括公安院校各公安专业教学部门与实战单位各警种、各部门的深度合作对接，以充分发挥人才培养、在职民警培训、公安业务工作研究指导的“三重功能”，有利于深化在治理犯罪、预防犯罪、打击犯罪方面的特色和优势，有利于进一步赢得全国公安机关的尊重和信任，获得公安工作的部分话语权。

校局协同不能流于形式，需要通过系列制度保障校局的深度合作、常态合作，真正实现双方的共建共享共赢。实现校局协同的路径主要包括：

（一）完善校局协同联动的常态化长效机制

公安教育是为公安队伍建设和公安工作服务，培养优秀的公安专门人才，是全部公安系统的共同责任，公安院校和各级公安机关都必须充分认识和高度重视。全员育警是做好公安教育工作的根本保证。省市级公安厅（局）、公安院校、基层一线公安机关应该统一思想、建章立制，加强深度合作，形成长效协同联动育警机制。制定校局合作的规章制度，构建常态化合作关系，明确目标、划分职责、理顺关系、严格考核、加大奖惩力度，形成良好氛围和运行机制，确保校局协同有章可循、深度合作、高效运行。

要保证校局协同联动机制的高效落实和有序运行，最有效的办法就是打破公安机关和公安院校之间的壁垒，让二者形成身份上的认同，同构同筑共同发展。可以从省属公安院校层面尝试探索，统一公安机关和公安院校的身份和体制，让省（市）公安厅（局）的负责人兼任省属公安院校的主官，将内设的教育训练部门进学院合署办公，建立全新的公安教育与培训管理机构，统筹本区域内的公安教育和职业培训工作，将全日制学历教育与在职民警培训有效衔接、深度结合。通过统一领导、一套班子、分别侧重，资源共享，共同教育的校局协同预警模式彻底解决领导不重视、教育培训两张皮、理论脱离实践的问题。

（二）明确、深化和规范校局协同联动的内容

公安系统内部的校局协同联动特色明显、对推进公安教育现代化意义重大，必须深化合作领域、丰富内涵、规范程序，进行全方位、多层次、多警种的全面合作。校局协同的领域应涵盖公安教育的方方面面，包括专业的设置和论证、人才培养方案的制定、常规教学活动的承担、教学和办案资源的共享等，并同步建立校局协同育警的绩效考核机制，建立监督考核评价制度、改进教师和教官的双向交流制度、制定教官和双师型教师的优先晋升制度等。

校局协同必须是全方位的合作，包括公安机关的各警种、各层次的密切合作。一是建立各专业的教育教学和训练的合作。不同警种的业务不同，对应的专业教学特点不同，技术手段不同，合作的内容、方式各有不同。二是建立各个不同层次、级别的合作。如市局、分县局、派出所，总队、支队、大队等，因不同层次、不同级别单位，其工作面、工作任务、工作重点、工作技能要求等各不相同，对人才的需求不同，培训的内容和要求不同。三是进行院校和实战部门的办案和科研合作。公安院校发挥智库作用，与公安实战部门开展智力合作，取长补短，发挥各自的理论与实战经验的优势。就公安实战中存在的难点、热点问题联合攻关，尤其在新型犯罪领域，通过校局之间的深度合作解决现实难题、丰富教学内容。

加强信息化方面的协同联动共建，科技强警、科技兴校，坚持以信息化引领现代化，积极推动公安教育的信息化建设。当前，各地公安机关全国深化公安改革，大刀阔斧开展警务信息化建设，智慧公安建设，用信息技术、大数据赋能社会治安治理，精准打击违法犯罪，并开展线上在职民警的职业培训和考核。实战部门的信息资源集中建设在行业内网上，而公安院校主要依托互联网开展了校园信息化建设，如图书资料、在线课程等，鉴于警察的特殊性和职业保密性要求，二者并不互通互联。公安院校承担公安学历教育和职业培训的双重职责，如果不能做到信息共享互通，教学内容无法与实战工作同步，则不可能服务实战，培养公安工作需要的高素质警务人才。校局协同为公安院校和公安机关的信息资源的整合、共享提供了必要的条件，通过信息资源的开拓和共享，及时改革、调整教学训练的内容、方法、手段，使教师、教官、一线民警和学生都能时刻了解、掌握最新的技术手段和科研成果，与时俱进，培养符合时代要求的公安专门人才。

实现常态化的教师和教官的双向交流机制，落实和促进交流的深度、广度和效果。公安教育和培训的指导思想和要求是按照“知识、能力、素质协调发展，突出能力培养”的理念，构建理论教学与实践教学相结合，知识传授与能力培养相结合，校内培养与公安实践相结合的公安专门人才培养模式。要实现这一目标要求，校局协同可以让院校教师与实战教官共同制定培养目标，论证专业设置，确定教学大纲、教案，商讨教育教学内容和方法，编写教材和实验实训方案，创新教学方法，改革考试、考核体系和标准。教官定期到公安院校承担常规性的教学任务，一起组织实施教学活动，真正提升在校学生和在职民警的实战能力，确保人才培养的质量和水平。

（三）建立校局协同联动的监督考核评价体系

强化对校局合作协同联动育警的检查和监督和考核评价，建立校局协同的效果跟踪评价、奖惩机制是完成公安教育与训练目标的有力保障。监督考核评价的内容首先是过程监督考核，对合作交流项目、教学设计及方案、教学内容、教学过程的全面监督考核。二是结果考核评价，看合作成效、育人效果、涉及理论知识、实战能力、综合素质的全方位考核。三是奖惩激励评价，公安机关对实战教官的教学时间和教学效果进行考核评价，并将此经历和成绩作为晋职、提级的优先条件和必备条件；公安院校将基层实践经历和工作成效作为专业技术职务考核评审的必要条件和优先条件。对公安机关和公安院校促进和落实、参与校局协同育警的工作也进行绩效考核，作为领导干部考核和提拔的重要参考因素。

二、校校协同联动

校校协同联动包括公安院校之间，公安院校与国内普通高校之间，公安院校与国外高校的合作联动，可以尝试院校联盟的形式开展协同联动。教育的目标是培养人，培养满足社会需求的人才。无论是哪种社会需求，对知识和人才的需求具有多样性也存在共通性，为校际合作提供了可能性。在构建高等教育协同育人新机制的背景下，高校之间“全方位全过程深度融合”既是目标也是要求。公安院校作为公安教育的实施者，要主动融入教育系统，要按照现代高等教育发展的新理念，遵循高等教育的共性规律，按照高等教育的学科专业建设、人才培养、教学质量评价标准全面深入开展内涵建设，提升公安教育的现代化水平。从公安教育发展的历史可以看出来，公安教育是从在职教育发展为学历教育，从传授经验知识逐步发展为传授理论知识。目前，对公安学、公安技术各学科理论发展水平还不够高，更没有建立科学完善的学科理论体系。培养的人才不能解决缺乏综合能力，入职的发展后劲不足。相比地方高校的学科建设水平，公安高校的差距较为明显。在全面培养人才的目标达成驱动下，公安院校应与普通地方高校合作，协同育人，在通用知识、基础课程的教学、在某些专业基础知识领域、前沿理论知识和技术方面，都可以通过校校协同的方式来快速提升人才自主培养的效果。

在公安院校间的校校协同联动可以解决公安学、公安技术学下各个专业在不同院校之间的差异性问题，专业人才培养需要保持个性化的维度，但也应有同一专业的共性标准和要求。公安院校间的合作，可以实现同专业人才培养之间的直接沟通、交流与合作，对学科建设、专业建设和人才培养都有很大帮助。公安院校与普通高校之间的校校合作，可以给公安院校增加更多的元素，无论是与国内还是国外高校开展合作，都能有效推进公安教育现代化。

校校合作的范围首先就是人才培养，高校之间可以通过人才培养来促进合作，例如联合培养研究生、交换学生、实习生等。例如有的公安院校与国内普通高校合作，开展研究生教育；有的公安院校与国外高校合作，联合开展中外合作办学；也有公安院校与国内知名综合性大学、政法大学建立合作机制，设立学分互认制度，让学生在国内就可以接受普通高等学校的教育，例如中国人民公安大学与北京外国语大学联合进行涉外警务专业学生的外语培养，中国刑事警察学院每年选派优秀学子到西南政法大学交换学习。二是学术交流，高校之间可以通过学术交流来促进合作，例如学术研讨会、学术讲座、学术论坛等。三是开展科研合作，高校之间可以通过科研合作来促进合作。例如联合申报科研项目、共同开展科研课题、共享科研设备、图书资源等，共同研究解决当前警务工作中遇到的难点、热点问题。四是教材建设，高校之间可以通过教材建设来促进合作，例如与普通高校共同编写公共课的教材、共享教材资源，与公安院校可以合作编写专业教材，统一教学基本内容和体系。五是学科和专业建设，高校之间可以通过学科和专业建设来促进合作、深化交流，例如共同研讨，商量新兴学科和专业的设立和建设，共享教学资源等。

三、校企协同联动

校企协同联动是公安院校与社会合作，协同育人的一种联动合作模式，合作对象主要包括社会中的相关企业、事业单位及其他各种工作部门。公安教育具有突出的行业特色，具有明显的职业教育性质。职业教育领域中的“校企合作模式”，是职业教育发展的必由之路，是高职教育区别于一般学术型高等教育的核心特点。指职业院校和企业之间，双方通过共建专业、共建课程、共建平台、共建师资以及共同维护双方互动的行动框架，形成校企命运共同体①。学界给出了广义和狭义的内涵区分，广义的校企合作模式指向高校的四大功能合作，狭义的校企合作模式指培养社会经济发展所需要的高素质技术技能型人才②。也就是通过校企协同的方式，提高人才培养质量，促进经济社会发展。

---

① 马廷奇：《命运共同体——职业教育校企合作模式的新视界》，载《清华大学教育研究》2020年第10期。

② 王晓莉：《高等职业院校校企合作模式研究》，南昌大学学位论文，2018年。

公安院校培养的人才不仅仅服务于公安实战，也服务于国家安全、经济和社会的发展。公安院校的校企协同联动涉及学校、企业、律所、行业组织等多元主体，利用学校与企业不同的教育资源和环境，以培养适应经济社会发展、行业企业所需的人才为目标。它包括高校之间通过校企合作来促进合作，也包括和企业、律所联合开展科技创新、共同开展人才培养等。

在数字时代，信息化高速发展，科技进步，更新迭代速度非常迅猛，对人才的知识结构的要求更为广泛。公安院校的公安学专业和公安技术类专业的建设与发展、人才培养、教学内容、学校治理都受到强大的冲击和挑战。随着我国“一带一路”倡议的推广，越来越多的中国企业走出国门，面临海外利益保护的新课题，公安学相关专业，如治安学、涉外警务都需要深入了解当前这些企业面临的困境，思考如何解决新问题。再如，网络安全与执法专业需要掌握最新的信息技术和取证知识和技能，要与社会上的网络安全公司、人工智能企业、科技信息公司、安保公司建立广泛的合作关系，利用企业的先进技术和信息资源为人才培养服务。校企协同联动，还可以增加学生参与社会实践活动的机会，拓宽公安院校的治学平台和实践领域，提高学生实践能力，发展“公安新文科”和“公安新工科”，探索以推动公安工作创新发展为导向的公安文科和工科教育新模式。

四、校内协同联动

校内协同联动是对公安教育“教学练战”一体化育人模式升级为“教学练战管”一体化模式的探索。按照 2017 年 2 月中共中央、国务院《关于加强和改进新形势下高校思想政治工作的意见》提出的坚持全员全过程全方位育人（简称“三全育人”）的要求，全员、全过程、全方位育人在公安院校的贯彻落实可以通过校内协同联动实现。具体而言，校内协同联动包括教辅协同和师生协同联动两方面，也就是教师和辅导员协同、老师和学生协同，共同加强日常教学管理、行为管理。校内协同联动模式中将教师、辅导员、学生的责任分别明确，调动多元主体，把立德树人的根本任务，融入思想道德教育、文化知识教育、社会实践教育各环节，把思想政治工作贯穿教育教学全过程，把思想价值引领贯穿教育教学全过程和各环节，形成教书育人、科研育人、实践育人、管理育人、服务育人、文化育人、组织育人长效机制。

教辅协同联动育人，可以打破公安院校行政化办学导致的教师和行政人员割裂的问题，教师不再只是负责课堂 90 分钟，而是要深入到学生的生活、课外学习、思想动态、学业计划和职业规划等各项事务中，教师和辅导员共同发力，相辅相成，将学生管理工作和教学工作融为一体，将“学知识”和“学做人”“学做事”紧密结合，教辅协同实现全员参与育人、全过程全方位指导育人，合力培养德智体美劳全面发展的高素质人才。师生协同联动，是将学生也纳入育人体系中，学生不再是被动的管理者，而是主动参与者，充分发挥学生干部、积极分子、学生党员以及优秀毕业生、校友的优势和作用，以老师引导学生，以学生带动学生，树典型，通过榜样的力量实现育人目标。例如各个公安院校的毕业生中都不乏优秀代表，例如公安英模、“五四”青年奖章获得者以及其他荣获各类荣誉，立功受奖的先进代表，通过他们回校讲座、座谈的形式，让学生建立警察职业的荣誉感、归属感，从而更清楚警察的职业责任和使命，在校期间会以提升职业素养为目标全面提升个人综合能力，成为高素质的警务人才。

公安院校毕业生在公安队伍中基数较大，公安院校的人才培养质量将直接影响公安教育治理体系和治理能力现代化水平。公安院校人才培养所面临的主要矛盾之一是人才培养质量参差不齐，不能满足实战部门对人才的需求。公安院校应重视需求，以警察职业化的需求为导向优化公安人才的供给结构，通过校局、校校、校企、校内协同联动育人的方式，加强专业人才培养的深度，拓宽专业人才培养的广度，丰富人才培养的层次，推进公安教育现代化建设。

第三节　交叉融合：公安教育创新之路

交叉融合是公安院校适应“四新”建设要求，进行公安教育改革的创新之路。主要是指新文科和新工科的交叉融合、公安新文科间的融合交叉，公安新工科间的融合，还包括课程思政与专业课程的融合。学科交叉融合的新时代背景下，公安院校要顺应新文科、新工科建设需求，强化实践教学，深化警学研用融合，紧跟文化科技领域前沿，以理论打好实践的基础，以实践促进能力的提升。推进公安学科交叉融合，建设跨学科课程体系，实现公安专业“跨学科”交叉融合，有助于学生掌握不同学科之间知识的联系，将所学到的理论融会贯通，整体把握公安学和公安技术的知识脉络，具备公安实战能力，能解决复杂的公安现实问题。

一、新文科和新工科的交叉融合

2023 年 2 月，教育部、国家发展改革委、工业和信息化部、财政部、人力资源和社会保障部等五部门联合印发了《普通高等教育学科专业设置调整优化改革方案》的通知，《普通高等教育学科专业设置调整优化改革方案》对深化新工科、加强新医科、推进新农科、加快新文科建设做出了具体要求，是开展“四新”建设的具体指引。

（一）公安新文科和新工科交叉融合的必要性

学科专业是高等教育体系的核心支柱，是人才培养的基础平台，学科专业结构和质量直接影响高校立德树人的成效、直接影响高等教育服务经济社会高质量发展的能力。为进一步调整优化学科专业结构，推进高等教育高质量发展，服务支撑中国式现代化建设，需要对高等教育学科专业设置进行改革。打破学科专业壁垒，深化学科交叉融合，创新学科组织模式，改革人才培养模式，培育优秀青年人才团队，深化国际交流合作，完善多渠道资源筹集机制，建设科教、产教融合创新平台等。学科专业建设改革要面向世界科技前沿、面向经济主战场、面向国家重大需求，推动高校积极主动适应经济社会发展需要，深化学科专业供给侧改革，全面提高人才自主培养质量，建设高质量高等教育体系。

学科交叉融合是当前科技发展的重大特征，是培养创新型人才的有效途径，是经济社会发展的内在需求。新时代学科发展的趋势之一就是学科的交叉化、综合化。公安院校的学科主要是公安学和公安技术学，另有国家安全学是新设立的交叉学科，部分公安院校招收有非公安专业，例如法学学科，主要涉及的就是文科和工科。各公安院校要在新的时代背景下加快新文科、新工科的学科创新与建设，以新文科和新工科建设为契机培养新时代复合型警务人才。

（二）深化公安新工科建设

公安院校要主动适应社会治安发展趋势，围绕“新的工科专业，工科专业的新要求，交叉融合再出新”，深化新工科建设。对现有工科公安技术专业全要素改造升级，将刑事科学技术、网络安全、交通工程等相关学科专业发展前沿成果、最新要求融入人才培养方案和教学过程，打造公安特色鲜明、相互协同的学科专业集群。推动现有的公安技术学工科交叉复合、公安技术学与其他学科交叉融合，根据社会需求形成新兴交叉学科专业，培育社会急需的新工科领域。

在以云计算、大数据、智能机器人技术创新为代表的数字智能时代，公安院校必须要加快深化新工科建设，推动以公安学为代表的新文科和以公安技术为代表的新工科之间以及与其他学科之间深入交叉融合。

违法犯罪行为从来都是复杂交错的，可能涉及多个行业、知识领域，尤其随着信息网络技术飞速发展，传统犯罪趋向网络化、智能化，新型犯罪越来越多。公安机关也必须随着犯罪形势的变化，加强公安专业间的工科和文科交叉融合，重拳打击各类犯罪行为。例如，浙江警察学院积极开展了“新公科”人才培养模式的探索与实践，有效地解决了人才培养目标与科技发展、社会转型、公安改革匹配度不够，课程体系与知识、能力、素养高度复合度不够，校内外各类教学资源对学科专业建设、人才培养支撑度不够等问题，为应用型本科院校人才培养提供了可借鉴的新样本。成果实施以来，培养了适应数字经济时代，维护社会稳定和安全，建设更高水平的新型警务人才。浙江警察学院为了应对新形势下网络犯罪的迭代升级，以电信网络诈骗为代表的新型诈骗犯罪为突破口，针对其“跨国境、非接触、专业化、数据化和工业化”特征，构建了“一个平台体系、两个融合和三个支撑”的“1+2+3”教学机制，即“新公科”人才培养模式。1个平台是指通过“专业整合、课程融合、虚实结合、持续改进”等措施，构建以公安学、公安技术学两个一级学科为基础的，以网络安全与执法、涉外警务、治安学等国家级一流专业建设点为主干的“新公科”专业平台。2个融合是聚焦课程内容体系构建，强化知识能力供给，实现科教融合和课程融合。将大数据与网络安全研究院、“枫桥经验”与社会治理研究院等科研机构转型为教学科研综合体，成立新型犯罪研究中心。首创《涉网新型犯罪侦查》《涉网新型犯罪治理》等课程，编写相关教材，科教融合促进了科研反哺教学；从公安基础课、专业核心课和专业选修课三个层次紧盯电信网络诈骗新型犯罪治理所需的知识、能力和素养，实现课程融合创新。跨学科组合课程群，探索创建电信网络诈骗犯罪打击治理、数据法学、信息安全技术等微专业，提高学生知识结构的复合性。3个支撑：首先，探索虚拟教研室建设，建强跨系部教学团队支撑。围绕电信网络诈骗犯罪打击治理对课程融合建设的新要求，对教师进行多学科、跨部门的结构性重组，打造“虚拟教研室”，创新基层教学组织形式。其次，发挥数字化改革赋能作用，建强互联网+教学的支撑。在自主教学改革、课堂教学创新行动计划的基础上，开展“以学生为中心”的课堂教学改革，在全国公安院校率先完成警务实战数据与校内教学平台对接，搭建电信网络诈骗案件勘查系统平台、电子数据取证实验平台等12个“智慧场景+仿真项目”实战训练平台，开发了涉网新型犯罪现场勘查等38个实验实训项目。再次，坚持互利共赢，强化校企局协同支撑。在全国公安院校当中率先实施驻校教官制度，累计314人次教官驻校任教，形成“兼职-驻校-研修-访学”新型教官队伍建设机制。专任教师定期到公安机关实践锻炼，丰富教学内容，提升执教能力。与浙江省公安厅22个部门共建教学与实战共同体，与16家市县公安局建立校局合作联盟机制。浙江警察学院还利用区位优势，与阿里巴巴、海康威视、大华等知名高科技企业进行校企合作，共建信息安全云平台，联合开展电信网络诈骗犯罪课题研究，开展全国公安院校大学生大数据技术竞赛，形成一批省级产学合作协同育人项目。与20余所国内外高校建立合作关系，2006年起与美国山姆·休斯敦州立大学共同培养涉外警务人才，涉外警务专业获评国家级人才培养模式创新实验区、国家级一流本科专业建设点。参与长三角区域警察教育一体化建设，牵头共建网络安全与执法专业联合师资团队①。

（三）加快公安新文科建设

新文科建设应在遵循文科教育及其人才培养规律的基础上，推动新文科与现代信息技术融合、与其他学科交叉融合、与相近专业集群融合是新文科建设的必由之路。公安院校要推动公安学文科之间、文科与工科之间的交叉融合，推动现有文科专业改造升级。

---

① 提升电信网络诈骗治理技能 浙警院“新公科”人才培养出成效，https：//baijiahao.baidu.com/s? id=1702809396320073313&wfr=spider&for=pc，2021年6月17日。

以国家安全学为例，2020 年 12 月，国务院学位委员会批准设置“交叉学科”门类（门类代码为“14”），下设两个一级学科，其中一个就是“国家安全学”（学科代码为“1402”）①。这代表国家对学科交叉的重视和认可。国内有一些高校已经开始了国家安全学人才培养。在公安院校中，中国人民公安大学率先在 2019 年成立了国家安全学院，将国家安全学作为公安学一级学科的下设专业并于 2020 年秋季开始招生，该专业下设政治安全保卫、反恐怖主义、国家安全情报等多个研究方向。此外，中国人民公安大学还积极开展了国家安全学与侦查学、犯罪学等学科专业的资源整合共享与交叉研究。国家安全与公安工作息息相关，国家安全研究与公安学、公安技术研究密不可分，公安院校要加强公安学、公安技术与国家安全学三个一级学科的交叉融合，积极与开展国家安全学学科专业建设的普通高校进行合作。

另外，要根据国家战略发展的要求，强化涉外警务人才的培养，打造涉外警务人才教育培养基地，尝试与普通高等学院协同育人，建立关键语种人才教育培养基地，主动服务国家对外开放政策，展示中国警察的良好形象，也为全球安全倡议和全球安全治理贡献力量。推进文科专业数字化改造，深化文科专业课程体系和教学内容改革，做到价值塑造、知识传授、能力培养相统一，打造公安院校文科专业教育的范式。促进法学和公安专业之间的交叉融合，在学科专业层面推动公安学、公安技术与法学交叉融合，在学术研究层面推动法学理论知识与侦查学、犯罪学、网络安全等理论知识的融合。

（四）公安专业间的学科交叉融合

打破学科专业间的壁垒，摒弃根据公安业务分工划分的专业设置思路，促进传统公安专业的交叉、融合及其他学科专业特别是新兴技术学科的交叉、融合，构建“大公安”的学科专业体系，克服公安科研与专业教学的碎片化问题。

深化公安院校本科专业供给侧改革，建立健全公安专业动态调整机制，优化专业结构。适应新时代公安工作对人才培养的新要求，建设面向未来、适应需求、引领发展、理念先进、保障有力的优良公安专业。在巩固、提升和改造传统公安学科专业的基础上，做好科学论证，增量规划，构建新兴公安专业。遵循高等教育规律和学科专业发展规律，探索设置和重点建设前沿紧缺学科专业，比如数据警务技术、食品药品环境犯罪侦查技术专业。要把新兴学科和交叉学科，例如大数据、云计算、区块链、人工智能等融入公安学、公安技术学科体系建设中，加快公安学、公安技术之间，以及它们与其他学科之间的跨学科建设，为培养专业化、复合型、应用型公安人才提供更广阔的专业交叉平台。

---

① 大力发展交叉学科健全新时代高等教育学科专业体系，http：//www.moe.gov.cn/jyb_xwfb/s271/202101/t20210113_509682.html，2022 年 1 月 13 日。

要想提升学科交叉融合背景下的公安人才培养质量，必须抓住新文科、新工科建设的机遇，聚焦公安高等教育内涵式发展，同时遵循公安专业人才培养规律，主动适应全面深化公安改革的要求，调整完善公安学科专业体系。加强公安学科与相关学科交叉融合、协同创新，适应大数据、人工智能等新兴技术发展，提升公安学科专业的理论深度和科技含量。突出公安实战化教育训练特色，以提升科技创新能力为关键，以改革创新为突破口，以优化专业布局为抓手，将大数据、人工智能、云计算、区块链、虚拟现实等新一代信息技术与公安学类专业建设有机结合，针对新型犯罪样式、新型应用场景、新兴技术应用等能力应用需求，开展公安学类专业交叉融合创新式升级，才能培养造就适应新时代要求的专门性人才和复合型人才，为履行捍卫政治安全、维护社会安定、保障人民安宁的新时代使命任务提供强有力的人才保障和智力支撑。

二、课程思政与专业课程的融合

课程思政是落实立德树人根本任务的重要举措，关系到专业教育的育人价值实现。专业课程教学中的思政教育，既是培养德智体美劳全面发展的社会主义建设者和接班人的时代之需，也是推进教书育人深度融合的必由之路。对学生开展思想政治教育不再局限于专业思政课程教学，而是与其他课程深度融合，通过将思政内容融入专业课程实现育人目标。2020 年，教育部印发《高等学校课程思政建设指导纲要》，指出立德树人根本任务的核心须将价值塑造、知识传授和能力培养三者融为一体。公安院校遵循这一精神和公安教育特色，积极推进各专业课程思政建设，使课程思政和思政课程同向同行。

（一）课程思政与专业课程融合的途径

课程思政与专业课程的融合，要遵照公安人才培养的规律和要求。根据《关于加强和改进新时代公安人才工作的实施意见》要求，在新时代公安人才的培养过程中要牢牢把握“公安姓党”的根本政治属性，加强党对公安人才工作的全面领导，强化政治引领，深入学习习近平新时代中国特色社会主义思想，深刻领悟“两个确立”的决定性意义，增强“四个意识”、坚定“四个自信”、做到“两个维护”，始终确保坚定正确的政治方向。各级公安机关、各公安院校要坚决把立德树人作为根本任务，培养党和人民忠诚卫士。

公安院校在办学定位、人才培养及行业性质等层面具有一定的特殊性，更强调政治性。公安人才培养，应把坚持党的领导放在公安教育的首位，要加强公安院校党建工作，坚决贯彻落实党委领导下的校长负责制，强化师德师风建设，优化思政教育内容，确保公安人才培养的正确政治方向和政治标准。在课程思政与专业课程的融合中，应积极探索以“大思政课”建设为抓手贯彻落实“三全育人”的途径。一方面，完善思想政治课程体系，充分利用信息技术支持创新思想政治课程的教育教学模式。另一方面，深入挖掘专业课程中的思政教育资源，开展课程思政内容规划与设计，丰富思政教育创新的内容基础，明确专业课程中思政教学的目标。根据不同专业、不同课程的不同特点，对专业课程性质、目标、内容等进行深度研究和分析，提炼与思政教育相关的元素和内容，在潜移默化中进行德育浸润。另外，进一步拓展思想政治教育的平台，将红色文化融入校园文化建设，同时关注校园线下文化和线上文化，将政治建警、文化育警、特色强警有机结合，为思政教育提供价值引领。充分利用新媒体网络平台媒介，为学生参与思政教育、开展课程思政提供便利，多维度构建"大思政"一体化育人格局，提升育警铸魂效果。

（二）提升教师思政融合教育能力水平

专业课教师对课程思政建设的认知水平、重视程度和思政融合能力都直接影响到思政育人的结果，可能导致思政元素融入公安专业课的应用水平以及课程思政的实际效果不佳。因此，一方面，公安院校要教育引导广大学生树立为共产主义远大理想和中国特色社会主义共同理想奋斗的信念和信心，加强品德修养、传承奋斗精神、增强综合素质，努力锻造成为德智体美劳全面发展的社会主义建设者和人民公安事业可靠接班人。另一方面，也要加强师资建设，坚持政治标准，突出办学特色，严把教师队伍"入口"关，使每一位教师都成为先进思想文化的传播者、党执政的坚定支持者、学生健康成长的指导者和引路人。

公安院校要加强对专业教师的思政教育，要以习近平新时代中国特色社会主义思想作为根本遵循，以习近平法治思想为指导进行。在具体措施上，第一，通过组织培训、专题讲座、经验交流、课程思政竞赛等多种形式不断提升专业教师的思政素养，加强结合实践阐释思想政治理论的教学能力。通过跨学科和专业的交流和研讨，有助于专业课教师提升专业课程的思政元素统筹和内容解构能力。第二，组织专业教师参加警务实践，切实了解公安实战工作现状，从实践中深入挖掘思政元素，丰富专业课程的课程思政内容和素材。通过亲身参与一线实战部分的工作，激发教师的思政意识，驱动教师主动提升课程思政设计能力和思政元素转化能力，将家国情怀、习近平法治思想、警察职业素养和核心价值观等思政内容与专业知识深度融合，真正实现立德树人，三全育人。

坚持思政课程与课程思政同向同行。推动公安院校思政课程与课程思政同向同行，是落实立德树人根本任务的重要手段。思政课要引导学生全面理解、准确把握习近平新时代中国特色社会主义思想，引导学生增强马克思主义信仰和中国特色社会主义信念，同时推进课程思政教学，通过系统的公安专业知识和技能教育教学，培养党和人民放心的公安专门人才。

三、公安教育与公安实战的战教融合

培养公安应用型人才需要根据公安行业的要求和特色进行教育培养，推行战教融合，是创新公安高等教育教学方式、培养新时代需要的公安人才的一个重要的突破口。公安院校应该把推动战教融合作为培养公安实用型人才的职责和使命，深刻理解战教融合的实质是“为战而教”，进一步推动公安教育教学与公安实战需求相融合，积极应对科技之变、法律之变、观念之变。结合不同领域的工作需求找准战教融合的切入点，培养堪当公安队伍新时代使命任务的高素质应用型人才。例如培养涉外警务人才，强调国际视野与警察职业素养的融合、外语知识和专业知识的融合，在课堂教学之外，需要大量拓展学生的人文素养知识，加强忠诚教育、德育教育，通过课内外的实训、各类社会实践以及专业实习来强化实战能力的培养，将理论知识与实践融合，国际视野与职业素养融合、外语能力与公安知识技能融合。

第四节　创新人才培养：提升治理能力推进公安教育现代化

一、树立先进办学理念

理念是实践行动的先导，是高校办学的精神皈依，是对办一所什么样的高校、为什么要办这样的高校以及如何办好这样的高校的基本主张和认识。推进公安教育现代化建设首先从思想上统一认识，树立现代化的办学理念。公安院校必须明确公安教育的服务面向，是服务国家发展战略、国家安全战略，服务公安工作。同时，坚持“以人文本”，以学生为本，以教师为本，服务学生的职业发展需要，也要服务教师的职业规划和发展需要。树立先进的办学理念，才能达成立德树人，为国育人，为党育才的根本任务。

（一）服务国家安全

公安教育要在总体国家安全观的指导下，明确培养公安专业人才是服务国家安全的理念，是健全国家安全体系、增强维护国家安全能力、提高公共安全治理水平、完善社会治理体系的需要。公安院校培养的人才，可以帮助夯实国家安全和社会稳定基层基础，参与全球安全治理机制，参与建设更高水平的平安中国，实现以新安全格局保障新发展格局。

（二）服务公安实战

服务公安实战是公安院校的突出行业办学特色的体现。公安院校首先要牢牢把握“公安姓党”“警校姓党”的根本政治属性，坚持“政治建警”“政治建校”，加强党对公安教育工作的全面领导，强化政治引领，将党管学校，党管人才的原则贯穿公安教育工作全过程。坚持党对公安工作的绝对领导，是公安工作的根本政治原则，也是公安高等教育的本质要求。强化教师双重身份意识。公安院校教师兼具教师和警察双重身份，不仅要持续学习专业知识、潜心教书育人，还要做到育人者自育，最重要的是要忠诚于党的公安教育事业，成为培养“四个铁一般”公安预备人才的中坚力量。

公安教育要“面向实战、服务实战”，公安院校一方面要不断提高公安理论研究水平，为公安工作高质量发展提供智力支持。另一方面，要根据新时代的社会发展背景，以信息化、实战化双轮驱动公安教育现代化，通过公安机关和公安院校对公安人才培养的共商共建共享共赢，实现“全警育人”，服务公安工作现代化建设。

（三）服务学生全面发展

公安院校作为应用型高校，具有明显的行业办学特色，担负维护国家安全、社会安定、人民安宁的职责，按照新时代公安工作新形势新任务新要求，培养适应新时代要求的专门性人才和复合型警务人才。警察是一份职业，职业是人谋生的路径，职业发展对人的发展和生活具有非常重要的意义，职业的成就不仅仅在专业知识、能力和技能，还与综合素养息息相关，要履行好维护国家安全、社会安定和人民安宁的职责，单纯靠公安专业知识和能力是不够的。因此，人的全面发展是教育的核心目的，也是公安教育的最终目的。公安院校作为应用型高校，应当牢固树立服务学生全面发展的办学理念，将职业发展置于突出地位，建立健全培养学生警察职业素质和能力的教育教学体系；同时，重视学生的全面发展，树立忠诚意识，将学生人格养成和心智完善以及警察职业精神和核心价值观融入教育教学全过程，将职业发展与全面发展融合，实现学生德智体美劳全面发展。

二、制定科学发展规划

从宏观方面来看，公安教育现代化首先要有科学的规划，做好顶层设计，与新时代公安人才工作和人才队伍建设的总体规划相匹配，理顺关系，科学定位，明确身份，实施公安教育的内涵发展、特色发展、差异化发展和创新发展。

（一）理顺体制，做好公安教育的顶层设计

体制不顺，公安院校始终不能从根本上走出发展的瓶颈，人才培养质量也无法得到根本改善和提高。只有从体制上解决当前阻碍人才培养的根本性问题，形成良性的发展机制，才能从源头上解决公安队伍建设中的各种顽疾。公安教育的性质、公安院校教师的身份，如何与公安实战部门建立无障碍的交流机制都是只能从体制上解决的问题。公安教育要围绕“为什么办公安教育、办什么样的公安教育、怎么办好公安教育”和“为谁培养人、培养什么样的人、怎么培养人”两大核心命题的回答立足于公安教育现代化的发展目标和战略方向，以社会发展对公安人才培养的新需求为导向，把公安教育纳入公安事业发展全局和全面深化公安改革整体布局而进行顶层设计。

顶层设计的首要任务是理顺公安教育的体制，明确公安院校的性质和身份。公安队伍的职业化、正规化建设在公安教育与培训的规范和标准上应有体现。例如，规范公安院校的名称，体现公安队伍建设的标准化和正规化。对公安院校的性质进行科学论证，明确归口，可以参考军事院校的管理，让公安院校的教师和公安实战部门的民警具有同样性质的身份，同根同源利于校局合作协同育人，保障公安教育能真正服务实战。理顺公安教育体制，探索建立“两块牌子、一套人马”的公安教育训练管理运行模式，实现规划与实施、教学与实践、管理与考核的有机结合，提升公安教育管理、运行的效能。

顶层设计要明确公安教育的地位作用、目标方向、体制机制、经费保障和评价机制，形成由法规、规章和制度构成的完整的公安教育和训练的法规制度体系，实现公安教育和训练工作的法制化、制度化，做到依法施教、依法施训。同时，强化政策指导和资源配置，深化管理体制和运行机制改革，让公安机关和公安院校形成利益共享、责任共担、监督有力的公安教育合力，形成多元共治公安教育的新局面。探索更加科学完善、客观准确的公安教育质量评价模式，实现公安教育现代化建设、执行与监督的有机融合，保证我国公安教育质量与效益相统一。

公安教育的顶层设计应统筹科学规划公安教育和公安队伍建设的发展思路，明确全国公安院校的布局规划、学科建设、专业设置、教学质量标准、建立公安教育与职业培训间的衔接机制。根据公安院校现有的区位优势和办学资源，积极探索全国公安教育的布局规划，推进部属公安院校和省属公安院校的错位竞争、区域差异，特色发展、分类建设和评价。建立公安学历教育与在职民警的职业培训之间的衔接机制，让教育与培训共同发力，锻造党和人民满意的公安铁军。要充分整合当地公安教育资源，与地方经济社会发展与公安事业发展同频共振，协同发展。

要体现区域特点。要立足于建设区位优势明显、办学特色鲜明、符合实战需要的重点公安院校，统筹考虑公安院校的建设发展布局，包括办学层次、服务面向、学科专业布局等，引导各公安院校结合区域特点实行差异化办学、特色化发展，整体提升办学水平。

公安教育的顶层设计要重视新时代的数字信息和服务实战的要求，协同联动育人与交叉融合教学，并一以贯之到公安教育过程中，既要有总体要求和标准，也要有个性化和区域化的差异，鼓励多形式多元化的办学形式，将教育、公安、社会的共同力量充分发挥，让产学研在公安教育中落地为“警学研用”模式，服务公安实战，促进教学改革和创新。拓展“教学练战”一体化育人模式，升级为“教学练战管”模式，将教学和管理紧密结合，探索公安教育的“三全”育人。

（二）遵循职业化要求，明晰人才培养国家标准

国家不可能对所有的本科专业制定具体的人才培养标准，只能给出指导性意见，对公安学类专业，现行的《本科教学质量国家标准》提出该类本科专业的人才培养坚持“突出忠诚教育，加强综合素质，打牢专业基础，强化实战能力”的指导思想，遵循高等教育规律，突出公安职业特色，适应公安实战要求，实行

"教、学、练、战一体化"人才培养模式。以涉外警务专业为例，它有别于传统公安专业，涉外因素明显，对人才知识结构要求更多样、能力要求更高，素养要求更全面。在国标不可能细致、准确给出人才培养的具体标准时，公安部应牵头组织公安院校统一思想，根据国标的指导性意见，结合各类公安学专业将来从事的职业特点和需求，制定相应的人才培养的职业（行业）标准，以规范公安高等教育过程，用行标来完善国标，确保人才培养质量。公安院校要充分吸纳公安实务部门的意见，结合移民警察、出入境管理等相关职业岗位的业务要求，在培养目标、培养方案上达成共识，形成人才培养的行业标准。

（三）厘清学科专业关系，加强学科专业设置统筹

把学科建设作为人才培养的驱动力，增强学科引领意识，加强学科和专业的基础理论研究，丰富完善公安学科体系，积极推进建设公安学科群，建立特色原创的学科知识体系、理论体系、概念逻辑体系，为高素质专业人才培养提供学科专业支撑。

公安类一级学科包括公安学和公安技术两大类，其中公安学类的本科专业有23个，基本每个公安学专业对应不同的警种和岗位。如何厘清不同专业之间的关系，相关专业间的联系和共性培养规格是什么，这是必须解决的问题。

以公安学专业中的边防管理、边防指挥、涉外警务、出入境管理和移民管理5个专业为例，其中"出入境管理"和"移民管理"专业是2018年新增设的本科专业。这几个专业关系密切，专业的内涵和外延存在交叉重复，课程设置和人才培养目标的差异性不够明晰。从开办院校最多的涉外警务专业来看，该专业属于典型的交叉学科，涵盖公安学、法学、移民管理、国际关系与政治、外语等学科和专业，作为公安学下的二级学科，起步较晚，研究人员较少，学科基础较为薄弱。在基础理论研究领域，要辨析"涉外警务""国际警务""移民管理""出入境管理"和"边防管理"等核心概念的内涵和外延，梳理相互之间的关系，这对学科建设和专业发展十分重要。一般认为涉外警务就是具有涉外因素的警务活动，包括涉外行政执法和涉外刑事执法，国际警务合作与执法也属于涉外警务的一部分。涉外警务与移民管理之间有交叉重合的地方，也有各自不同的侧重点。从国际上绝大多数国家机构设置和职责权限看，移民管理不算警务活动范畴，但是二者有密切的联系。移民管理不等同于传统警务活动，但鉴于当前我国将移民管理局设在公安部下，而且"警务"活动包含行政管理的内容，因此，移民管理在涉外警务范畴之内。"出入境管理"专业与另外一个公安专业"边防管理"相近。我国长期在出入境管理上，分地方公安机关和边防检查（武警）两套体制，武警边防部队主要从事口岸边检和边防管理，其中边防管理侧重边境地区的安全管理；外国人来华后在中国境内的签证事务和日常管理由地方公安机关出入境管理部门负责。相对而言，地方公安机关的出入境管理比边防管理的业务范围更为宽泛，二者都属于涉外警务活动。2018

年，边防现役部队完成了转制，我国移民管理体制基本理顺，在这个背景下，学界更应加快步伐，致力涉外警务及相关学科的基础理论研究，夯实学科基础做好专业建设，这也将有利于该学科的“导论”课程建设。

教育行政部门与公安部门要协同做好公安院校的学科专业发展规划，根据社会发展的需求、公安教育的发展定位和公安工作对警务人才的实际需求，科学构建学科专业体系，调整优化专业。指导部属和省属公安院校做好学科专业设置工作，加强学科专业设置统筹，突出公安专业的特色和优势，确保立德树人的成效。加强公安专业的学科建设、科学论证专业设置和建设标准，加强重点领域人才培养，明确专业教学质量标准，加大对学科专业建设的投入力度，在人才引进、科研支持、硬件建设等方面予以重点倾斜，进一步提升公安院校的办学整体水平，提升服务经济社会高质量发展的能力，保持和发展在公安领域形成特色和优势。

三、强化教师队伍建设

师资队伍是教学质量和人才培养质量的保障，是公安教育的立身之本和发展之源。教师队伍的建设是长期工程，与学校的办学条件和办学特色相关，需要根据各专业特点，配齐配好师资队伍，在学缘、年龄、性别、学历结构上形成合理的教师团队。落实立德树人根本任务，聚焦高校内涵式发展，以强化高校教师思想政治素质和师德师风建设为首要任务，以提高教师专业素质能力为关键，为提高人才培养质量、增强科研创新能力、服务国家经济社会发展提供坚强的师资保障。

（一）学校层面

从学校层面，主要是要建立合理的教师评价机制和教师发展培养制度。首先，根据公安应用型本科院校的特点，建立以教学学术为核心内容的评价制度，改进职称评审制度，突出对教师教学和实战教学能力的考核，畅通教师职称晋升渠道，让公安院校的教师可以安心教学、沉心科研。第二，加强对教师的科学考核和管理，不断提升教师思想政治素质和师德素养。加强思想政治引领，倡导爱岗敬业、无私奉献、严谨治学、求实创新、为人师表的良好师德师风，促使广大教师进一步加强师德修养，践行立德树人，全面提升教师思想政治素质和育德育人能力。第三，学校要根据各个学校自身发展来合理进行教师队伍建设规划，明确教师发展和培养的中长期计划。从政治思想、教学能力、科研水平上全方位加强师资队伍建设，重视中青年教师的培养和“双师型”教师培养，给教师提供更多的机会提升教学能力和科研水平。

（二）教师层面

从教师个人层面，首先要加强理论和业务学习，提升自己以适应和胜任该专业教师身份。第一，积极参加专业相关的学术交流和培训进修活动。参与各类学术交流，加强沟通，掌握学术前沿动态，了解公安工作的前沿特点，与公安实战部门建立良好的联系机制，共同研究解决实际问题。第二，积极参与课程设置与开发，积极编写专业教材。公安院校的教师不能做一个只上课，做科研，对专业和课程建设袖手旁观的人，一个合格的大学老师不能满足于只上好一门课，应发挥能动性积极参与专业的基础研究和课程设置等工作中。只有教师的主观能动性调动起来，才能够促进学科和专业建设，教材的编写、教学方式和教学内容的改进都迎刃而解。第三，教师要主动适应数字时代的变化，提升信息素养，提升自己运用信息技术手段，创新教学手段和方法。

（三）涉外警务专业教师队伍建设实例

基于国家发展战略需要，涉外警务人才作为涉外法治人才的重要构成，其人才培养显得尤为重要和迫切。对比传统公安专业，涉外警务专业的教师队伍很少有本专业的科班出身，而且面临该专业交叉复合型的特点，教师队伍存在教、研、学脱节，对涉外警务的工作不了解，不熟悉，对专业教学不擅长的问题。湖北警官学院在涉外警务专业教师队伍的建设过程中，做了许多积极的尝试和努力，探索以师资队伍为核心抓手，打造实战化双师型教师团队，提升人才培养主力军的实力方法强化教师队伍的培养和建设。

1. 组建跨学科专业的师资队伍，作为人才培养质量的坚实保障。教师是人才培养的实施者、执行者、主力军。涉外警务的交叉跨学科专业特色需要一支交叉型师资队伍，通过公安学和外语、法学专业教师的强强联手，保障涉外警务人才培养的可行性和发展性。

2. 政策向教师倾斜，经费向教学投入，让教师安心教学，投身教学，善于教学。组织开展系列教学内容、教学资源和教学方式的改革和创新活动，形成强大团队合力，给予政策倾斜，投入经费支持，开办教师培训班，提升教师的法学知识、公安专业知识；参加各类教学能力提升培训，提高教师的教学能力。鼓励教师参加各类项目申报、教学比赛和警务实践，用各类教学竞赛实战、实练提升教师内功。

3. 安排教师深入公安一线，打造双师型教师。警务人才的培养必须紧贴实战，有计划、多形式安排教师深入公安出入境管理工作一线，多次与湖北省、武汉市公安机关出入境管理部门沟通交流，通过警务实践、调研座谈、跟班锻炼、合作课题等多种方式深入了解当前出入境管理工作的痛点、难点、热点，了解公安实战的现状和发展趋势，从实践中寻找课题，发挥智库作用，服务公安实战的同时还运用到教学和科学研究中。

经过三年的建设，取得骄人的成绩，涉外警务和国际警务教学团队分别被评为湖北省省级教学团队，且团队所在的教学组织都被评为湖北省优秀教学基层组织。《涉外警务》课程被评为湖北省线上线下一流课程。以《涉外警务》课程参加了湖北省第二届高校教师教学创新大赛，获三等奖。“涉外警务人才培养探索与实践”获得湖北省第九届教学成果奖三等奖。

四、规范课程体系建设

课程是落实人才培养任务的直接载体，课程建设是公安教育内涵建设的平台，是全面实现公安人才培养目标，落实公安人才培养的着眼点。按照人才培养目标和规格，落实德智体美劳全面发展的培养要求，规范课程体系设置，加大通用基础课程比例。加强实战教学，突出培养职业能力。按照教育信息化和智慧警务的发展要求，运用信息化手段推进课程建设。以一流课程建设为契机，大力推进课程建设的力度。

（一）科学架构课程体系，厚基础科学设计课程比例

课程的设置直接关系到人才培养的质量，围绕人才培养目标结合通识教育和专业教育，全面提升学生的综合素养和职业核心能力，既可以满足公安工作的需要，还能满足学生从事其他相关工作的需求。公安院校大学生普遍存在“重专业、轻基础”“重技能、轻通识”的狭隘专业观，造成培养的人才基础不厚、发展潜力不足，必须以整体的知识观统合通识教育和专业教育，深化人才培养模式改革，重构公安院校课程体系，打牢学生的通识知识基础，增强专业教育的底蕴和发展后劲。根据当前公安改革和公安工作的发展趋势，公安专业的学生需要加强人文、法学和信息化类的课程比例和学时。

根据现有政策，公安专业的毕业生绝大多数通过公安联考进入公安队伍的执法执勤岗位，任职在基层所队，从事的工作对人文素养、法学知识和综合素质要求较高。同时从职业发展来看，本科应用型人才培养的专业课程不可以太精细，需要厚基础宽平台，让学生具备从事该职业的基本能力和发展潜力。以治安学专业为例，其培养目标就是培养具有警察职业价值观，具备治安岗位的职业核心能力能够从事治安管理及相关工作的应用型人才。鉴于治安业务面广、复杂、新问题层出不穷的特性，更适合“厚基础”式的人才培养模式，注重对学生的思维能力、观察视野、人文修养以及发现问题，解决问题的能力培养。治安工作和其他公安专业的不同在于，有大量的群众工作、基层基础工作，对人文素养、沟通能力和管理能力要求高。因此，治安学专业的培养方案应设置哲学、政治学、法学、经济学、社会学、管理学、心理学、新闻学等方面的课程供学生选择，以扩展其人文素养和眼界。

专业课程体系需要做好顶层设计，对同一专业的通识课和专业课、专业基础课和专业核心课的比例应该有科学的限定范围。国家规定合理的课程比例要求，以保障同专业人才培养质量的最低标准和同一性。在科学的比例范围内，各地、各校的根据各自不同情况分设特色课程，以适应地方需求，这样既保证了全国同一专业人才培养的标准、规范的一致性，也保留了地方的特色和院校人才培养的自主性。

以涉外警务专业为例，涉外警务是一门新兴的公安学学科，其课程体系的构建应在现有的学科研究基础之上，借鉴传统公安专业和相邻学科专业的人才培养经

验，结合自身职业特点，并符合未来国际形势和区域发展的需要。当前公安高等院校的本科人才培养已经有了多年的教育经验，形成了相对成熟的课程体系。在课程设置上，都开设了必修课和选修课（或称为拓展课），从课程类别上大致分为通识类，专业基础类和专业课三大部分。在课程类别上，称呼有所区别，有的学校将三部分称为公共基础类，法律基础类和专业主干（核心）课；还有的学校按照职业化的特点，称为职业核心素养、核心知识结构核心职业能力三类课程模块。三大模块的课程体系分类，结合必修和选修课程的设置，可以保障人才培养的基本质量和各自特色，这是当前较为成功的做法，但是在课程设置和课程内容等方面存在的问题也不容忽视。在保持现有课程体系稳定性基础上，“小步走”进行课程改革是符合教育规律和公安实务的做法。不同专业之间的区别主要体现在专业课程设置上，因此专业课程的构建和创新是改革的关键。

涉外警务专业现行的公共基础的通识课和专业基础课模块可以基本保持不变，各校根据自身情况适当增加国际法、国际关系与政治类的课程。专业课模块以求同存异为指导思想改进，“求同”是指保证人才培养质量的底线，同一专业的毕业生有相同的基本毕业要求。根据涉外警务工作的职业特点，与国外机构和人员进行工作上的联系交往和沟通合作时有相同的纪律要求和法律规范，从这点出发也要求院校统一人才培养的标准。共性标准体现在专业课程设置上，都应开设涉外案事件处置、外国人在华管理、出入境管理、国际警务合作等课程。“存异”，是指各校保持自己的人才培养特色，由公安部做好统一规划，明确在涉外警务人才培养上的区域方向。一方面，可以借鉴国家设立自贸区的做法，根据区域特点设计好六所院校的区域定位；第二，也可以结合当前国家移民管理局开展国别研究的分配原则，明确各校人才培养的区域定位。各校在共性基础上发挥特色，根据不同的区域特点自主研发相应的专业课程，共同完成涉外警务人才的培养和储备。求同存异设置专业课程模块时，要特别注意对现有课程进行清理，对重复交叉的课程内容进行梳理、该整合的整合该删减的删减；把精力投入到特色的专业课程的开发上，让学生的专业基础知识厚实、具有一定的广度和深度，同时也能保持职业化的特点，紧跟世界发展步伐，符合国际形势变化的趋势以及我国国家安全的需要。

（二）规范专业课程名称，加强职业核心能力培养

专业课程是职业核心能力培养的保障。首先，明晰现有课程的体系、层次、规范课程的名称，科学调整课程的开课顺序、开课时间、开课的课时。例如，治安学专业的“案件查处”课程为例，这门课程的名称在不同学校有“治安案件查处”“公安行政案件查处”“治安案件调查”和“治安案件调查与处理”等不同的名称，相同专业的专业课程名称应该规范统一。另外，一门课程与其他相关课程之间的关系要理顺，遵照课程内容的逻辑性科学开设课程。如法律基础类的课程应先于专业课程开设；专业课程的开设的时间最好在学生进行专业实习之前，而不是实习

返校后，否则课程教学的效果会大打折扣。还有，作为治安学专业的专业核心课程，“治安案件查处”课程的学时应高于其他专业课程，而且应较多开设实训学时，加大实战化教学的学时比例。

第二，梳理课程的内容，减少脱离公安实战的课程，对专业课程中交叉重复的内容进行清理。例如治安学专业的“社区警务”和“公安人口管理”课程中，都涉及人口管理的内容，应根据情况处理交叉重复的问题，或在两门课程中区别侧重点分开讲授，或统一到人口管理课程。最后，加强实践课程的比例和效率，以保证职业核心能力的培养落到实处。一方面在培养方案制定中，对实训学时应明确毕业要求；另一方面在教材编写、课堂过程中，教师要创新教学方式注重对学生能力启发、引导和培养。

（三）运用信息化技术，创新课程的教学方式和手段

在公安工作现代化背景下，各公安院校应积极争取经费支持，加大信息化技术在课程建设和课堂教学中的运用，完善网络课程建设、开发虚拟仿真实训课程，提高教学效率和实训效果，使教师对学生的学情教学监测和管理更直观和便捷，也可以让一线执法中的热点、难点问题可以在课程上情景重现，学生通过贴近实战的沉浸式训练真实感受执法现场的场景和各类问题，使职业核心能力的培养在信息技术手段的现代化教学中可以得到有效的锻炼和培养。

（四）以“一流课程”推选为契机，大力推进课程建设

近些年，教育部在推进“四新”建设工作中，重点建设了一流专业和一流课程。打造“金课”是落实高等教育“立德树人”根本任务的重要途径。公安院校也在探索推进学科融合，积极申报一流专业和一流课程。在课程建设上，可以以一流课程的申报为契机，大力推进课程建设。课程是人才质量的保障，是学校的生命线。但是在现实中，做课程建设对老师的要求高，难度大，按照现行的高校对教师的评价指标看，进行课程建设对教师的晋升和职称评审的意义相对处于弱势。因此，公安院校要采取多种措施，激励教师开展课程建设。根据教育部对“金课”评价指标体系，将课程建设纳入学校的考评指标体系，鼓励教师多参与课程的建设和创新，对“一流课程”建设提供资金支持和政策扶持，增加进行“一流课程”建设的教师薪酬和晋升机会，激发教师沉下心来专注教学，专注课程建设，提升课程质量的动力。加强示范培训，组织对先进课程的学习，帮助教师拓宽知识视野，为教师创建“金课”提供技术支持。

五、加强教材建设与管理

党的二十大报告明确要求“加强教材建设和管理”。教材建设是公安教育内涵建设的载体，是教学基本建设的重要内容，是反映公安高等教育学科建设和教学改革成果的重要方面。

（一）教材的建设

公安院校的教材建设主要集中在公安专业教材上，针对公安专业教材陈旧滞后的问题，公安类专业教材要逐步向高质量、整体优化的方向发展。公安院校要协同发力，抓紧修订、编写具有公安工作特点，紧贴公安实战工作，反映公安理论和科学技术先进水平的高水平专业教材。同时，要应编写进行实战化教学的案例教材或参考书，用鲜活的案例进行实战教学。

遵循科学的指导思想。在教材编写的指导思想上，要从注重传授理论知识向重视培养职业能力的方向转化，反映当前公安工作和队伍建设的实际情况，又要有一定的前瞻性、预见性；教材要从实践中来，又要高于实践，形成比较科学、完整的体系，实现较高的理论性、科学性与较强的针对性、适用性的统一。

校局协同编写教材。编写教材的人员要充分利用协同联动的机制，公安院校的教师和公安业务部门的领导、专家和骨干一起参与，还可以特别聘请一些具有丰富实践经验和较强编写能力的离退休老同志和基层业务骨干，做到新老结合、学术研究部门与业务实践部门相结合。

运用信息化技术加强教材建设。现代信息科技、人工智能的迅猛发展和现代化教学手段的广泛应用，为教材建设提供了更加广阔的前景，在教材形式上，可以探索尝试更先进的形态。选取合适的内容开发可视化教材、数字教材，增强教材的实用性，对教育和培训起到直观效果，服务线上教学和混合式教学。

（二）教材的管理

对教材的管理主要有以下方面的措施：

首先，严格教材审查和选用。教材是育人育才的重要依托，教材建设是铸魂工程。教材从内容到形式，都必须坚持党的教育方针和正确价值导向，公安院校应抓好教材的“选、编、建”三关，严格规划教材编写、选用、退出机制，建立教材准入制度，坚持“凡编必审”“凡选必审”，严格落实教材建设意识形态工作责任制。优先选用适应新时代教育现代化和公安工作现代化要求的、权威、前沿、水平高、特色突出、打造培根铸魂、启智增慧的精品教材。

其次，制定教材规划组织实施。制订教材建设规划，组织打造一支有较高水平的教材编写队伍，根据学科、专业和课程建设的需要，鼓励教师与基层公安业务骨干联合编写一批反映警务工作发展成果、体现最新公安信息和公安科学技术的高水平教材。教材编写要坚持正确的政治方向和价值导向，全面落实课程思政要求。

再次，强化支持保障，鼓励教材编写。设立教材建设基金，引导教材建设长期、可持续发展，资助重点项目和有影响力的带头人，促进教材建设取得高质量成果。学校要对积极参与教材建设的人员可以在课题研究、评优评先、职称评定、职务（岗位）晋升等方面予以倾斜支持，鼓励积极开展专业教材的理论与实践研究。

六、优化管理评价体系

教学管理水平是公安教育内涵建设的保障，应坚持以教学为中心的思想，转变教学管理模式，提升教学管理水平，用管理促进教学，不断提高公安教育教学水平。同时，在数字时代背景下，深化教学管理与信息技术的融合，优化教学管理和评价的体系。

（一）规范完善教学管理

高校教学管理是指高校进行正常的教学工作所涉及的一系列活动，不仅包含具体的教学活动，也包含对教学管理过程的监督、评价、反馈及改进。在教学管理中，高校不仅要结合学校的实际情况，同时更要全面把握教学管理规律，并应用教学管理规律的特点，进一步完善教学管理过程，循序渐进式促进教学管理的改变，以此不断推动教学管理水平的提升。规范教学管理，提高教学管理水平，是一项系统工程，公安院校需要从多方面开展工作。一是建立健全教学管理的各项规章制度，完善公安院校的系列教学管理体系，尊重大学的教学规律，抓好日常教学和管理工作。二是建立健全教学基本规范和教学管理基本流程，使教学工作的每一个环节都做到有章可循、有据可依。对教学系部的管理水平、教育教学质量和各项建设、改革等进行全面监控，形成长效机制。三是建立教学工作规范，规范课堂教学、实践教学、考试等各个教学环节的管理，对教学过程进行全方位、全流程管理和监控，主要措施包括督查督导、听课评课、教学评价、教学检查、教学评估等，促使教师提升教学能力以保障教学质量。四是建立和完善教学各环节的质量标准，构建教学质量监控体系，加强对教学质量的监控、评估、改进和保障。五是完善教学工作的考核、激励和评价机制，树立标杆，明确导向。

（二）深化教学评价改革

公安院校进一步深化管理评价机制改革，融入国家高等教育综合改革全局，扭转不科学的教育评价导向，坚决克服唯分数、唯项目、唯论文、唯学历、唯资历等顽瘴痼疾，建立健全高等教育普遍规范性要求和公安行业教育特点相结合的办学评价体系，建立院校评估、本科教学评估、学科评估和教师评价政策联动机制，优化、调整制约和影响教师考核评价政策落实的评价指标，发挥好教育评价“指挥棒”作用。

首先，公安院校要适应现代化大学的评价标准体系。大学评价是对大学的办学实力、办学质量、办学效益进行评价，公安院校要按照本科教学工作审核评估、学科专业建设评估等各类现代化大学的评价标准体系开展建设、进行自查、参与评估并改进办学。公安院校要学习普通高校的教育理念、办学经验，主动找准与普通高校的差距，以它们为参照系，把准方位，努力提高学校建设水平。

其次，要深化教师考核评价制度改革。突出质量导向，注重凭能力、实绩和贡献评价教师，坚决扭转轻教学、轻育人等倾向，克服唯论文、唯帽子、唯职称、唯学历、唯奖项等弊病。合理设置考核评价周期，探索长周期评价。注重个体评价与团队评价相结合。建立考核评价结果分级反馈机制。完善对公安院校的教师教育教学管理和教学质量评价制度，多维度考评教学规范、教学运行、课堂教学效果、教学改革与研究、教学获奖等教学工作实绩。强化教学业绩和教书育人实效在绩效分配、职务职称评聘、岗位晋级考核中的比重，把承担一定量的本科教学工作作为教师职称晋升的必要条件。

中共中央、国务院在2020年发布了《深化新时代教育评价改革总体方案》，以此为指导，公安院校要强化实战化教学为特色的教学管理和评价体系，构建由公安机关、公安院校和协同育人的社会组织、专家等多元力量参与的评价体系。邀请公安实战组织部门作为客观专业评估力量，增强监督评估工作的独立性、公开性和权威性，探索更加科学完善、客观准确的公安教育质量评价模式，推进我国公安教育现代化建设。

最后，要改革对学生的评价体系。注重对学生的全面培养，改革专业课程考核方式，融入日常行为规范考核。一是要改革现在专业课程考核方式，改变期末考试以一张试卷定成绩的单一考核方式，应采用形成性评价、过程性考核与结果性考核结合的方式。多采用案例分析、实战演练、综合训练、小组讨论等多种方式考核学生实战化能力。在考试命题上结合公安实战工作的现实问题，采用情景式和开放性问题的设计，将知识考核和能力考核结合起来，注重考核学生运用综合知识和实战技能分析解决实战问题的能力。二是采用综合评价，注重日常行为考核。在现有的警务化管理模式基础上升级、细化、注入职业素养培养要求；对学生的日常行为进行规范、监督、考核，完善对学生的综合评价体系；将学生日常行为、公益贡献等纳入学生考评中。如评优评先、奖学金评比、入党、工作推荐等，透明操作，确保公平、公正、公开推优，营造风清气正的评比环境。三是设立淘汰机制。将学习成绩和行为规范进行科学量化，建立淘汰机制。从成绩和品行两个方面对学生的职业素养进行跟踪考核，涉及的品行问题，实现一票否决制，绝不姑息。在校期间严格警务化管理，在日常学习、训练和生活上，在学习文化以及专业知识、能力和技能的过程中，养成令行禁止、英勇顽强、正直公正、团结协作的精神。

学生的评价需要多元化评价主体和更优化的考核制度来实现，否则难以评判一个人是否全面发展。单纯靠课堂学业成绩或者带队辅导员的行为评价都不足以科学、全面，可以在“教学练战”模式基础上拓展为“教学练战管”的一体化人才培养模式，让专业教师与辅导员携手，深度参与学生的全面培养中。即一方面，让学生辅导员和专业教师强强联手，加强日常联系，就学生学习、生活以及学生管理事项召开联席会议，共同解决问题，形成对学生的全面评价与考核。另一方面，专业教师直接轮岗一年到两年时间的专职辅导员，或通过社会实践、专业实习等活动让教师带队，实现全员、全方位、全过程培养德智体美劳人才全面发展的公安人才。

新时代公安教育现代化要走协同联动的守正之道，采取交叉融合的创新之举，以信息化和实战化为重点创新人才培养模式，将信息化和实战化的要求贯穿在办学理念、教育规划、教师队伍建设、课程建设、教材建设和管理评价制度中，构建“警学研用”一体化教学和“教学练战管”一体化育人模式，搭建数字教学资源平台、实战教学训练平台、警学研用工作平台，提升公安教育治理能力推进公安教育现代化，全面提升人才自主培养质量。

参 考 文 献

1. 中国警察学会公安学基础理论专业委员会中国特色公安研究组：《中国特色公安之研究》，群众出版社 1996 年版。

2. 公安部教育局：《公安教育概论》，群众出版社 1997 年版。

3. 中国人民公安史稿编写小组：《中国人民公安史稿》，警官教育出版社 1997 年版。

4. 中共中央文献研究室：《毛泽东公安工作理论》，群众出版社 1993 年版。

5. 中共中央文献研究室：《邓小平文献（第二卷）》，人民出版社 1994 年版。

6. 王彦吉主编：《中外警察教育与培训》，中国人民公安大学出版社 2010 年版。

7. 袁广林：《观念的创新与模式重构——中国警察素质培养研究》，中国人民公安大学出版社 2010 年版。

8. 张治平：《公安民警教育训练理论研究》，中国人民公安大学出版社 2013 年版。

9. 吴岩主编：《国际高等教育质量保障体系新视野》，教育科学出版社 2014 年版。

10. 吴跃章、薛宏伟：《现代公安高教特色发展战略探索：差异化办学、特色化发展、职业化建设》，中国法律出版社 2017 年版。

11. 张跃进：《新时代警察职业培训研究》，中国人民公安大学出版社 2019 年版。

12. 李锦奇、何平：《公安高等教育创新与优化》，中国社会出版社 2021 年版。

13. 冉华：《教育现代化评价指标体系的价值维度比较研究》，华东师范大学学位论文，2016 年

14. 王晓莉：《高等职业院校校企合作模式研究》，南昌大学学位论文，2018 年。

15. 尹星星：《教育现代化目标下在校模式与教育资源配置研究》，华东师范大学学位论文，2021 年。

16. 余定猛：《公安本科院校教学质量管理体系研究》，华东师范大学学位论文，2020 年。

17. 莫明琪：《我国公安院校人才培养模式的问题与改进策略研究——以 15 所公安院校为例》，湖南师范大学学位论文，2010 年。

18. 蒋菱枫：《锚定“四个铁一般”标准 锻造新时代公安铁军——新中国成立 70 年来公安人事训练工作成就回眸》，载《人民公安报》2019 年 10 月 1 日，第 003 版。

19. 许新源：《我国公安机关和人民警察组织机构历史延革》，载《公安研究》1999 年第 3 期。

20. 王文硕、王惠：《继续推进改革创新 全面构建公安特色大教育大培训工作体系》，载《人民公安报》2010 年 11 月 26 日，第 001 版。

21. 高岩：《警察职业化的历史沿革、制度体系及其建设路径》，载《中国人民公安大学学报（社会科学版）》2011 年第 2 期。

22. 王光、王毅虹、李侠：《从我国警察队伍的历史变迁看公安编制管理改革的发展趋势》，载《公安教育》2013 年第 6 期。

23. 向海峰：《中国公安高等教育历史发展与改革前瞻》，载《云南警官学院学报》2009 年第 3 期。

24. 龚晓潇、高丛幸：《习近平关于公安工作重要论述的历史和实践逻辑》，载《湖北警官学院学报》2021 年第 4 期。

25. 胡建刚：《我国公安教育的历史回顾及改革前瞻》，载《新疆警官高等专科学校学报》2008 年第 2 期。

26. 郭睿：《我国公安高等教育改革与发展基本问题刍议》，载《公安教育》2005 年第 7 期。

27. 谢海军：《公安院校教材建设问题探析》，载《教育与职业》2006 年第 3 期。

28. 赵炜：《公安改革的历史回顾与前景展望》，载《中国人民公安大学学报》2005 年第 6 期。

29. 李传良：《育警铸剑，赓续初心：中国公安教育的历史、特色及经验》，载《山东警察学院学报》2022 第 2 期。

30. 《深化公安教育改革 全面实施素质教育 努力建设高素质的公安队伍——政治部主任祝春林在全国公安教育工作会议上的讲话》，载《公安教育》1999 年第 6 期。

31. 公安部人事训练局：《公安高等教育 10 年回眸——构建公安特色高等教育体系 培养服务实战公安专门人才》，载公安教育 2010 年第 12 期。

32. 杨红：《以规范执法为导向的警察职业核心素养培养——以治安学专业为例》，载《广西警察学院学报》2018 年第 6 期。

33. 杨红：《基于职业化目标的涉外警务专业人才培养思考》，载《湖北警官学院学报》2019 年第 5 期。

34. 陈淼焱、靳高风：《公安系统研究生教育的发展初探——以中国人民公安大学研究生教育为例》，载《公安教育》2019 年第 1 期。

35. 上海公安高等专科学校：《创办与完善第二专科教育探索新形势下公安院校办学新模式》，载《上海公安高等专科学校学报》2008 年第 2 期。

36. 苏可馨，耿梅英：《我国高级涉外警务人才培养存在问题及改进办法探析》，载《理论界》2017 年第 12 期。

37. 胡建刚：《我国公安教育的历史回顾及改革前瞻》，载《新疆警官高等专科学校学报》2008 年第 2 期。

38. 祝春林：《深化公安教育改革 全面实施素质教育 努力建设高素质的公安队伍》，载《公安教育》1999 年第 6 期。

39. 周志钧、王彦吉：《论新中国成立后公安教育培训发展的几个阶段》，载《首都师范大学学报（ 社会科学版）》2012 年第 4 期。

40. 金诚：《国际警务合作人才培养模式的构建与实践》，载《公安教育》2013 年第 2 期。

41. 褚宏启：《教育现代化的本质与评价——我们需要什么样的教育现代化》，载《教育研究》2013 年第 11 期。

42. 马廷奇：《命运共同体——职业教育校企合作模式的新视界》，载《清华大学教育研究》2020 年第 10 期。

43. 余新民：《关于公安高等教育几个关键性问题的思考》，载《中国刑警学院学报》2019 年第 2 期。

44. 余新民：《有力实践“两个融入”办学理念 实现新时代公安教育的新发展》，载《公安教育》2019 年第 12 期。

45. 叶氢、崔秋灏：《以需求为导向的公安院校涉外警务专业建设》，载《公安教育》2017 年第 12 期。

46. 于群：《国际化警务专门人才中外合作培养的思考与探索》，载《四川警察学院学报》2011 年第 1 期。

47. 周菊兰、王青：《涉外警务专业设置及人才培养研究——以江苏警官学院为例》，载《云南警官学院学报》2013 年第 11 期。

48. 陆晶：《对涉外警务范畴体系的几点思考》，载《辽宁公安司法管理干部学院学报》2007 年第 5 期。

49. 曹文明：《公安类专业本科教学质量国家标准的研制背景及实践价值》，载《公安教育》2018 年第 6 期。

50. 刘宏斌：《新时代公安院校国际化警务人才培养探究》，载《公安教育》2019 年第 4 期。

51. 贺学琴：《新时代警务人才培养中的人文素质教育》，载《湖北警官学院学报》2018 年第 6 期。

52. 王龙：《新时代公安教育现代化的特色内涵与实现路径》，载《公安教育》2018 年第 12 期。

53. 魏浩：《学科交叉融合背景下高水平公安院校人才培养策略研究》，载《公安学刊——浙江警察学院学报》2021 年第 2 期。

54. 宫宇强：《大数据背景下的高校教学管理创新研究》，载《民族高等教育研究》2022 年第 4 期。

55. 章近杰：《公安本科院校学科专业之融合建设——以“新工科”“新文科”为研究背景》，载《广西政法管理干部学院学报》2020 年第 2 期。

56. 张兆端：《新时代公安高等教育改革发展的多维思考（上）》，载《公安教育》2020 年第 3 期。

57. 张兆端：《新时代公安高等教育改革发展的多维思考（下）》，载《公安教育》2020 年第 4 期。

58. 袁广林：《公安高校学科建设与专业建设论略》，载《中国人民公安大学学报（社会科学版）》2017 年第 2 期。

59. 石智刚、高文豪：《新时代公安人才培养问题及优化路径研究》，载《山东警察学院学报》2022 年第 4 期。

60. 陈永峰、蔡远哲：《保障新发展格局：以党的二十大精神新安全格局观引领公安社会治理创新》，载《北京警察学院学报》2022 年第 6 期。

61. 王龙：《公安高等教育发展历史回顾与新时代展望》，载《公安学研究》2019 年第 5 期。

62. 刘伟：《不断提高人才培养质量 加快建设中国特色世界一流大学》，载《中国高等教育》，2022 年第 1 期。

63. 邓杰：《公安高等教育从这里起步——档案见证改革开放以来中国人民公安大学的变迁》，载《北京档案》2018 年第 12 期。

64. 周彬、魏佳：《公安教育改革思考——基于公安队伍正规化、专业化、职业化建设》，载《广西社会科学》2018 年第 4 期。

65. 总体国家安全观研究中心课题组：《党的二十大精神指引国家安全新征程》，载《国家安全研究》2022 年第 5 期。

66. 王小洪：《新时代公安工作的历史性成就和变革》，载《学习时报》2022 年 9 月 16 日，第 001 版。

67. 宋灵云、常汝：《五项举措提升公安工作法治化水平》，载《人民公安报》2021 年 9 月 15 日，第 001 版。

68. 高莹：《数读平安中国背后的公安非凡十年》，载《人民公安报》2022 年 7

月 26 日，第 003 版。

69. 周志钧、王彦吉：《我国现代公安教育培训发展论述》，载《江西警察学院学报》2012 年第 4 期。